每一天，都是放手的練習

The Language of Letting Go
Daily Meditations on Codependency

梅樂蒂・碧緹（Melody Beattie）著
畢非 譯

每一天，都是放手的練習

The Language of Letting Go
Daily Meditations on Codependency

作者　梅樂蒂・碧緹（Melody Beattie）
譯者　畢非
總編輯　汪若蘭
編輯　陳希林、徐立妍、李佳霖
封面設計　李東記
行銷企畫　高芸珮

發行人　王榮文
出版發行　遠流出版事業股份有限公司
地址　104005 臺北市中山區中山北路一段 11 號 13 樓
客服電話　02-2571-0297
傳真　02-2571-0197
郵撥　0189456-1
著作權顧問　蕭雄淋律師

2012 年 12 月 1 日　初版一刷
2024 年 9 月 1 日　初版三十九刷
定價　平裝新台幣 300 元（如有缺頁或破損，請寄回更換）

ISBN 978-957-32-7106-2
遠流博識網 http://www.ylib.com　E-mail: ylib@ylib.com

國家圖書館預行編目資料

每一天，都是放手的個練習 / 梅樂蒂 . 碧緹 (Melody Beattie) 著 ; 畢非譯 .
-- 初版 . -- 臺北市 : 遠流 , 2012.12
面 ;　公分
譯自 : The language of letting go : daily meditations for codependents
ISBN 978-957-32-7106-2(平裝)

1. 靈修 2. 生活指導

192.1　　101022703

有時候，往日種種的情緒會悄悄爬回來。

我們會感到害怕、羞愧和絕望；會覺得自己不夠好，不值得被愛，或者像個受害者，無助又憎恨著一切。

本書可以每天給予你力量，讓你練習如何關愛、信任自己、切割、處理情緒、運用自己堅定的信念，

還有，享受快樂。

然後你會發現，自己這一年，過得其實還不錯。

一月

探索自己的內心，找出今年想要的改變。

新年・界限・自我關懷・把自己和家庭問題隔開・接受幫助・人際關係・處理痛苦情緒・脆弱・為自己負責・恐懼・放下內疚感・找到平衡・正面的情緒・接受憤怒・為自己而戰・禱告・練習假裝・感謝・掌握自身的力量・新的開始・需求和渴望・感激過去・新能量來臨・清除過往的紀錄・跨出第一步・脫鉤・需要他人・活在當下・參加團體・宗教自由・開口要求

1月1日 新年

新年要設定新目標。你可以仔細想想：今年你最希望在生命中出現什麼樣的改變？有了目標，就可以幫助你善盡本分，也表示你對於即將來臨的一年充滿了熱忱，想要好好度過充實的一年。

有目標，人生才有方向。

你今年希望人生有什麼改變？想要完成什麼？想要達成什麼目標？你希望將哪些善念的力量導入自己的人生？你想有哪些領域的專長？你想改掉哪些壞習慣或性格上的缺陷？

在愛情與友誼方面，你希望有哪些改變？在家庭生活方面，你想有什麼改變？

請記住，我們並不是用目標去控制他人，而是藉著設立目標，努力給予自己人生的方向。

你希望解決哪些問題？你想要做哪些決定？你在職涯上想要有什麼轉變？

你希望自己的內在和周遭有什麼樣的改變？

把這些都寫下來。拿一張紙，花幾個小時，把上述問題的答案一一寫下，用這樣來證明：你對自己、對你的人生，以及對你所做的一切決定，都有選擇的能力。然後，放手。

當然，有些意外的事情會發生。有時候，是令人愉悅的驚喜，有時則是完全相反。然而，不管好事壞事，都是你今年人生故事的篇章，這些意外的情節將帶領著我們一步步展開人生的故事。

今天我要記住，只要提筆寫下目標，就能產生強大的動力。從現在開始，我就要為即將到來的一年寫下目標，而且視情況持續寫下目標。我設立目標不是為了控制他人，而是要善盡生活的本分。

1月2日 界限

「界限」對於療癒非常重要。在療癒的整個過程中，無論是培養自信、處理情緒、學會真正的去愛和珍惜自己等各階段，無時無刻都與一個健全的界限相關。

界限發自於我們內心的深處。有了界限，我們才能拋棄罪惡感和恥辱感，才能改變自己的思想，相信自己值得。一旦我們釐清了這些思緒，界限也會更清楚明顯。

界限有它自己出現的絕佳時機，非個人可掌控。時候到了，我們自然會設限，早一刻也無法強求。我們的心裡究竟何時才會準備好要設下界限？其實這有點微妙。只要我們相信自己是認真要設下界限，別人也會把我們說的話當真。事情之所以會產生變化，並不是因為我們在控制他人，而是因為我們自己先改變了。

就在今天，我願意相信我有能力以自己的步調來獲悉、培養並建立生活中所需的界限，而且界限會在適合我的時機出現。

1月3日 自我關懷

我們到底該怎麼做，才能好好關心自己呢？

我們應該聆聽自己內在的聲音。惹你生氣的事情是什麼？你已經無法忍受的是什麼？你不能信任的是什麼？是什麼讓你覺得悵然若失？什麼事讓你不舒服？你想要的是什麼？你真正需要的又是什麼？而你不想要、不需要的又是哪些事情呢？你喜歡什麼？什麼事會讓你快樂？

在療癒的過程中我們將會學到一件事：上天對我們的生命是有計畫、有安排的，而我們必須藉著自我關懷，來引領我們走向上天的計畫與安排。我們關懷自己，就不會偏離人生最美、最善的事情，反而能逐漸接近人生最美好的事。

我們要學會培養內在的聲音。我們可以相信自己，可以照顧自己。我們所擁有的智慧，比我們自己所知道的還要多。我們可以從自己的內心找到指引，而且這份指引不會消失。

我們要去傾聽、相信、培養那個內在的指引聲音。

今天我要確信，我是一個禮物，要送給我自己，送給宇宙。我也要牢牢記住，培養自我關懷，就是讓禮物最極致精美的方法。

1月4日 把自己與家庭問題隔開

我們可以畫出一條正面的線，或是訂出一種健全的界限，將自己和家庭裡的問題分開看待。

有些人的家人有酒精或藥物成癮的問題；有些人的家人沉溺於悲傷、痛楚、苦難當中，一直扮演著受害者的角色；有些人的家人曾經遭受虐待，或者他們的原生家庭本來就有問題，一直都沒解決。

我們的家人可能完全深陷在其中無法自拔；我們也可能有位家人與我們極度疏離，幾乎沒有聯絡。

我們可能和家人很像，也愛著家人。但我們都是獨立的個體，有各自的權利和問題。

我們可以尋求快樂，可以過著自己想要的人生，而且不必因此感到愧疚。我們也不必因為要顯示自己對家人的忠誠或對他們的愛，而把他們的問題扛在自己肩上當做是自己的問題。

往往當我們開始照顧自己的時候，家人會明顯或暗示地加以反彈，想把我們拉回舊日的習性和角色中。我們不必受影響。想拉我們回去，是他們的問題。我們照顧自己、讓自己快樂，不代表我們就不愛家人。

我們也不必因為他們有問題，就批判他們。也不能因為是家人，就讓他們對我們為所欲為。

從現在起，我們是自由的，有照顧自己的權利。一旦我們開始婉拒處理家人的問題，有禮但堅定地把問題交還給應該處理的人，並且專心處理自己的問題，這樣才是真正自由的開始。

今天，我要分隔我自己和家人之間的問題。雖然我是家庭的一份子，但我仍是獨立的個體，我有權利成長，有權利處理自己的問題，而我的家人也有權利處理他們的問題，有權選擇要在何時何地處理。我可以學會在愛中抽離，和家人的問題分隔。為了達到上述目的，我願意努力克服各種情緒。

1月5日 接受幫助

有些人一直感到孤獨疏離，卻忘了我們其實並不孤單。有些人曾經遭到拋棄，有些人一直缺乏關愛，有些人則是早已經習慣了沒人幫忙的處境。還有些人歷經掙扎，最後學到的只是世事無奈。我們一直以為，萬事只能靠自己。

其實，上天一直都在，隨時準備好要幫助我們。而且也有一大群人願意關心我們。只要我們願意，我們就能獲得關愛、支持、安慰和照顧。如果我們願意放膽開口提出請求，那麼一定能夠獲得幫助。我們可以從療癒團體中汲取力量，讓自己接受協助；我們也可以倚靠信仰，良友也會隨之而來。

我們並不孤單，也不必凡事靠自己。我們不是一個人孤身面對問題。世上的愛乃是豐沛有餘，永不匱乏。

今天，我要放下凡事靠自己的習性，學會相信自己並不孤單。懇求上天開啓我的雙眼和心靈，讓我看見眾人對我的關愛、幫助和支持。我會了解自己是備受寵愛的。

1月6日 人際關係

如果沒有某段關係就無法快樂，那麼很有可能就算有了這段關係，也還是不會快樂。人際關係並不是人生的開始，也不會是人生的全部。關係是人生的延續。——《超越共依存症》

在療癒的過程中，人際關係既是福星也是災星，讓我們不斷上演尋求療癒的戲碼。

每天，我們得同時面對好幾種不同的關係。有時我們選取了某些關係，有時決定要放棄。我們在人際關係中所擁有的選擇權，通常和自己的行為有關。在復元的過程中，我們的目標是展現出對自己負責任的行為。

我們要學會這件事：在人和人的關係中，我們有能力照顧自己。我們也要學會盡可能去和人親近。

若有某人是我自己一直想控制的，此時我是否需要暫時抽離一下呢？我是否有必要找某個人談一談，即使要說的話可能讓我感到非常不自在？我是否因為和某人在一起時就不敢照顧自己，而一直躲著對方？我是否有需要改進之處？我是否要對某人伸出雙手表達關愛？

療癒並不是要你脫離人際關係，而是要藉由學會掌控自身的力量，在相互關係中照顧自己。

今天，我會竭盡全力投入人際關係中，我願意和我信任的人親近與分享。有需要時，我會開口要求。而只要我覺得是對的，也樂於付出。

1月7日 處理痛苦情緒

受傷或憤怒的情緒往往最難面對。當這些情緒出現時，我們會覺得脆弱、害怕且無助，而這些情緒可能會觸發過去的回憶，讓我們想起以往的無助時刻。

有時候，我們為了要獲得掌控，可能會懲罰周遭的人，管他們是始作俑者，還是無辜的旁觀者。我們可能會想要「一報還一報」，也可能會在他人背後暗中操弄，以求掌控大局。

以上這些舉止可能會讓我們有暫時的滿足感，但到頭來不過是讓我們暫時不要面對自己的痛楚而已。其實，受傷的情緒沒那麼可怕，我們不必拼了命去避免。即便受傷的情緒不像快樂的情緒那般令人愉悅，但終究也不過只是情緒而已。

我們可以讓自己徹底沉浸在情緒中，去感受它，然後我們就放下它。當然，這樣做並不表示我們必須要一再翻出受傷的情緒，也不表示我們必須無謂地沉溺其中。情緒的痛苦不一定會壓垮我們。我們可以靜心坐下，感受痛苦，想想是否需要做些什麼來讓自己好過些，之後就放下，繼續過我們的人生。

最後，我們終將學到，只要我們容許自己的軟弱，容許自己去體會傷痛，那麼真正的力量便將由此而生。當我們明白，即使在感到痛苦的情況下，我們還是可以照顧自己，而且當我們不再為了自己的痛苦而怪罪他人，當我們承擔起自己所有情緒的責任，真正的力量也會應運而生。

今天，我會沉浸在自己的情緒中，即便是痛苦的情緒亦然。我不會倉卒行事，或是試圖懲罰他人，我願意卸下心防，去感受自身的情緒。

1月8日 脆弱

有些人可能已經下了決心，從此再也不讓任何人傷害自己。面對痛苦情緒時，我們可能會自動轉成「感覺麻木模式」。又或著，我們可能會在第一次受到傷害時，就終結一段關係。

不想再受任何傷害，這原本是人之常情。許多人承受了超乎一般人能承受的痛苦。事實上，在人生的某個時間點，每個人都曾經不知所措、感覺快被壓垮，或是因為感受到的痛苦實在太巨大，而使得我們在人生的道路上停止了腳步。我們沒有足夠的資源，來應付痛苦或是照顧自己。

那些都已經過去了。今天，我們不必再害怕痛苦。痛苦不一定會讓人喘不過氣，我們已經堅強到能夠處理受傷的情緒。我們也不必以烈士的犧牲姿態，口口聲聲訴說生命只有傷心和苦難。

我們只需卸下心防去感受痛苦，並且在適當的時機為自己的情緒、行為負責，也為照顧自己負責。我們不必去分析或是為自己的情緒辯解。我們只需要去感受情緒，努力不要讓情緒控制我們的行為。也許痛苦是在告訴我們應該要建立界限；也許是在告訴我們走錯了方向；也許是在觸發更深一層的療癒。

感受痛苦是可以的；哭泣也是可以的；你有權利在適當的時機，往下一階段的情緒邁進。終有一天，我們會願意感受痛苦，也能夠感受痛苦，就跟我們願意感受喜悅一樣。

漸漸復元不代表從此以後永遠對痛苦免疫，而是表示我們學會了在痛苦時要珍愛自己。

今天，我要停止反擊那些造成我痛苦的人。我要學會感受自己的情緒，也為這些情緒負責。我要接受這個事實：痛苦的情緒是人際互動的一部分。我願意感受人生的痛苦，就跟我願意全心感受喜悅一樣。

1月9日 為自己負責

我們一直為了對的理由做錯的事。——《超然獨立的愛》

「保母」這個詞，用在成人身上指的是：為別人負責任，卻忽略了對自己的責任。當我們本能地覺得要對他人的情緒、想法、選擇、問題、舒適或命運負責時，我們就變成了保母的身份。此時我們可能在潛意識裡相信，別人也該為我們的快樂負責，正如同我們該為他們的快樂負責一般。

想當個體貼、慈愛又會照顧他人的保母，這樣固然可取，但我指的「保母」是只關注別人，卻忽視了自己的人，到最後反而讓自己像個受害者。「保母」也指無論事情大小都為別人關照的人，殊不知這樣會妨礙了別人學習為他們自己負責任。

這樣的保母照顧是行不通的，既傷害別人也傷害自己。旁人會因此生氣，他們覺得受傷、遭人利用，也覺得自己是受害者。同樣地，我們也會有相同的感覺。

其實，最仁慈、也最慷慨的行為，就是為自己負責，為我們的想法、感覺、渴望和需求負責。最利人利己的行為就是真誠對待自己，讓別人去負責他們自己的人生。

今天，我會留意我對自己真正的責任在哪裡。我會讓別人負責他們自己的人生。如果我不太確定我真正的責任為何，我會詳細列表。

1月10日 恐懼

行動時不要膽怯或太過小心。人生就是實驗，實驗得愈多愈好。萬一環境有些惡劣，弄髒弄破了你的外套，那該如何？萬一失敗了，倒在泥地裡一次、兩次，弄得自己一身泥濘又該如何？重新站起來；永遠不要害怕跌倒。——拉爾夫．瓦爾多．愛默生

恐懼是許多人的巨大阻礙：我們害怕脆弱、害怕失敗、害怕犯錯、害怕別人評論、害怕成功。我們可能會不斷擔心自己下一步該怎麼辦，下一句話該怎麼說，到頭來變得怯懦退縮，不敢勇敢面對人生。

「但我以前失敗過！」「我就是做不好！」「你看上次發生了什麼事！」「萬一……該怎麼辦？」這些言論都是在掩飾恐懼。有時候我們只是用恐懼來掩蓋自己擔心丟臉的心態。

放寬心吧。我們的能力是夠的，甚至可能比我們想像的還要優秀。即使是失敗，也能成為重要的學習經驗，帶領我們直接奔向前方的成功。這些失敗對於成功而言是必要的。

感受恐懼，然後放下。別管它，跳下去做就對了。如果直覺和道路是引領我們到那兒，那裡就是我們該去的地方。

今天，我會全心投入生活，不管結果如何。只要這樣做，我就是贏家。

1月11日 放下內疚感

「處在不正常關係中的人，常常會使出一種伎倆，」一位正在療癒的女士說道：「就是在這段不正常關係中的另一方，會做出某件不恰當或是不對的事，然後就站在那兒不動看著你，直到你感到愧疚為止，而且最後道歉的還是你。」

我們一定要避免無謂的內疚感。

大部分時候，讓我們感到內疚的都不是我們自己的問題。其他人行為不當，或是侵犯了我們的界限，我們提出質疑，當事人卻憤怒防衛，結果反而是我們感到內疚。

內疚感會阻礙我們建立對自己或他人都最有益的界限，也會讓我們無法好好照顧自己。

我們不要給其他人錯誤的期盼，讓他們以為我們會覺得內疚。此外，不管應不應該內疚，也不要讓自己被內疚感掌控。我們要突破內疚的阻礙，不要被它束縛而使得我們無法照顧自己。用力！用力衝出去！我們沒有錯，也沒發瘋，我們有權利建立界限，也有權利堅持要受到適當的對待。

我們可以和別人的問題做切割，讓對方體會到自己行為的後果，也體會到內疚感。

我們要相信自己有能力知道何時自己的界限遭到侵犯。

今天，我會放下自己或大或小的內疚感。光明和關愛就在我左右。

1月12日 找到平衡

療癒的目標是找到珍貴的中間地帶，也就是平衡。

許多人的改變是從一種極端到另一種極端：多年來誰都照顧，就是不照顧自己，後來變得拒絕照顧任何人，只顧自己的需求。

我們可能多年來拒絕去體認、感受和處理自己的情緒，然後又突然跳到另一個極端：全然深陷於我們所感受到的所有情緒。

我們可能感到極端的無力感，那種無能為力又像個受害者的感覺。接著，就轉向另一種極端，對周遭的人大肆施展權力。

我們在為自己負責的同時，也要學會將責任分擔給他人。我們要學會照顧自己的情緒，也要照顧自己的生理、心理和精神上的需求。我們要默默培養起信心來掌握自己的力量，讓自己在人與人的關係中和別人平起平坐。

療癒的目標是平衡，但有時候我們卻靠著走極端來到達目的地。

今天，我會溫和地對待自己；也要了解，有時為了抵達平衡的中間地帶，必須經過山峰和溪谷。有時候，要脫離溪谷的唯一方法就是奮力躍上頂峰，再慢慢放鬆。

1月13日 正面的情緒

我們在談論復元時期的情緒時，常常會把焦點放在三個很麻煩的主題上：痛苦、恐懼和憤怒。不過，在情緒的領域中，還有其他的感覺存在，像是快樂、喜悅、寧靜、滿足、關愛、親近和興奮。

我們可以讓自己感受愉悅的感覺。

每當我們感受到正面的情緒時，往往卻會有擔憂的感覺隨之而起。其實不要這樣嚇自己，也不要破壞自己的快樂。往往我們這樣做，為的只是要回到較為熟稔、不那麼快樂的感覺裡。

我們有權利感受正面的情緒，但不必費力去分析、判斷或辯解這份正面情緒到底是什麼。我們不必一直灌輸負面思考來剝奪自己的快樂，也不必讓他人剝奪。

我們要讓自己感受正面的情緒。

今天，我會提醒自己，我有權利盡可能去感受正面的情緒。我可以享有許多快樂的時刻，也可以找到感覺滿足、寧靜和舒適的平衡點。

1月14日 接受憤怒

憤怒是人生加諸在我們身上的許多深刻影響之一，也是情緒之一。在憤怒來襲時，要不就感受它，要不就壓抑它。——《超然獨立的愛》

如果我有把事情安排好，那我就不會生氣了……如果我有虔誠的信仰，我就不會生氣了……如果我真的確信自己是快樂的，那我就不會生氣了……

以上這些陳舊的想法不斷引誘著我們，要我們停止感受自己的情緒。憤怒是人生的一部分，我們不需要刻意沉溺在我們的憤怒中，也不必一直把內心的憤怒挖出來。但我們也不可以忽略自己的憤怒。

在療癒的過程中，我們學會了坦然感受自己的情緒，包含憤怒。我們要學會的是，在憤怒的同時依舊能為自己的行為負責。我們不必讓憤怒控制自己，但如果我們阻止自己去感受憤怒，憤怒肯定會反撲。

我們覺得感激、樂觀、健康，不代表就永遠不會憤怒，而是表示我們在該憤怒的時候才憤怒。

今天，有必要的話，我會讓自己憤怒。我會感受、釋放自己的情緒，用建設性的方式宣洩憤怒。我會感激我的憤怒，也感謝它所教導我的一切。我會坦然體會且接受自己所有的情緒，也會為自己的行為負責。

1月15日 為自己而戰

我們慢慢學會，有些行為會弄巧成拙，有些則讓人獲益良多。我們也學會了，原來自己是可以選擇的。——《超越共依存症》

我們很容易為別人出頭或打抱不平。別人遭到利用、掌控、操縱，甚或虐待時，我們很容易就挺身而戰，發出正義的憤怒，大張旗鼓想激勵他們贏得勝利。

「這是你的權利！」我們會這樣告訴他們：「人家侵犯了你的權利。你要為自己發聲，不用內疚！」

既然如此，為什麼每當我們要幫自己發聲，卻是那麼困難？為什麼我們無法看清楚，自己已經成為受害者，遭受利用、欺騙和操縱呢？為什麼替自己挺身而戰那麼難呢？

有時候人生可以選擇走在平順、充滿關愛的道路上。然而，若是選擇平順、關愛的道路，卻只會讓我們更深陷遭人錯誤對待的泥淖中時，我們就有必要為自己挺身而戰。

人生中某些階段所碰到的課題，是要讓我們學會與練習建立界限；而有些課題則是要我們學會為自己和自己的權利而戰。

有時候，這些課題會不斷出現，直到我們真正學會了為止。

今天，我會為自己而戰。我會記得只要舉止適切，為自己發聲沒什麼不對。我要擺脫受害者的姿態。懇求上天適時幫助我，讓我滿懷信心，為自己而戰。

1月16日 禱告

事實上，禱告是唯一真正認識到文字力量的舉動。禱告是唯一可以改變人性格的方法。性格的改變，或是靈魂的改變，才是真正的改變。——埃米特．福克斯《登山寶訓》

美國女作家艾瑞卡．瓊（Erica Jong）曾說過，我們是以人類形貌存在的靈魂體。禱告和冥想都是照顧我們靈魂的方式。

祈禱和冥想不一定和宗教行為有關。這兩種方法乃是用來增強我們個人與上天力量泉源之間的關係，這樣可以對我們的人生、我們的成長和自己有益。我們不是因為有義務禱告而禱告，乃是因為我想禱告就禱告。禱告是我們的靈魂和宇宙源頭連結的方式。

我們要學會照顧自己的情緒、心理和生理的需求。我們要學會改變自己的行為。不過，我們也要學會照顧自己的心靈，也就是我們的靈魂，因為靈魂才是真正改變的起源。

今天，我會練習禱告和冥想。不管是絕望、不自在或是平靜，我都會努力和自己的信仰有所連結，至少今天要練習一段時間。

1月17日 練習假裝

「假裝」練習是一種非常強而有力的療癒工具。練習假裝是一種練習正面思考的方法，也是一種正面的假裝形式。我們可以利用這種方法來讓自己解套。不過，我們必須是出於自己的意識，來使用這種方式。

每當我們開始受到情緒控制的時候，「假裝」練習就可以發揮很大的作用。我們可以有意識地假裝現在一切安好，也假裝之後情況一定會好轉。

有問題困擾我們的時候，我們可以假裝問題將會解決，或者已經解決了，這樣我們才能繼續過日子。不過要注意，有時我們假裝周遭發生的事和我們無關，久了之後疏離感會日漸生根，最終無法拔除。

假裝練習再加上其他的療癒方式，可以為我們希望成真的願望先做準備。我們可以假裝愛自己，直到我們真的學會關心和照顧自己為止。我們可以假裝有權利說不，直到我們相信我們有權利說不為止。

當然，我們不應該假裝自己有足夠的錢來支付帳單，也不要假裝相信酒鬼一定能戒酒。我們利用假裝練習這個方法做為自我療癒的一部分，為自己新的行為做好準備。我們要強迫自己透過正向的療癒行為，停止在意自己的懷疑和恐懼，直到情緒與現實狀況相符合為止。

假裝練習是一種正向的方法，可以克服恐懼、懷疑，提升自信心。假裝練習並不是對自己說謊，也不是對自己不誠實，而是敞開心胸接納未來的正向可能，且不受限於當下的情緒和環境。

假裝練習幫助我們通過如薄冰之險境，踏上堅實的土地。

今天，我知道在哪些地方可以運用假裝練習的方法，讓我渴望的未來成為真實。

1月18日 感謝

人生有時事發突然，眼前的問題還沒解決，其他的問題又冒了出來。早上還感覺心情愉悅，晚上卻困在悲傷中鬱鬱寡歡。

日復一日，我們都在面對阻礙、延誤、改變和挑戰。我們面對個性衝突和失望。在情緒如排山倒海而來的那個當口，我們往往無法看見躲藏在情緒背後的課題。

有個簡單的概念，可以讓我們度過人生中最緊張痛苦的時光，這個概念叫做感謝。我們要學會對眼前的問題和情緒表達感謝。感謝所有發生的事情。雖然我不喜歡這次的經驗，但無論如何還是心存感激。

強迫自己感謝，直到養成習慣為止。如果我們時時刻刻心存感激，那麼我們就可以停止試圖控制結果。這也是釋放生命裡正向能量的關鍵。感謝是讓問題變成祝福的煉金術，也能讓意料之外的遭遇變成禮物。

今天，我要感謝。我要開始把今日的痛苦轉化為明日的喜悅。

1月19日 掌握自身的力量

在療癒的過程中要特別注意一種情緒：感覺自己像受害者。我們不要落入習以為常的心態，以為這種情緒沒關係。

如果我們一直覺得自己像受害者，我們會出現什麼情緒？答案是無助、暴怒、無能為力和挫敗沮喪。感覺自己像受害者是很危險的。往往，這樣的情緒會讓我們上癮，或是導致其他強迫行為。

在療癒的過程中，我們要學會分辨何時我只是「覺得自己像個受害者」，何時「我真的是受害者」，同時要弄清楚「為什麼我會覺得自己是受害者」。我們要學會掌握自己的力量，要學會照顧自己，不要再讓自己當個受害者。

有些時候，掌握自身的力量，表示我們明白是我們讓自己成為受害者，其他人並沒有做任何事來傷害我們。他們過他們的生活，他們也有權利如此。我們之所以會覺得像受害者，是因為我們試圖控制其他人生活的方式，或者是因為我們無理地希望他們可以照顧我們。如果我們困在偏執的錯誤想法裡，就會覺得自己像受害者。譬如，「其他人讓我覺得……」、「我的快樂和命運掌握在其他人手中……」。又或者，「除非別人表現得怎麼樣，或是某件事發生，否則我無法快樂……」等等。

又有些時候，掌握自身的力量，代表我們明白，自己是因為其他人的行為而成為受害者，因為我們的界限受到侵犯。如果是這樣，我們要思考，需要採取哪些行動來照顧自己，才不會繼續受害。我們需要建立界限。

有時候，只要改變一下態度，一切就不一樣了。我們不是受害者。

我們要努力去憐憫那些讓我們成為受害者的人，但也要明白，憐憫是在我們的身、心、靈都不再以受害者自居後，才會產生。而且我們要明白，過多的憐憫只會讓自己又重演受害的情節；若是太過同情那些加害我們的人，只是再給對方機會來加害於自己。

我們盡量不要把危機或後果加諸在別人身上，但如果對方本來就應該嚐到某些後果，我們也不必強行拯救他。如果我們有責任把某些結果加諸在他人身上，那就做到我們應盡的本分，不要想掌控或是懲罰，而是要對自己、對他人負責。

我們要努力找出自己有什麼行為，導致我們覺得像個受害者；或是要找出我們在這個過程中扮演什麼角色，別再繼續下去。對於別人與其行為，我們是無能為力的；但是我們可以掌控自身的力量來幫助自己不再以受害者自居。

今天，我要為自己負起責任，讓別人確切明白我的立場，我再也不要成為受害者。我無法控制結果，但可以控制自己的態度，不要以受害者自居。我不是受害者；我也不應該成為受害者。

1月20日 新的開始

憎恨讓我們無法愛自己，也無法愛人。憎恨處罰的不是別人，而是自己。憎恨會阻礙我們感受快樂和享受人生，也讓我們無法和世界和平相處。憎恨是一塊塊凝聚而成的憤怒，遇到原諒和放手就會鬆散融化。

放下憎恨不代表讓他人對我們為所欲為，而是表示我們接受過去發生的一切種種，也為未來設立界限。放下憎恨，我們還是可以擁有界限！

我們要努力看到對方的好，也要努力看到讓我們憎恨的事物最終所帶來的善。我們要努力看清自己的角色。

之後，就讓這事件煙消雲散。

為我們所憎恨的人祈禱會有所幫助，懇求上天帶走我們的憎恨也大有助益。清空過去的種種，進入一個無憎無恨的天地，有什麼比這樣開始新的一年更好呢？

今天我會做好準備，放下憎恨。這些潛藏內心、讓我無法得見光明的憎恨，懇求上天全部都帶走。我會知道該如何透過放下憎恨來照顧自己。

1月21日 需求和渴望

為自己負責，就某方面來說，就是為我們的需求和渴望負責。我們可以為自己的需求和渴望負責。學會聆聽自己的需求是種藝術，需要好好練習。我們可以運用自身的能力來猜測他人的需求和渴望，也可將這項能力運用在自己身上。

我們的需求和渴望可能是什麼？會讓我們好過一點的是什麼？我們的情緒想要傳達的又是什麼？我們的身體、心理、直覺呢？

如果我們開口問，又仔細聆聽的話，就能聽到答案。

我們的智慧，比自己知道的還大，而且也值得信任。

我們的需求和渴望，其實是有意義的，它們不但重要，並且本來就應該存在。學著去滿足自身的需求，這樣本來就是對的。

我們要學會如何辨識出自己的需求和渴望，而且在學習的過程中要有耐心。

今天，我會注意自己的需求和渴望，我會慎重地看待自己。

1月22日 感激過去

我們很容易用負面的態度去看待以往的過錯和不幸。不過，若從經驗、接納和成長的角度來看待自己和過往，會更有療癒效果。過往是一連串的課題，幫助我們邁向更好的生活，也讓我們更懂得愛。

我們曾經開始、持續或結束的種種關係，都教會了我們必要的智慧。有些人從極度苦痛中抽身之後，徹底領悟自己是什麼樣的人，也更明白自己想要什麼。

那麼，我們經歷的錯誤呢？這些錯誤是必要的。我們經歷的挫折、失敗，以及在成長和進步中時不時出現的阻礙呢？這些也是必要的。

每跨出一步，我們就學到更多一點。我們經歷了一切必要的體驗，才成就今日的自己。每跨出一步，我們就有所進步。

我們的過往是個錯誤嗎？不是。我們唯一會犯的錯，就是把這種迷思當真。

今天，我要放下負面思考，讓我不再執著於過往情境和種種關係。我會用感謝的心態接納成就今日之我的一切。

1月23日 新能量來臨

新的能量、新的情緒正在進入我們的生命中。我們不應該以自己當下的感受，來預期我們明天的感受，或甚至至是等一下的感受。

人生中沒有任何兩個時刻是相同的。我們都正在改變。有時候，事情變化並不如預期，但我們從以往學習到了經驗和教訓，未來不應該和過去一樣。

真正艱困的時刻即將結束。眼前的混亂、艱困無比的過程，以及難受的感覺，也即將過去。

不要讓過去限制了自己的未來！不妨回頭想一下。難道不是因為有許多的改變，才讓你走到了今天？反思一年以前，再看看現在你和周遭的情況，豈不是早就開始已經有所改變？

有時候，問題和情緒會逗留一陣子，但這些時刻都是暫時的，不會一直持續下去。

每種情況都有其特殊的影響，才形塑出今日之我。不要老把痛苦的過去和當下或未來相比，尤其那些不堪的過去，那時我們還沒透過某些經歷而獲得智慧。拿過去和現在、未來相比，只是自己嚇自己。

我們要知道，痛苦不會永遠持續。我們也不必急著去找答案，想要知道自己的情緒應該如何改變、何時才會改變。我們只要單純的相信就好，接納當下發生的種種，但不要因此受限。

新的能量即將到來，新的情緒也在來臨的路上。這些新的能量和情緒，是一種全然不同的體會，無法藉由過去或當下的經驗來推測。我們的努力和奮鬥皆有意義，不會徒勞無功，一定會帶來結果。

今天，我不要以過去來判斷、限制未來；不管是內在或是外在的改變，我都能敞開心胸接納所有的可能。

1月24日 清除過往的紀錄

我們能給予的最棒禮物，就是一顆包容、慈愛的心。執著於過去人際關係所帶來的負面情緒，會讓我們無法給予這份禮物。

大部分的人都有過結束人際關係的經驗。我們回頭檢視過往的關係時，必須要清除情緒的紀錄板。

我們是否還執著於憤怒或憎恨？我們是否覺得自己像受害者？我們是否因為某些弄巧成拙的偏見，導致關係的破裂？像是「女人都不能信賴……」、「老闆只會剝削人……」、「天底下沒有關係良好這回事……」等等。

現在，放下那些阻礙你的想法。我們知道，過往的情緒和偏見讓我們無法給予、也無法獲得我們所渴望的愛。我們要清除過往的紀錄。要這麼做，首先就要察覺「過往的紀錄板是要清除的」這個事實，然後以誠實和寬容來進行。等我們能夠用接納與平靜來看待我們的過去，這個過程就算完成。

今天，我會開始放下導致過去關係失敗的種種偏見和情緒。我會清除過往的紀錄板，讓自己有能力去愛與被愛。

1月25日 跨出第一步

療癒計畫的第一個步驟可以適用在許多不同的地方。有些人對於酒精或是另一半酗酒無能為力；有些人承認對他人無能為力；有些人承認對於身為酒癮家庭子女所承受的影響是無能為力。

在這個步驟中最關鍵的字眼就是我們。我們因為共同的問題而聚在一起，也因為聚在一起而找到了共同的解決之道。

在療癒的團體中，許多人會發現，儘管我們可能在痛苦中覺得孤獨，但其他人也有類似的遭遇，而現在大家透過相似的療癒過程團結在一起。

我們是復元過程中很重要的一部分，是一個有共同經驗的團體，是共享的力量，也因分享更加強壯。我們是共享的希望，期望有更好的人生和更好的人際關係。

今天，我感激世界上願意參與療癒團體的人。在這些人當中，每當一個人往前跨出一步，也就等於把全體向前拉了一步，懇求上天讓我明白這個道理。

1月26日 脫鉤

我們要學會與那些不健康、又會在人際關係中導致失敗的行為脫鉤，例如像是照顧、控制他人、不把自己當回事、相信謊言等等。我們要學會留意並找出這些尖鉤，讓自己不被勾住。

往往，人們有意無意的處事態度，會導致我們陷入一連串自我挫敗的行為。大多數時候，這些尖鉤幾乎都是故意設下，而且結果也大多可以預期。

某人可能站在我們面前暗示或感嘆某個難題，他們心裡知道或期盼這樣會讓我們上鉤而去照顧他們。這就是操縱。人們站在我們周遭暗示或感嘆某事，又淡淡地說道：「嗯，不要緊，你不用擔心。」這就是在耍心機。我們要學會辨認，如果我們就這樣入局，結果就是會困在其中不得脫身。

我們要學會堅持，讓別人直接告訴我們他們想要的是什麼，需要的是什麼。

什麼樣的話語、手勢、表情、暗示會讓我們上鉤、讓我們表現出可預期的自我挫敗行為？

我們的優點是很關心別人，缺點則是常低估自己要應付的人。他們知道自己在做什麼。以前我們總天真地認為別人做事會考量我們的利益，此刻我們該認清，人們的確會為了追求自己的最大利益而策劃佈局。

我們也要檢視自己。我們是否也曾設下尖鉤，用表情、暗示希望別人上鉤？我們要堅持自己對別人的行為正直得當，不要期待別人來拯救自己。

今天，我會意識到尖鉤的存在，不讓自己被誘使而去照顧別人，結果反讓自己成為受害者。我會忽視引我入局的暗示、表情和言語，等待我與他人都應得的坦率誠實出現。

1月27日 需要他人

我們要找出平衡，不可太過依賴他人，也不可完全靠自己。

許多人的依賴問題一直沒有得到解決。我們想要別人滿足我們無條件被愛的慾望，結果所選擇的人，卻是那種當我們有需要時不能滿足我們、也不會去滿足我們的人。有些人由於缺乏愛而一直想要別人關心，卻因為過度依賴，讓身旁的人都離自己而去。

有人則走向另一種極端。我們可能會變得習慣靠自己，把所有人都推開。我們藉由過度獨立，來對抗自己的需求情緒，不讓自己依賴任何人。也有些人則是不願讓別人對自己伸出援手。

不管是哪一種，都只會讓課題永無結束之日。我們值得更好的人生。只要我們先改變，環境就會隨之改變。

如果我有太過依賴的問題，那麼解決之道是接受這樣的自己。我們要讓自己痊癒，不再因為過去的需求無法得到滿足而痛苦。我們不要再因為別人沒有按照我們的需求和渴望來愛我們，就覺得自己不值得人愛。只要關閉內心「需要他人滿足自己」的那個部分，我們就可以變得樂於敞開心胸、承認自己的脆弱，也會讓自己接受別人的愛。我們可以讓自己有所需求。

當我們開始相信自己值得人愛，也願意讓別人來愛時，就會獲得自己渴望與需要的愛。

今天，我會努力在太過依賴與完全靠自己之間取得平衡。我會讓自己接受別人對我表達的關愛。

1月28日 活在當下

往往，我們最大的問題之一就是很喜歡問：「未來會怎麼樣？」我們可能會問情感、問事業，也問人生。我們很容易就陷在杞人憂天的泥淖中無法自拔。

擔憂未來會讓我們無法把今天過好，使我們無法在當下盡全力，也無法融會貫通今天要學的課題。專注當下、竭盡全力、全然投入今天所需完成之事，才會讓未來有好結果。

擔憂還未發生之事，只會對未來有負面影響。活在當下是我們最佳的選擇，不管對今天或對未來盡皆如此。這樣的觀念有助於我們的感情、事業和人生。

如果我們順其自然，事情自會水到渠成。如果除了計劃之外，我們非得專注在未來不可，那麼唯一要做的，就是堅信會有好結果。

我祈求自己有信心，只要能靜心把當下過好，未來一定會有好結果。我會記得活在當下是我能替未來做的最好選擇。我會專注於現在發生的事，而不是擔憂未來。

1月29日 參加團體

我們不必困在自己的痛苦與不安中。眼下就有個良方可以讓我們好過一點：參加療癒團體的聚會。

既然有方法可以幫助我們好過一點，那何必拒絕呢？為什麼寧願坐困愁城、煩心沮喪，也不願參加會讓我們好過一點的聚會？不過就是參加個聚會嘛！

太忙？

每週有一百六十八小時，花個一、兩個小時的時間參加聚會，就可以讓剩下一百六十六小時的潛力發揮到最大。如果我們陷入了情緒的困境，可能隨隨便便就把大部分醒著的時間都用在煩惱、無所事事、躺在床上沮喪，或是不斷想去滿足他人的需求。沒去聚會，結果固然省下了這兩個小時，卻會讓我們浪費剩下的時間。

太累？

沒有什麼事比人生回歸正軌更能鼓舞人心。參加聚會就有這樣的效果。

今天，我會記得參加聚會對我有所助益。

1月30日 宗教自由

我們每個人都擁有自由，可以去追求、認識和選擇自己的信仰。

這表示我們不該把自己的宗教牽扯進療癒團體中，也表示我們不該強加自己的宗教信仰於他人身上，或是強迫別人接納我們所認識的神。我們不可利用團體或聚會去吸納教徒，也不可強迫他人接受特定的宗教信仰。

我們要給予自己與每個人權利，尊重個人對信仰的認識。

今天，我會尊重自己與他人對信仰的認識。我不會因為別人對我信仰的判斷而焦慮沮喪。不管有無特定宗教的協助，我會在療癒的過程中尋求靈性的成長。

1月31日 開口要求

有天傍晚，我獨自一人，感到筋疲力盡。我那陣子一直在外旅行，經常與朋友、家人分隔兩地。那天傍晚我回到家，但似乎沒人注意到，他們早已經習慣我不在家。

到了深夜時分，我開始向上帝表明自己的需求。

「我在外努力工作，卻孤單寂寞，我好想有人關心。您曾對我說過，有需要時儘管說出口。今晚，特別懇求您讓我有朋友的陪伴。我需要一個能夠信任、照顧我的朋友。我需要有人支持我。現在，請讓這個人出現吧。」

我躺在沙發上閉上雙眼，累到無法動彈。

幾分鐘後電話響起，是我以前一個同事，多年來我們一直維持友好的關係。「哈囉，孩子，」他說道：「妳聽起來很疲倦，需要人照顧。妳就待在家別動，我開車過去幫妳做個腳部按摩，感覺上妳正需要這個。」

半小時後，他敲了我家的房門，帶來了一小罐精油，溫柔地幫我做腳部按摩。他還擁抱了我，告訴我說他很關心我，之後就離開了。

我開心地微笑。這不就正是我向上帝開口要求的嗎？

今天，我要記得，上帝非常關心、非常在意我的需求，尤其是我自己也很在意的時候。

二月

聆聽別人，接納自己，懷抱希望。

聆聽他人的故事・相信自己的信仰・拒絕羞愧・享受療癒・財務責任・別再以受害者自居・擁有自身的力量・放下內疚感・在愛中放手・放下悲傷・上天的引導・放下未復元的人・相信自己・情人節・掌控・切割・接受・做對的事・我們的道路・設定自己的方向・活在當下・解決問題・力量・辨認情緒・接受不完美・團體課程・取悅病・放下否認・你值得愛

2月1日 聆聽他人的故事

別人可以餽贈我們一份極有力量的禮物，使我們相信人生會更美好。這份禮物就是：聆聽別人的故事，看見他人的面容，並且目睹療癒這件事在他人生命中產生效果。

生命中存在著某種超越我們的崇高力量，我們也因此有了希望，明白事情會有轉機，朝更好的人生邁進。我們並不是在學習「凡事靠自己」的課程。我們不必運用意志力才能得到改變，也不必強迫自己療癒。我們不必硬是靠自己來改善情況。

信仰會幫助我們回歸到對我們有益處的生活。我們只需要相信就好。

睜眼觀察，看看周遭的人，看看他們是如何日漸復元。然後，找到自己的信念，也找到自己的療癒方法。

今天，不管情況為何，我都會全心相信上天會幫助我恢復平靜、理智的生活。

2月2日 相信自己的信仰

前面談過不少關於信仰的話題，也就是我們所認識的神。認識祂能為我們帶來許多喜悅。靈性和精神成長是改變的根基。如果我們單靠著自己，那就無法從困境當中走出來。

神是無情的監督者嗎？是心腸冷硬、令人難堪、袖中裝滿把戲的巫師？神聽不見嗎？沒注意到嗎？不。

神是慈愛且關照眾人的，這樣的神，才是幫助我們療癒的神。祂只會讓我們承受必要的痛楚，讓我們獲得益處、療癒和淨化。只要我們的心恢復健康，願意敞開心胸準備接納，祂會賜予我們滿滿的良善和喜悅。祂是讚許、接納又能包容的神。

神在我們人生的旅途中準備了許多小禮物讓我們開心，有時候還會在最完美的時間點，送上最適合我們的驚喜大禮。

神是藝術大師，把我們的喜悅、悲傷和經歷交織融合，創造出富含深度、美好、感性、多彩多姿、幽默和情感的人生。

我們所認識的神是慈愛的，也是幫助我們療癒的神。

今天，我會敞開心胸接納神慈愛的關照，也會讓祂帶領我認識什麼是愛。

2月3日 拒絕羞愧

在我們的生命裡，羞愧是一種強大的力量，也常會在功能不健全的家庭中出現。

真誠的內疚是一種「認知到自己行為不當」的情緒或想法，表示我們的行為需要矯正或轉變，或者需要改善。

羞愧則是一種撲面而來的負面感覺，讓我們不認同自己。羞愧是一種必敗的處境，它會讓我們深陷自我挫敗的行為中，甚至有時候會導致自我毀滅。

什麼事會讓我們感到羞愧？我們可能會因為自己或所愛的人有問題而感到羞愧，我們可能會因為犯錯而感到羞愧，我們也可能會對某些情緒或想法感到羞愧。我們可能在玩樂、愉悅或向他人示弱的時候感到羞愧。有些人光是對自己的存在都感到羞愧。

羞愧是他人加諸在我們身上的魔咒，用來控制我們，讓我們沉淪在不健全的環境中。羞愧更是許多人加諸在自己身上的魔咒。

學會拒絕羞愧，就可以改變人生的品質。做自己是可以的，我們已經夠好了。我們的情緒沒有問題，過往也沒有問題。誰沒有出過問題？誰未曾犯錯過？誰不需要掙扎奮鬥就能找到自己的道路？是人孰能無過？我們要珍惜自己的人性。

接納自己是療癒的第一步。放下愧疚，認同自己，則是重要的下一步。

今天，我會注意自己是否掉入羞愧的陷阱。如果身陷其中，我會透過接納自己、肯定自己，來掙脫牢籠。

2月4日 享受療癒

多麼棒的旅程啊！

這趟成長和改變的旅程帶領我們沿著變幻莫測的道路前進。有時候道路危險崎嶇，有時候翻山越嶺，有時候乘著雪橇一路滑向另一端。

有時候我們休息。

有時候我們在黑暗中摸索。有時候我們讓陽光刺得睜不開眼。

偶爾，我們身旁有許多人一起同行；偶爾，我們隅隅獨行。

這一路上變化多端、妙趣橫生，但總是一直引領我們往更好、更善之處前進。

多麼棒的旅程啊！

今天，我要放寬心享受沿路風景，我明白，在我的旅途中，我現在的位置就是我該去的地方。

2月5日 財務責任

我們要對自己的財務負責。

很多人覺得要為自己的金錢財務負責，是個令人害怕又太過理智的想法。對許多人來說，把財務責任移交給他人，是人情關係中交易的一部分。

這種讓我們和其他人緊緊綁在一起的情緒依賴，不是以愛為根基，而是建立在需求和絕望上，和財務依賴有直接關聯。我們恐懼或不情願承擔自己的財務責任，卻不知道這樣會成為我們尋求療癒的阻礙。

承擔財務責任，是一種態度。我們用金錢來購買生活必需用品。錢是有進才有出，要賺多少才夠支出呢？繳稅、儲蓄、展現責任態度的正確花錢習慣……人活著就得學會處理金錢。即使我們和某人有健康合理的約定，可以在金錢上仰賴對方，還是得了解金錢的運作方式，採取對自己財務負責的態度。即使有人承諾提供財務援助，我們還是必須了解人生中金錢是怎麼賺來的，也要懂得該怎麼花。

一旦財務責任感增加，我們的自信心也會隨之增強。我們可以從現有的開始，慢慢學會。

今天我會願意放開恐懼和不情願，面對人生中必需處理的財務責任。

2月6日 別再以受害者自居

還未療癒之前，許多人無法明確說出自己人生中遭受到的傷害，也不知道何謂受害情結。我們可能以為別人沒有善待我們是正常的，也可能認為這樣的待遇是自己應得的，甚至可能會主動接近對我們不好的人。

我們要放下自己內心深處的受害者情結，不要繼續當受害者。我們不要讓自己深陷於偏差的關係或環境中，也不要再受困於不正常的情感、家庭和友誼關係裡。我們值得更好的人生，遠比現在生活更完美的人生。這是我們的權利。我們相信自己有權利幸福時，就一定會幸福。

我們會為了這個權利而奮戰，而且這場戰鬥是從靈魂由衷浮現。掙脫束縛，別再以受害者自居。

今天，我會解放自己，放下受害者情結，去探尋「照顧自己」的自由。這種解放不會讓我遠離所愛的人，而會讓我和別人更靠近。

2月7日 擁有自身的力量

我們必須清楚辨別「無能為力」和「擁有自己力量」的差異。

療癒的第一步就是要接受自己的無能為力。有些事情無論我們多努力、嘗試多久，也無法達成。這些事情包括改變他人、解決他人的問題，以及控制他人的行為。有時候，我們會對自己感到無能為力，可能是對自己的情緒或想法無能為力，也可能是對某個特定情況、或某人加諸我們身上的影響無能為力。

順服於自己的無能為力，這件事很重要，就跟擁有自身的能力一樣重要。我們並沒有受困，也不無助。有時候我們好像以為自己動彈不得、孤立無援，但其實不然。不管是何種情況、不管面對誰，我們每個人都有上天賦予的能力和權利，可以照顧好自己。自我照顧是一塊中庸地帶，它介於兩種極端之間：一邊是控制他人，一邊是受他人控制。我們可以溫和、堅定地踏上這個地帶，但要有信心，這是我們的權利和責任。

讓這股力量帶領我們上路。

今天，我會記得我可以照顧自己。我有選擇的權利，也可以毫無內疚地為自己選擇。

2月8日 放下內疚感

我們有權選擇愉快地過生活，感覺內疚也同樣是種選擇。合理的內疚是人生的警示燈，告知我們脫離軌道。告知之後，內疚的任務就結束。

沉溺在內疚感中，會讓自己容易受他人控制。這樣的行為會讓我們覺得自己不夠好，讓我們無法建立界限，也無法採取健康的行動來照顧自己。

面對人生的時候，我們可能已經習慣性地拿出內疚的本能反應。現在我們知道自己不必感到內疚。即使我們做過某件不當的事，長期的內疚並不能解決問題，反而會拖長解決的時間。因此，改過自新、改變行為吧！然後放下內疚。

今天，我做好了完全的準備，要放下我的內疚。上天啊，請幫我帶走內疚感，以自我關愛取而代之。

2月9日 在愛中放手

有強迫症的人不管做出什麼他們自己也不願意去做的事，並不代表他們不愛你，而是表示他們不愛自己。

——《超然獨立的愛》

溫和的人、溫和的靈魂，才能身處在愛中。

的確，有時我們需要展現出堅定又明確的主張，尤其是在我們改變、學習新的行為、需要說服他人和自己的時候，我們都是有權利這樣做的。

不過，這些時候都是短暫的。我們往往是在被激怒的情況下才會做出決定或建立界限，但是我們承擔不起持續憎恨的後果。我們很難同情讓自己痛苦的人，然而一旦不再以受害者自居，我們就能找回同情。

我們的道路是一條走在愛裡面的溫和之道，是愛自己，也愛別人。我們要建立界限、切割他人的問題、照顧自己，而且要在愛中盡快做到這些事情。

今天，以及不管何時，我都要溫和地對待自己與別人。不管是堅定地採取對自己最有益處的行動，亦或是關愛他人，我會在兩端之間取得平衡。我會了解有時這兩端本是一體，而找到正確的道路。

2月10日 放下悲傷

過去未解開的悲傷可能會成為快樂和關愛的阻礙。

過往，我們用各種念頭來否認痛苦的存在：例如「根本沒那麼痛」、「也許只要繼續等待，事情就會改變」、「沒什麼大不了，可以撐過去」、「也許只要努力改變對方，就不必改變自己」等等。

我們否認是因為不想感受痛苦。未完成的課題並不會就此消失，而是會不斷重複出現，直到獲得注意，讓我們去感受、去處理、去想辦法痊癒為止。

許多人以往並沒有所需的工具、支援或安全感，去面對和接受痛苦。沒關係，我們現在安全了。我們可以慢慢地、小心地開始敞開心胸去感受自己的情緒。我們可以開始去感受長久以來受到否定的情緒，不去怪罪、不感內疚，而是療癒自己，為更好的人生做準備。

我們可以在需要哭的時候流淚，在感覺到體內仍存有源自過去的悲傷時盡量哭泣。我們可以感受、釋放這些情緒。

悲傷是淨化的過程，也是接受的過程。悲傷讓我們離開過往、進入今天，朝更好的未來邁進。這個未來不會有破壞的行為，也會比以往有更多選擇。

在今天，我要對自己的情緒敞開心胸。今天，我相信，如果願意敞開心胸給予，療癒自然會以我可以控制的方式來到。

2月11日 上天的引導

把自己和人生交給崇高的信仰力量。

只要我們開口求助，就能獲得神聖的引導。這份引導，是早已經應許要賜給我們的。如果我們知道自己的想法、話語和行為都有指引，那這就是最佳的禮物了！還有什麼比這更好的禮物？

不要認為自己的存在是個錯誤。我們也不必控制或壓抑自己與他人，以期獲得順暢的人生。即使被我們認定為錯誤的事情，儘管莫名其妙、憑空出現，令人痛苦，但發展出的結果也可能和上天計畫的一致。

上天會引導我們，讓我們明白需要做些什麼才能照顧自己。我們會開始信任自己的直覺、情緒和想法。我們會知道何時該往前，何時該停步，何時該等待。

祈求今天以及每一天，上天都能指引我的想法、言語和行為。我祈求能自信地往前邁進，明白自己的腳步都有引導。

2月12日 放下未復元的人

想像有一座橋，橋的一端是冰冷黑暗。我們和其他人站在冰冷黑暗中，身上痛苦難捱。有些人為了應付痛苦得了厭食症；有些人酗酒；有些人使用藥物；有些人執著於他人成癮的痛苦，以求分心不去注意自己的痛。我們並不知道橋的存在，還以為自己是困在懸崖邊。

後來，有些人很幸運。時機來臨，我們睜開雙眼，看見了橋。有人告訴我們橋的另一端是溫暖和光明，可以從痛苦中復元。我們幾乎看不見也無法想像對岸的光景，但還是決定跨越這座橋樑。

我們試圖說服其他站在懸崖上的人，想告訴他們有一座橋樑可通往更美好之地，但他們聽不進去。他們看不見橋，也不願相信。我們因為相信橋的存在，也因為另一端有人不斷在前方鼓勵，於是決定隻身前往。愈靠近橋的另一端，我們就愈能看見、感受到那兒確實有溫暖、光明和愛。

但是現在我們和原本那端的人隔著一座橋。我們想要把他們拉過來，只不過這是不可能的。沒有人可以被強迫或硬是拉過橋，每個人都必須在對的時機，按照自己的選擇過橋。

我們可以向他們揮手，不斷大聲叫喊，為他們加油，但是我們無法強迫他們。

如果我們的過橋時機已經來臨，或是我們已經過橋，站在光明和溫暖中，我們不必覺得內疚。我們不必因為他人的時機未到而重回黑暗的懸崖。待在光明之中，就是我們能為別人做的最好之事。因為這樣做可以讓他們明白，的確有個更美好的地方存在。

今天，我要往自己的人生前進。即使必須把他人留下，我也會明白過橋追求更美好的人生是我的權利。

2月13日 相信自己

自己就是上蒼賜給我們最好的禮物。傾聽自己、信任自己的直覺和本能，就是對這份禮物的最高致敬。

若我們沒有去留意如此自然而然發自內心的指引和智慧，那麼，這是多麼本末倒置啊！

我們總有一天會明白的。透過聆聽、信任和堅持到底而明白。現在是該採取什麼行動的時機嗎？我需要做什麼來照顧自己？我心裡內在的聲音想要指引我去什麼地方？

細細聆聽，我們就能明白。

傾聽內在的聲音。

今天，我會傾聽並且相信。我會在必要的時候獲得力量去採取行動。

2月14日 情人節

對我們來說，情人節這個愛的節日可能象徵我們還未獲得自己渴望的愛；也可能象徵新氣象或更好的意涵。一路走來，我們學到了一個道理：即使是最令人痛苦的關係，也不過是為我們點出我們自己的問題所在，或是告訴我們自己不想過怎樣的人生。這些關係協助了我們踏上療癒的旅程。

我們要展開一趟學習愛自己的旅程，也要開始敞開心胸去愛。發自我們內心真正的愛會流向他人，再流回來。寵愛一下自己，也寵愛一下朋友、小孩或任何你想對他們好的人。

今天是愛的節日。不管如何，我們都可以盡情慶祝這個日子。不管身處何種情境，我們都要感激自己願意敞開心胸去愛。

今天，我會敞開心胸去接受別人給我的愛。我會讓自己付出愛，也獲得渴望的愛。我感激自己的心正逐漸痊癒，也感激自己正逐漸學會去愛。

2月15日 掌控

有時候，灰暗的日子令人害怕。這些過往的情緒浪潮又來襲的時日，我們可能會想要依賴、感到恐懼、羞愧，無法照顧自己。

這種情形發生時，我們很難信任自己和別人，也很難相信人生的美好。種種問題似乎快把人壓垮，過往的經歷也好像毫無意義，未來簡直一片黯淡。我們在人生中想追求的事物似乎永遠也無法達成。

在這些脆弱的片刻，我們可能認為周遭事物或身邊的其他人握有掌控自己幸福的鑰匙。這時，我們可能會想試圖控制別人和局面，以掩飾自己的痛苦。這些症狀來襲時，別人就會開始掙脫我們的意圖控制。

我們處於狂亂的狀態，不斷向外尋求快樂，寄望藉由他人讓自己平靜和穩定。這種時候，請記住：即便我們能掌控事物和他人、即便達成了自己的期望，我們還是一點都沒改變。我們的情緒狀態依舊是一團混亂。

別人和其他事物無法停止我們的痛苦，也無法使我們療癒。我們要學到：停止痛苦是自己的任務，而且可以藉由一些資源來達成這個任務，像是我們自己、信仰、支援體系，及療癒課程等。

往往，等我們平靜下來、開始信任和接納後，我們想要追求的種種自會翩然來到。所有的改變其實都是從我們自身開始的。

今天，我會放下掌控事物和別人的念頭。我會處理自己的情緒，也會心平氣和、沉著冷靜。我會回歸正軌，明白得到快樂的真正鑰匙是自己。我會記得灰暗的日子不過就只是偶爾的情緒低潮罷了。

2月16日 切割

放下的概念常常困擾著我們。什麼時候我們做得太多，或是太想要控制別人和結果？什麼時候我們做得太少？什麼時候我們所做的算是適當照顧自己？什麼是我們該負責的？什麼不是我們的責任？

不管經過了多久，這些議題對我們來說依舊是一大挑戰。有時候，我們放下放過了頭，以致於忽略了對自己或對他人的責任。有時候，我們可能跨過了界線，本來是要照顧自己，卻變成掌控別人和結果。

沒有什麼指導手冊可以教我們該怎麼做。不過，我們不必動輒得咎，也不必害怕。療癒的過程不必步步完美，如果當下覺得該採取某個行動，我們就去做。如果覺得時機未到或是沒什麼動力，就不必採取行動。

培養、建立健康的極限和界限，並不是一蹴可幾。我們可以允許自己去嘗試、犯錯和成長。

我們可以和別人談，問別人問題，也問自己。如果有我們需要去做或學習的事情，這事自然會浮現。課題是不會消失的。如果我們沒把自己照顧好，我們自然會發現。如果太有掌控慾，我們也會明白。

問題會一一解決，道路會日漸清晰。

今天，我會採取看似適當的行動，其他的雜事則放下。我會努力追求自我責任和對他人責任之間的平衡，並且學會放手。

2月17日 接受

有一個基本的療癒概念，一直都能帶來奇蹟。這個概念叫做接受。

我們不可能在短時間內就學會「接受」。我們往往得經歷情緒的海市蜃樓，有時是憤怒、冒犯，有時是羞愧和自憐。不過，假使接受是我們的目標，最終我們一定會達成。

笑看自己的弱點、感激自己的長處，有什麼比這樣的態度更令人舒暢開懷？若能明白由種種情緒、想法、傾向和過往交織而成的「我」是值得接受的，這樣的想法也會帶來療癒的效果。

接受自身的處境是另一種神奇的治療方式。想要改變任何人、任何事，我們必須先接受自己、接受他人和接受當下的處境。之後，我們需要再進一步。我們要感激自己或感激外在的處境。如果我們能對自己說：「我知道這是當下事情該有的發展。」就能多添一絲信心。

不管情況有多複雜，這些基本概念永遠都能幫助我們回復理智。

今天，我要練習接受的概念。我要接受自己、他人和自身的處境。我會更進一步，學會感激。

2月18日 做對的事

療癒並不是要我們做所謂對的事，而是讓我們做自己，也接納別人原本的樣子。

不過，這個道理，有些人很難理解，原因在於我們周遭的環境裡，向來強調採用「對或錯」來當成評量的標準：做對就沒問題，做錯就該感到羞愧。所有價值都取決於對或不對，做錯就意味著殲滅自我和自信心。

可是在療癒的過程中，我們要學習的是，為了相互關係中的愛而努力，而不是為了優越感而努力。的確，我們可能時不時需要為他人的行為做決定。但如果是受到某人的傷害，我們就必須為自己挺身而出。我們有責任建立界限和照顧自己。不過，我們並不需要藉由譴責他人來找到正當理由照顧自己。我們應該把重心放在自己身上，不要掉入執著他人行為的陷阱。

在療癒的過程中，我們學會了只需去做自己覺得正確的事情。其他人怎麼做是他們的事，他們也只需做自己認為正確的事。我們很容易自以為正義，也愛去分析他人的動機和舉止，但如果可以把眼光放得更長遠，對我們會更有益處。

今天，我會記得不要老是躲在「正確的事」後面。我不必用「對」或「錯」來為自己的渴望和需求找理由解釋。我會做我自己。

2月19日 我們的道路

我們的心靈道路和成長並不仰賴任何特定宗教信仰。

療癒過程中，我們不必因為他人糾纏而加入某宗教，也不必因為沒有信仰他人的宗教，而感到不好、害怕或是渺小。

我們不必讓他人強加宗教信仰在自己身上。

我們每個人都必須找到自己的心靈道路，和自己所信仰的神建立關係。

選擇信仰的自由也至為重要。

今天，我會明白，我不必因他人糾纏而信仰某種宗教，也不必因沒信仰他人宗教而感到不好。如果別人把復元過程中所獲得的力量和宗教混為一談，我會把他們的問題丟還給他們自己解決。我會發現、找出一條適合自己的道路。

2月20日 設定自己的方向

我們無法改變別人對我們的期待，也無法控制別人想要什麼、期待什麼，或是他們想要我們做什麼、想要我們成為怎樣的人。

我們可以控制的是「自己如何回應他人的期待」。人生在世，別人可能會對我們的時間、天分、精力、金錢和情緒有所要求。我們不必樣樣都答應，就算拒絕也不必感到罪惡。我們不必讓像轟炸般的種種要求控制了自己人生的方向。

我們不必浪費人生去回應他人的要求，也不必耗費時間去走別人要我們走的路。我們要設立界限，明確表達出我們的底限為何。我們要信任和聆聽自己的需求，也要為自己的人生設立目標和方向。我們要重視自己。

花點時間，想想自己要什麼，好好思考回應別人的需求會如何影響自己人生的方向。惟有當我們不再讓別人和別人的期待、需求控制我們人生的方向，我們才能過好自己的人生，真正擁有自己的人生。別人可以有他們的需求和期待，別人也可以有他們的情緒，但我們也可以掌握自身的力量來選擇適合自己的道路。

今天，我要掌握自身的力量，平靜地選擇適合我的做法。我了解我可以和他人的期待和需求做切割。我不再去取悅他人，而是開始取悅自己。

2月21日 活在當下

我們唯一所擁有的就是當下。當然，我們有計畫和目標，對未來也有憧憬。但是，我們唯一擁有的時間就是現在，而這就足夠了。

我們要清理心中的昨日殘餘，也要清理心中對未來的恐懼。我們要活在當下。我們要讓自己徹底感受此時此刻，感受今天。只有完全投入當下，我們才能達成明日的完滿。

靜下心，你會聽到有個聲音低語道：「孩子，不要害怕，不要後悔。放下你的憤怒，讓我帶走你的痛苦。你唯一擁有的就是當下。靜下來，感受此刻，全心信任。」

你唯一擁有的就是現在，這就已經足夠。

今天，我會堅信只要內在安寧，就會萬事太平。

2月22日 解決問題

許多人處在一種不面對問題、不承認有問題，也不討論問題的狀況。「否認」變成我們處理問題的生活方式。

在療癒過程中，我們許多人仍舊害怕問題。我們可能花了太多的時間去應付這些問題，卻沒有花足夠的時間去解決問題。我們找不到重點，沒學會該學的功課。問題是人生的一部分，解答也是。

有問題並不表示人生就是負面或糟糕的；有問題也不代表有缺陷。所有人都有需要解決的問題。

我們要學會專心解決自己的問題。首先得確定要解決的是自己的問題。如果不是，我們的問題就在於建立界限，接著再尋求最佳解決之道。我們可能要設立目標、尋求幫助、蒐集更多資訊、採取行動，或是放手。

療癒並不表示從此對問題免疫，而是指學會面對和解決問題，也明白問題會時常出現。我們要相信自己有解決問題的能力，也要明白自己不是獨自面對問題。有些問題是人生必經的階段；有些問題則是要去解決，我們才能在過程中以必要的方式成長。

面對、解決今天的問題，不要杞人憂天擔心明天的問題。因為未來的問題出現時，我們會有足夠的資源來解決。

能夠面對問題、解決問題，表示我們活著，表示我們有所成長，也從成長中得益。

我會面對、解決自己今天的問題。盡了本分之後，我會順其自然。我會學會成為問題解決者。

2月23日 力量

不屈不撓未必就是堅強。有時候，力量是透過顯露自己的軟弱而展現。有時候，我們必須先崩潰才能重組，回到正軌。

我們都曾碰過連一步也走不下去的日子，都碰過忍不住要自我懷疑、忍不住要害怕、無法讓自己更堅強的日子。

我們都有無法專心負責任的時候。偶爾，我們會在眾人面前哭泣，顯露出疲憊、躁動或憤怒。人人都會有這樣的時刻，這很正常。

照顧自己是指在必要時，我們給予自己「崩潰」的許可。我們不必每時每刻都是屹立不搖的高塔。我們很堅強，也已經證明了這點。如果在害怕、軟弱和無力的時候，允許自己有勇氣去感受，我們的力量就會持續下去。

今天，我明白我有權利讓自己當一般人。我在需要「崩潰」時，能不感到內疚或懲罰自己。

2月24日 辨認情緒

如果以前從沒有經驗，或沒讓自己試過，「辨認自己正感受到什麼情緒」可能會是個挑戰。這個挑戰，是我們可以應付得來的，但我們不會一夜之間就很能辨認出來。我們也不必想完美地處理自己的情緒。

以下這些想法，對學會辨認和處理情緒很有幫助。

拿出一張紙，在最上方寫下：「如果我想感受任何情緒都可以，不會被人指責或糾正，那我會想要感受什麼情緒？」接著寫下腦海中想到的任何事。你也可以寫日記，寫一封不會寄出去的信，或是在筆記本上隨意寫下想法。

盡可能用客觀的第三者角度來觀察、聆聽自己。聽聽自己的語氣和用字。你聽到了什麼？悲傷、害怕、憤怒，還是快樂？

你的身體處在什麼情況下？因憤怒而僵硬？充滿恐懼？因悲傷和哀痛而沉重？因愉悅而歡欣鼓舞？也不妨去參加聚會。一旦我們有了安全感，就會自然而然敞開心胸，自在面對自己的情緒。

在療癒的過程中，我們就像是在不斷尋寶，要尋找的寶藏之一就是自己的情緒。我們不必力求完美，只要誠實、敞開心胸、願意去嘗試就好。我們的情緒就會在那兒等著和我們分享。

今天，我要時刻觀察和聆聽自己。我不會因為自己的感受而批判自己；我會接納自己。

2月25日 接受不完美

「為什麼我要把自己搞成這樣？」一位想減肥的女士說道：「我帶著罪惡感去參加減肥支援團體，有時我會因為吃了半片減肥餐裡沒有的餅乾而感到不安。但結果我發現，沒有一個人可以完全遵守減肥守則，有些人根本沒在忌口。在參加支援團體前我一直很有罪惡感，好像我是唯一沒在認真減肥的人。現在我知道我和大家一樣，都在努力減肥，甚至我做得還更好。」

「我們為什麼要把自己搞成這樣？」我不是單指減肥，我是指人生。不管是與人互動、在療癒過程中、或在達成特定的某個目標時，我們常覺得別人才完美，自己就樣樣不如人。為什麼我們要這樣懲罰自己？

不管是在批判自己或是他人，這都是「完美」這個錢幣的一體兩面，沒有任何一面是永遠正確的。

接受自己原本的樣子，認同自己已經做得夠好，這樣的想法遠比挑剔來得正確和有益。這並不表示我們不會犯錯，不需要改正；也不表示我們就不會偶爾脫軌，或是無法力求改進。相反的，藉由以往犯過的錯、走岔的路，我們基本上還是朝著對的方向前進。只要鼓勵自己、認同自己，就可以幫助我們不偏離正軌。

今天，我要關愛、鼓勵自己。我會告訴自己，我做得已經夠好了，也會讓自己享受這種感覺。

2月26日 團體課程

我們可以在眾多課程中挑選最適合自己、最能符合自己需求的來參加。如果找不到適合自己的團體，我們可以自己組一個。

團體可以幫助我們接受和處理情緒對生活帶來的種種影響，也能幫助我們回歸正軌，不再脫序。

課程得參加多久？我們要一直去，直到「了解課程」為止。我們要一直去，直到課程「內化成我們的一部分」為止。之後我們要繼續去，持續地成長。

選擇團體後，很重要的一件事就是定期參與，這樣我們才能開始照顧自己，並且持續不斷下去。積極參與療癒課程，就是另一種照顧自己的方法。

我會敞開心胸去接觸療癒課程帶來的療癒力量。

2月27日 取悅病

你周遭有取悅病患者嗎？這些人常讓人覺得不舒服。若身旁有個一心只想取悅別人的人，常會讓其他人都感到煩躁焦慮。

取悅病可能是一種為了在家庭中生存而發展出來的行為。我們可能沒有獲得應有的關愛和注意，我們也可能在取悅自己、信任自己、展現出有自信的行動時，受到了負面的打壓。

取悅病可能很明顯、也可能不明顯。我們可能會對他人小題大做、喋喋不休，其實心底是在表示：「希望我有取悅你。」又或者，比較隱性的取悅病型態則是我們默默以取悅他人為原則，來做人生的重大抉擇。

考量他人的渴望和需求，當然是建立關係的重要原則。我們對朋友、家人和雇主都有應盡的責任。我們有強烈的內在責任感要當個忠誠、關愛他人的人。不過，取悅病是有後遺症的。不但別人會對我們厭煩，當我們取悅他人的努力不如預期時，我們自己也會感到惱怒。

體貼別人、而且最終也懂得取悅自己的人，相處起來才最讓人自在。

我要克服恐懼，開始取悅自己。

2月28日 放下否認

對於那些會傷感情的事情，我們往往要花很久時間才能接受。——古羅馬詩人奧維德

大多數人在療癒過程中有時會忙著否認。我們可能會否認過去發生的事件或情緒，也可能會否認他人的問題。我們還可能會否認自己的問題、情緒、想法、渴望或需求。我們否認事實。

否認代表我們不讓自己面對事實，通常是因為面對事實會令人受傷。面對了可能就會失去：我們可能失去信任、愛或家人，也可能失去婚姻、友誼或夢想。失去某事或某人都令人傷痛。

否認是種保護機制，也是靈魂的避震器。否認讓我們不去意識現實的存在，讓我們有時間準備以應付殘酷的現實。別人可能當著我們的面大聲疾呼事實真相，但除非我們做好準備，否則我們會對真相充耳不聞。

我們是既堅強又脆弱的生物。逼迫自己接受事實並不能讓我們停止否認；只有讓自己變強壯、變得更有安全感，才能讓我們面對事實，不再否認。

時機到了，我們自然就做得到。我們也不必因為否認事實而懲罰自己。只要愛自己，讓自己有安全感和有力量，一天比一天更好，才能去面對和處理現實的難題。我們要按照自己的時間表，等自己準備好，來面對和處理現實的難題。我們不必因為這樣的時間表而受到自己和他人的斥責。

時機到了，我們自會知道該明白的道理。

今天我會全力以赴，讓自己有安全感和信心。我會意識到要照自己的時間表來處理和面對現實難題。

2月29日 你值得愛

我們要回溯、回溯、再回溯，穿越層層恐懼、羞愧、憤怒、傷害和負面的咒語，直到我們找到那個曾經生機勃勃、無拘無束、開心愉悅、值得疼愛的孩子，那個孩子現在還存在我們心裡。——《超越共同依存症》

你值得愛。是的，你值得。

就算別人沒有在你需要的時候支持你，就算有些人無法用對的方式來愛你，就算以往的情感關係破碎走調，都不代表你不值得愛。

有些課題，你需要學習。有時候，這些課題會很傷人。

放下這些痛苦，敞開心胸去愛。你值得愛，也會為人所愛。

今天，我會告訴自己：我值得愛。我會一直這樣做，直到自己相信為止。

三月

解決問題的最佳方式，就是平靜。

放下憤怒・工作上的情緒・接受自己・信仰是源頭・做自己・平靜・完滿・全然呈獻・照顧自己・與家人共度・放下困惑・時機・清晰和方向・相信自己・別再當受害者・正面能量・賦予力量・安全感・別淌渾水・釋放・許下承諾之前，仔細考慮・不以受害者自居・建立界限的批評・欣賞自己・放下憂慮・是禮物，不是負擔・後座力・平衡・滿足需求・嘗試・財務狀況

3月1日 放下憤怒

在療癒的過程中，我們常常以客觀的立場討論憤怒。的確，憤怒是人人都體會過的情緒。的確，療癒的目標就是要擺脫憎恨和憤怒。的確，我們都同意人是可以感受到憤怒的。嗯，也許吧……

憤怒是種強大的情緒，有時大到令人感到恐懼。然而，如果憤怒沒有強化成憎恨，或是為人利用做為攻擊武器來懲罰或虐待別人的話，這種情緒對我們是有益的。

憤怒是指出問題所在的警告。有時候，憤怒指出了我們需要解決的問題。有時候，憤怒指出了我們需要建立的界限。有時候，憤怒是在放手或學會接受之前，最後的能量爆發。

有時候，憤怒就只是憤怒，沒有任何理由。通常我們無法把憤怒整齊地打包收納，但也不需要因為憤怒而把自己窒息，或扼殺了自身的能量。

我們不必在每次憤怒時就感到內疚。我們不必感到內疚。

深呼吸。我們要感受所有情緒，包含憤怒，而且這樣做的時候問心無愧。我們會為自己的行為負責。

我會感受、釋放今天任何的憤怒情緒。我會適當、安全地做到這點。

3月2日 工作上的情緒

工作上的情緒和生活中其他的情緒同樣重要。情緒就是情緒，處理情緒才能讓我們持續往前邁進成長。不願承認自己的情緒，只會讓我們受困，引發胃痛、頭痛和心絞痛。

的確，要處理工作上的情緒是一大挑戰，因為有時候事態看起來就是那麼的無可救藥。我們逃避處理情緒最常用的一種手法，就是告訴自己事情已經無可救藥了。

我們要好好思考如何處理工作上的情緒。找個和自己工作無關的人來抒發強烈的情緒，用安全的方式釐清問題，這樣的做法可能比較適當。

一旦強烈的情緒經過抒發，我們才能想通需要採取什麼行動，以便好好照顧職場上的自己。

有時候，情緒和生活中其他領域一樣，需要去感受和接納。有時候，情緒是指出我們本身的問題，或是指出我們和他人之間待解決的問題。

有時候，情緒是在幫助我們找出方向。有時候，情緒是連結到某個訊息或某種恐懼：我不可能會成功、我不可能得到渴望的東西、我不夠好……等等。

記住，只要會運用心靈的療癒方法，我們自己就能獲益。

除非鼓起勇氣面對、處理情緒，否則我們無法知道自己能學到什麼智慧。

今天，我會認真對待工作上的情緒，就像對其他情緒一樣。我會找到適當的方式來處理情緒。

3月3日 接受自己

某天一位女士正在開車的時候，注意到前方車牌上寫著：「做自己（B-WHO-UR）。」她心想：「怎麼可能辦得到？我連自己是誰都不知道！」

別人在鼓勵我們做自己時，我們有時會感到困惑。多年來，我們只知道要滿足別人的需求。這樣的我們怎能了解自己，甚或是做自己？

我們的確有自我。日復一日，我們會不斷發現更多的自我。我們會逐漸了解自己是值得愛的。我們要學會接受自己，接受當下的自己。我們要接受自己的情緒、想法、缺點、渴望、需求和慾望。就算想法或情緒混亂，我們也要接受。

做自己，代表我們原封不動地接受自己的過往。

做自己，代表我們有權利表達當下的意見和看法，也有權利改變。我們接受自己能力有限，也接受自身的力量。

做自己，代表我們接受自己當下的外在，也接受自己的內在、情緒和精神層面。在復元的過程中做自己，是指把接受往上提升一個層次。我們欣賞自己，也感謝自己的過往。

接受自己、愛自己，才能讓我們成長和改變。

今天，我會做自己。如果我不確定自己是什麼樣的人，我會堅信自己有權利去探索。

3月4日 信仰是源頭

每個人的信仰，是一切指引及積極改變的源頭。這並不表示我們就不用對自己負責。我們要負責，但我們並不孤單。

療癒並不是一個DIY的計畫。我們不必過度擔憂著要改變自己，只要盡本分、放鬆，相信自己將經歷的改變是最適合我們的。

療癒是指我們不再以他人為源頭，來滿足我們的需求。他們可以幫我們，但是他們並不是源頭。

一旦學會相信療癒的過程步驟，我們就會開始明白，我們和信仰間的關係，並不能取代我們和他人之間的關係。我們不必躲在信仰背後，或是利用自己和信仰之間的關係為藉口，不肯自己負責任，也不肯在互動關係中照顧自己。不過，我們可以試著探索，相信信仰的力量，以尋求能量、智慧和引導，讓我們能負責任地照顧自己。

今天，我會尋求信仰做為自己所有需求的源頭；在療癒過程中想要產生的改變，我也會向信仰尋求幫助。

3月5日 做自己

有時候，我們身處於新環境的本能反應就是：不要做自己。那我們可以做誰？你又想要當誰？我們不必當任何人。不管到哪裡，我們能帶給任何一段關係最棒的禮物，就是做自己。

我們可能認為別人會不喜歡我們。我們可能害怕如果鬆懈下來做自己，另一半可能就會離開，或是讓我們相形見絀。我們可能擔心另一半對我們的看法。

然而，一旦我們放鬆、接納自己，人們通常會覺得，比起死板、壓抑的我，「原本的我」令人自在。這樣的我們相處起來多有趣。

如果別人不欣賞我們，我們真的想和這樣的人相處嗎？我們有必要讓別人的意見控制自己和自己的行為嗎？

允許我們做自己，這樣會對我們的人際關係產生一種良好的影響。氣氛放鬆，我們就會放鬆，另一方也會放鬆。因為已經見到了真實的一面，每個人感受的壓力也可以少一點。做自己就是做能力可及的自己，做本來就該成為的自己，這樣就已足夠，就已夠好。

我們對自己的看法才是真正重要的事。我們可以給予自己所有渴望和需要的認同。

今天，我會在互動關係中放鬆做自己。我不會貶低他人或是用不適當的方式來做到這點。我會接納自己、珍視自己。我要放下不敢做自己的恐懼。

3月6日 平靜

憂慮通常是我們面對衝突、問題或恐懼時的第一反應。在這些片刻，如果我們選擇要切割和保持平靜，看起來會很像是一種背叛或漠然。我們的內心一定會想：如果我真的在乎，我就該憂慮；如果這件事真的對我如此重要，我一定會心煩意亂。我們往往說服自己，只要憂慮的時間愈長，結果可能就會好轉。

其實，我們解決問題的最佳方式，就是平靜。在平靜的狀態下，解決方法自然出現。往往，恐懼和憂慮會阻礙解答的產生。憂慮不會讓解答變得容易出現，反而會讓問題變得更大。憂慮並不能幫助我們藏匿混亂，憂慮一點幫助也沒有。

如果願意，我們就能獲得平靜。儘管周遭一團混亂，充滿待解決的問題，但一切都會順利，萬事都會迎刃而解。我們要放鬆，讓自己感到平靜。

今天，我會放下混亂的心態，保持平靜。我會培養平靜和信任的心態，讓及時的解答和善意從平靜的源頭和諧地自然而生。我會有意識地放手。

3月7日 完滿

「一切我需要的事物在今天都會完備。一切。」請你一直說這句話，直到你相信為止。在一天的開始說這句話，一整天都對自己說這句話。

有時候，知道自己想要、需要什麼是很有助益的。不過如果自己真的不知道，我們也要相信，上天一定知道。

當我們請求、信任並相信自己的需求可以得到滿足，我們的需求就會得到滿足。

今天，我會堅信自己的需求可以得到滿足。我會放手，學會自己力排眾議去相信的是真理。

3月8日 全然呈獻

我們把自己全部、完全的交給一個更崇高的信仰力量，是我們獲得力量的方式。這樣，我們才能以一種嶄新、更美好、更有效率的方式獲得力量，而且是超乎自己的想像。新的大門開啟了，窗戶打開了，可能性出現了。終於，我們的能量以適合自己的方式，在各領域獲得引導。

宇宙中有我們的位置。我們應該要看到、也應該要明白這點。宇宙會敞開雙臂，為我們挪出一個特別的位子，提供我們一切所需。

這樣的感受會很美好。現在就要明白這種美好。

若我們現在敞開心胸，就能學會掌握自身的力量。我們不必因無能為力和無助而停滯不前。那只是一個暫時的停泊點，讓我們重新檢視一下自己，看看先前我們毫無力量時，是怎麼努力獲得力量的。

一旦我們把自己全然獻上，就是獲得力量的時候。

讓力量自然而然地到來。力量就在那兒，等著我們攫取。

今天，我會敞開心胸，了解什麼叫做掌握自身的力量。我會接受自己無能為力的地方；我也會接受自身的力量。

3月9日 照顧自己

我們無法在設立界限的同時，又顧慮到另一個人的感受。這是不可能的，兩者是互相牴觸。對他人有同情心是多麼棒的特質啊！但這個特質也讓設立界限變得多難啊！

關心別人和他們的感受是好事；關心自己也很必要。有時候，我們得做選擇，才能照顧好自己。

有些人因為家庭，培養了根深蒂固的觀念，認為千萬不可以傷害他人的情感。

我們要用一個新的觀念來取代，這個觀念是告訴我們千萬不可以傷害自己。有時候，我們選擇照顧自己，別人就會以受傷的態度來回應。

沒關係。我們會透過這樣的經驗學習、成長和獲益，他們也會。我們對他人最有力、最正面的影響，就是為自己負責任，也讓別人為他們自己負起責任。

關心是好事，照顧則不然。我們要學會在兩者之間保持平衡。

今天，我會建立該設定的界限。我會放下照顧他人情緒的念頭，轉而照顧自己。我會允許自己來照顧自己，明白這是對自己、對他人最棒的選擇。

3月10日 與家人共度

我們很愛家人，也很在乎家人，家人也很愛我們，很在乎我們；但是和某些家人的互動很可能會讓我們痛苦，有時還會讓我們陷入羞愧、憤怒、內疚和無助的深淵。

要和家人在情緒上做切割很難，要分開看待他們和我們的問題也很難，掌握自身的力量更難。很難，但不是不可能。

首要步驟就是察覺和接納，要毫無內疚地承認自己的情緒和想法。我們不必責怪家人，也不必責怪自己，或是感到羞愧。接納是我們的目標，接納我們和別人相處時，有權選擇渴望和需要做的事情來照顧自己。我們要擺脫過去的行為模式，進步是我們的目標。

今天，我在學會如何和家人相處時，對自己要有耐心。我會在今天努力察覺和接納。

3月11日 放下困惑

有時候，前方的道路並不明確。

我們的心靈陰霾片片，困惑重重。我們無法肯定自己的下一步該怎麼走，無法確定將來會怎麼樣，也不知道該往哪個方向前進。

這時候就該停下來尋求指引，好好休息一下。放下恐懼。等待。感受困惑和混亂，然後放下。道路會自己顯現，下一步也會清楚浮現。

我們不必現在就得知道，時候到了就會知道。相信這點，放開手，且要全心相信。

今天，我會在道路不明確時耐心等待。我相信渾沌之中自會出現光明。

3月12日 時機

如果我們能夠釐清生命的謎團，窺見縱橫於世界裡的能量；如果我們能正確評估過往事件的重要性；如果我們能估量人類的掙扎、兩難和志向，我們就會發現沒有任何事情是順應時間而生。萬事萬物都在約定的時刻到來。——紐澤西州神學院院長喬瑟夫・希索（Joseph R. Sizoo）

等候時機的到來，往往令人沮喪。我們等了又等，希望某件事發生，等到真的發生時，似乎已經等了一輩子。又或著，某事件或情況突然就半路殺出，弄得我們措手不及。認為事情發生得太慢或太快其實是種幻覺。時機永遠都是剛剛好。

今天，我會相信並順從天意。我會接受當下和過往人生中的時機都是剛好而完美。

3月13日 清晰和方向

有時候雖然我們盡了全力，卻還是無法了解人生所發生的事。我們信任、等待、聆聽別人的意見，也聆聽自己，但是答案依舊沒有出現。

在這些時候，我們需要明白，即便我們身處讓人尷尬或不舒服的位置，但此時此刻就是我們的適切之所。我們的人生的確有其目的和方向。

我們正在經歷改變，正在接受療癒和產生轉變，其程度遠比自己想像來得深。難以想像的好事正在整備行囊，朝我們前來。我們會接受引領和指導。

我們要心平氣和，不必為了要減緩不適的感覺，或為了得到答案，而匆促或急迫行事。我們要等待，直到自己心靈平靜為止。我們要等待明確的方向。清晰的思緒自會浮現。

解答會浮現，而且是對我們、對眾人都好的解答。

今天，我明瞭，我正受到指引，朝著人生美好之處前進，尤其在感到困惑和失去方向時，更是如此。我有足夠的信念等待，直到心靈和洞察力清晰且一致為止。我明瞭清晰的思緒自會浮現。

3月14日 相信自己

在療癒過程中，「信任」可能是最令人感到困惑的一個概念。我們要信任誰？為了什麼而信任？我們所面對最重要的信任問題，就是學會相信自己。發生在自身上最悲慘的事，就是不能夠信任自己。恐懼和懷疑是我們的敵人，驚慌是我們的敵人，困惑是我們的對手。

自我信任是我們可以給予自己的療癒禮物。我們要怎麼獲得這份禮物？要透過學習。犯錯的時候該怎麼辦？本來以為可以信任自己，但後來卻發覺錯了怎麼辦？要接受這些錯誤，而且無論如何都要相信自己。

我們知道什麼對我們最好，也知道什麼適合我們。如果錯了，如果需要改變心意，我們會受到引導而改變，但前提是要先相信當下的自己。

我們可以向他人尋求支援，強化自己的信心，但是信任自己是必要的。

不要相信恐懼，也不要相信驚慌。我們要相信自己，站在自己的真理中，站在自己的光亮下。一切所需要的，我們都已經擁有了。我們有自己今天所需要的光亮。明天的光亮到時候我們自會獲得。

相信自己，我們自會知道該相信誰。相信自己，我們自會知道該怎麼做。當我們覺得無論如何都無法相信自己時，請相信，上天會引導我們找到真理。

我要放下恐懼、懷疑和困惑，這些都是自我信任的敵人。我會在平靜和信心中往前邁進。我要在信任自己中成長，每次一天，每次一個體驗。

3月15日 別再當受害者

「難道其他人看不見我有多受傷？」

「他們沒看到我需要幫忙嗎？」

「他們一點都不在乎嗎？」

問題不在於別人有沒有看到或在不在乎，而在於我們有沒有看到或在不在乎自己。往往，我們的手會指著別人，等待別人同情，這是因為我們還沒有全然接受自己的痛苦。我們還沒學會在乎自己。我們希望別人可以意識到我們自己都還沒察覺的問題。

同情自己是我們的責任。

當我們憐憫自己，就等於踏出了第一步，不再以受害者自居。我們就能踏上自我負責、自我照顧和改變的道路。

今天，我不會再等待別人來看見我和照顧我；我會負起責任，意識到自己的痛苦和問題，也在乎自己。

3月16日 正面能量

人隨便都能挑出周遭的錯處。

要挑出好處卻需要練習。

許多人長期以來一直都活在負面思考的環境中。我們變得很擅長貼標籤，不管是別人、自己、自己的人生、舉止、工作、日常生活、人際關係，我們都能挑剔。

我們想要變得務實，我們的目標就是找出和接納現實。然而，當我們負面思考時卻往往無法達成這個目標。負面思考的結果通常是全然的毀滅。

負面思考會讓問題變得更強大，也讓我們處於不和諧的狀態。負面能量會破壞和摧毀，而且還有它自身強大的生命力。

正面能量也是如此。每一天，面對別人、我們的人生、我們的工作、我們的日常生活、我們的人際關係、我們自己、我們的舉止，我們要問什麼是對的，什麼是好的。

正面能量會療癒、會傳遞愛，也會讓人轉變。我要選擇正面的能量。

今天，我會放下負面思考，從內心轉變信念和思考。我會學習從負面走向正面，學習跟美善和諧共處。

3月17日 賦予力量

你可以思考，你可以感受，你可以解決自己的問題，你可以照顧自己。

我們很容易就掉入懷疑自我和懷疑他人的陷阱。

有人向我們訴說一個問題時，我們的反應是什麼？我們認為自己該替這人解決問題嗎？我們相信這人的未來，就取決於我們的建議，是這樣嗎？這樣的想法太危險了。

當一個人正面臨承擔自己人生和行為的責任時，我們反應為何？覺得這個人一定辦不到？我一定要出手相救，免得這人就此沉淪，一蹶不振。是這樣嗎？

當自己遇到問題，當自己情緒上湧，或面臨要承擔責任時，我們的反應又是如何？

我們要學會檢視自己。我們要學會在做反應前，思考自己的回應。「很遺憾聽到你有這樣的問題，我知道你一定能找到解決辦法。聽起來你似乎情緒不太好，但我知道你一定能釐清思緒，走出困境。」

每個人都要對自己負責。這並不表示我們不在乎，也不代表我們冷漠。這只表示我們學會用有效的方式去愛別人、支持別人。

相信每個人有與生俱來的能力去思考、感受、解決問題和照顧自己，這是我們能給自己、也是他人能給我們最棒的禮物。

今天，我會努力去給予和接受能加添力量的支持。我會努力相信自己和別人，相信彼此都有能力處理情緒、解決問題和照顧自己。

3月18日 安全感

不管是孩童還是大人，生活在功能失調家庭中的一個長久效應，就是缺乏安全感。人生挫敗沮喪發生的絕大部分原因，是由於我們在人際關係中缺乏安全感。這會造成我們想要控制、過度執著，或是把注意力放在別人身上，卻忽略了自己或是關閉了自己的情緒感受。

我們要學會感到自在，讓自己有安全感，這是培養正確態度的條件之一，以求關愛自己、讓自己成長。往往，參加聚會或是支援團體會讓我們感到自在、有安全感。和朋友聚在一起做點開心的事，會讓我們覺得受到保護，也獲得關愛。有時候，幫助別人會讓我們有安全感。禱告和冥想也有助於堅定信念。

我們現在很安全，可以好好放鬆。也許其他人並沒有始終如一、值得信賴地在需要幫助的時候力挺我們，但是我們要學會力挺自己。

今天，我會努力讓自己感到自在、有安全感。

3月19日 別淌渾水

「我也不想淌這趟渾水，但是……」說這句話的時候就表示自己可能已經淌了渾水。

我們不必介入別人的問題、難處或溝通之中，我們要讓別人為自己負起責任。我們要讓他們彼此想辦法解決自己的問題。

擔任調解人，不代表我們就得介入。我們是和平使者，自己得保持心緒平靜，不要把混亂納入己身。處理他人事務時，我們要做不造成額外麻煩的和平使者。

除非你樂意，否則別淌渾水。

今天，我要拒絕介入別人的事務、問題和情感關係。我會信任別人有能力解決自己的事情，包括他們想要溝通的想法與情緒。

3月20日 釋放

讓恐懼溜走吧！

釋放掉深埋在你潛意識中任何負面、限制、或是自我挫敗的念頭。這些念頭可能是關於人生、關於愛，或是關於你自己。相信就會成真。

放下。

儲存在內心深處的恐懼、憎恨和負面思考，全部放下。讓念頭或情緒浮現，接受它，順服於它，勇敢感受這樣的不適或不安。然後放手。讓新的信念取代舊的，讓平靜、喜悅和愛取代恐懼。

允許自己和自己的身體放下恐懼、憎恨和負面思考。釋放掉不再有用的念頭。要相信自己正在復元，也已做好準備接受美善的事物。

今天，我願意放下可能會傷害我的舊時想法和情緒。溫和地用新的信念和情緒加以取代。我的確值得過充滿愛的美好人生，我相信這點。

3月21日 許下承諾之前，仔細考慮

承諾的時候請注意。

很多人害怕承諾。在承諾前，我們應該衡量一下代價，而且得確信，所許下的承諾是適合我們的。

許多人曾經在還沒有衡量得失及結果前，就魯莽地一頭栽進承諾中。都已經承諾了，才發現其實並不想承擔責任，覺得自己陷入困境。

有些人害怕如果不承諾，會失去某個機會。的確，如果不願意承諾，是會失去某些機會。不過，我們還是得衡量一下承諾的代價，得釐清許下的承諾是否合適。如果不合適，我們需要誠實直接跟別人和自己表達。

要有耐心，好好深思，等待清楚的答案。我們不可在匆忙或驚慌中許下承諾，而是要平靜、充滿信心地選擇適合我們的正確承諾。如果內心深處說不，要有勇氣相信那個聲音。

這不是我們最後一次的機會，也不是我們唯一的機會。不要驚慌。即便拼命告訴自己這個承諾應該是對的，告訴自己應該要答應，我們也不應該許下不適合自己的承諾。

往往，我們要相信的不是處理承諾的智慧，而是要相信自己的直覺。

一開始許下承諾所帶來的興奮，會讓我們忽略了現實面。這是我們需要考慮的地方。

我們不應該出於急迫、衝動或恐懼就妄下承諾。我們有權利問自己：「這個決定是正確的？」

今天，我許下承諾。有益己身的承諾我會答應，有損己身的則拒絕。對任何人、任何事許下承諾前，我會認真考慮。我會花時間思考自己是否真心想許下這個承諾。

3月22日 不以受害者自居

你有權享受美好的一天。真的！

你有權利過得好、有權掌握自己的人生，回歸正軌。

許多人學會了一種生存行為模式：他們以受害者自居，藉此想獲得關注和認可。我們以為，如果自己的人生不順遂、不公平、太過艱難、坎坷又難以應付，別人就會接受、愛護，也認可我們。

我們周遭可能有以受害者自居的朋友和家人，從他們身上我們看到了這種行為模式。

我們並不是受害者，也不需要成為受害者。我們不必讓自己陷入無助和失控，才能獲得渴望的關注和愛。事實上，這樣並不能獲得我們所尋求的愛。

只有透過掌握自身的力量，我們才能獲得真正渴望和需要的愛。即使偶爾有人倚靠的感覺很好，我們知道自己是可以靠自己的雙腳站立。我們也知道自己所倚靠的人並不是撐住我們，他們是站在我們的旁邊。

我們都有難過的時候，像是事情發展不如預期，悲傷和恐懼的情緒襲來。不過，我們應該要以自我負責的態度，來處理黑暗的情緒、應付不好過的時候，而不要以受害者自居。

你也有權享受美好的一天。我們能說的也許不多，但能享受的卻很多。

我要放下以受害者自居的心態，放下只有成為受害者才能獲得愛與關注這種迷思。讓我周遭充滿了在我掌握自身力量時愛我的人。我要開始享受美好的日子。

3月23日 建立界限的批評

不管是設立界限、對他人說不，還是要改變舊有模式，每當我們掌握了自身的力量，想要照顧自己時，我們就可能會遭受他人的批評。沒關係。我們不必讓別人的反應來控制、阻撓或影響我們照顧自己的決定。

當決定照顧自己的時候，別人會有什麼樣的反應，其實不必去在意，因為那不是我們的責任。

我們改變行為，或是採取堅定的態度照顧自己時，人們一定會有所反應，尤其是我們的決定會影響他們的時候，更是如此。讓他們紓發自己的情緒吧！讓他們去反應吧！無論如何你還是要繼續走該走的路。

如果人們習慣我們的某些行為，他們會試圖說服我們維持以往的模式，以避免整體運作方式改變。如果別人習慣我們答應他們任何要求，一旦我們說不，他們可能會開始咕噥碎唸。如果別人習慣我們承擔照顧他們的責任、顧慮他們的感受、解決他們的問題，一旦我們停止，可能就會受到批評。這很正常。我們要以健康的自我照顧之名，學會與輕微的批評共處。容我提醒一下，我說的是「與批評共處」，我可沒說要和辱罵毀謗共處。

如果別人習慣透過內疚、霸凌和苦苦糾纏來控制我們，他們可能會在我們改變、拒絕接受控制時，更加努力想掌控我們。沒關係，這也是批評反擊的一種。

如果已經決定自己想要、也需要改變，就不要讓批評把我們拉回到舊有的習性中。我們不必回應批評，也不必太過關注批評。根本不值得。批評自然會慢慢消失。

今天，改變自我行為或是努力做自己時，若遭受批評，我會忽視。

3月24日 欣賞自己

無時無刻挑剔自己，這是我們早就該停止的壞習慣！

一輩子走來，我們可能都在直接、間接地為了自己而向他人說抱歉。我們可能認為自己不如他人有價值、認為別人懂得比我們多、認為別人才應該站在我們現在這個位置，自己卻不值得。

但是，我們有權站在這兒。我們有權做自己。

我們貨真價實地存在著。我們的人生是有目的、有原因。我們不必為自己的存在而抱歉，也不必為做自己而感到不安。

我們很好，也值得一切好的對待。

我們過去做了什麼並不重要。每個人都有過去，交織著錯誤、成功和學習的經驗。我們有權擁有過去。這些過往塑造了現在的我們。在這趟旅程中，當我們往前邁進時，就會看見自己是如何轉變、利用這些經驗，追尋更美好的人生。

我們已經花了太多時間感到羞愧、表示抱歉、懷疑自己的好。請立刻停止這樣的行為，放下吧！這是不必要的負擔。其他人有權利，我們也有。我們沒有不如別人，也沒有優於別人。我們是平等的，我們就是我們。我們生來如此，也本應如此。

啊，這就是最棒的禮物。

我會掌握自己的力量去愛和欣賞自己。我會認可自己，而不是尋求別人的認同。

3月25日 放下憂慮

萬一我們可以肯定，今天擔心的所有事情最後都會安然解決，那會怎樣呢？

萬一我們獲得保證，困擾自己的問題會在最棒的時機，得到最完美的解決，那會怎樣呢？萬一我們知道自己三年後會感激這個問題，也感激這個問題帶來的解答，那又會怎樣呢？

萬一……我們知道即便是自己最害怕發生的事，也能得到最好的結果，那會怎樣呢？

萬一……我們獲得保證，一切人生中正在發生和已經發生的事情，都是應該要發生、特別為我們計畫好、也能讓我們獲益最多，那會怎樣呢？

萬一……我們獲得保證，自己所愛的人正在經歷必需的過程，以達成設定的目標，那會怎樣呢？萬一我們獲得保證，其他人可以為他們自己負責，我們不必掌控或是為他們承擔責任，那會怎麼呢？

萬一……我們知道未來會有好結果，也知道無論遇見何事，都會有豐富的資源和指引，那會怎麼樣呢？

萬一……我們知道一切都會順利，不必擔心任何事，那麼我們會怎麼做呢？

我們會安心放手，享受人生。

今天，我會知道自己不必擔心任何事。如果我真的擔心，我會明白這種擔心是自己選擇的，也沒有必要。

3月26日 是禮物，不是負擔

孩子是禮物。如果有孩子，孩子就是賜給我們的禮物。我們身為孩子，也是賜給我們父母的禮物。

很不幸，許多人並沒有從父母那兒感受到自己是一份禮物。也許我們的父母自己就承受著痛苦；也許我們的父母盼望我們可以照顧他們；也許我們是在他們人生艱困的時候到來；也許他們有自己的問題，純粹就是無法享受、接受和欣賞我們這份禮物。

許多人深深相信，自己對這世界和周遭的人來說是個負擔，有時候甚至潛意識就這樣認為。這種想法會妨礙我們享受人生，也會妨礙和他人的互動。

如果有這種念頭，那也該放下了。

我們並不是負擔，從來就不是。如果我們從父母那兒有這樣的感受，我們現在就要認清，這是他們自己要解決的問題。

我們有權利把自己當成禮物。對自己、對他人、對宇宙來說，我們都是禮物。

今天，我會把自己和自己的孩子都當成禮物。我會放下任何關於負擔的想法。對自己、對朋友、對家人，我不再覺得自己是負擔。

3月27日 後座力

「我怎麼可能做得到？」「我怎麼可能說出口？」即使我認真想要做到，想要說出口，我還是覺得羞愧、內疚和恐懼。

對於嶄新、令人振奮的療癒行為，以上的恐懼乃是常見的反應。只要和掌握自身力量或是照顧自己有關的任何事，都會引發羞愧、內疚和恐懼的情緒。

我們不必讓這些情緒控制自己。這些情緒不過是後座力、是餘灰，讓它們燃燒殆盡吧！

開始面對、處理情緒和訊息時，我們會經歷到後座力。是我們自己覺得應該要羞愧和內疚，讓這種後座力控制了人生。

許多人在充滿羞愧訊息的環境中成長，認為照顧自己、坦誠、直接、和別人相處時掌握自身的力量等，都是不應該做的。許多人成長過程中接收了錯誤的訊息，認為不可以做自己，也不可去解決互動關係中的問題。許多人所受的教育認為，我們不應該有自己的渴望和需求。

讓這些想法慢慢消失吧！不要被這種後座力影響，覺得我們沒有權利照顧自己和設立界限。

我們真的有權利照顧自己嗎？我們真的有權利設立界限嗎？我們真的有權利直接說出必要的話嗎？

我們當然有權利。

今天，我會讓任何成為阻礙的後座力消失殆盡。我不會認真看待這種後座力。如果我真的開始照顧、關愛自己，我會放下對未來的擔憂和不必要的恐懼。

3月28日 平衡

找尋平衡。

用理性來平衡情緒。

切割的同時，也要盡本分。

付出的同時，也要懂得獲得回報。

要工作，也要懂得玩樂；要處理公事，也要有私人活動。

要照顧我們的精神需求，也要照顧我們其他的需求。

要輪流替換照顧別人的責任和照顧自己的責任。

關心別人，也要關心自己。

盡可能對別人好，也要盡可能對自己好。

有些人得彌補以前失去的時光。

今天，我會努力追求平衡。

3月29日 滿足需求

想像你正走過一片草原，前方有條展開的道路。走著走著，你覺得餓了。往左邊看去，有一棵結實累累的果樹，你想吃多少就摘多少。

走了幾步之後，你注意到自己口渴了。在你右邊，有一道甘美的清泉。

你疲倦的時候，出現了一個休憩之所。你寂寞的時候，出現了一位同行之友。你迷路的時候，出現了一位帶著地圖的導師。

沒多久，你注意到這一連串需求和供給、渴望和滿足。也許，你猜想，我會有需求是因為有人打算要滿足我的需求。也許我必須先感到有需求，才會注意並接受這個需求。如果我閉上眼睛，不去感受渴望，那可能也就等於是錯失了需求被滿足的機會。

除非刻意破壞，否則需求和供給、渴望和滿足會不斷循環。所有必須的供給都已準備好，就等你踏上旅程。

今天，我所需的一切事物都能得到滿足。

3月30日 嘗試

去嘗試吧！試試新的東西，試試走出去。

我們已經拘束太久，壓抑自己太久了。

孩童時期，許多人被剝奪了嘗試的權利。成年以後，許多人剝奪了自己嘗試和學習的權利。

現在是時候試看看了！這是療癒過程中很重要的一部分。讓你自己嘗試各種事物。沒錯，你會犯錯，但是從這些錯誤中，你會找到自己的價值觀。

有些東西我們就是不喜歡。這樣很好。試了才能多了解自己是什麼樣的人，更明白自己不喜歡什麼。

有些東西我們會喜歡，和我們的價值觀能產生共鳴，也符合我們的本性。

療癒過程中有一段安靜時期，你會靜止不動、慢慢療癒。這是一段冷靜下來的時期，讓我們內省、療傷。這段時期很重要，我們要處理自己的問題。

有一段時期也同樣重要，就是嘗試期。我們要開始去「試水溫」。

療癒並不表示樣樣都不能做。療癒是指學會過生活、學會充分體會人生。療癒是指探索、研究和嘗試。

療癒是指不再受到過往那些死板、充滿羞愧的想法束縛，而是重新塑造以愛自己、愛別人為基礎的價值觀，與這世界和諧共處。

去嘗試吧！也許你會不喜歡，但是也有可能你會喜歡，會發掘你喜愛的事物。

今天，在人生中我會允許自己去嘗試，不再束縛自己。我不再剝奪自己好好過生活的權利。

3月31日 財務狀況

承擔起自己的財務責任是療癒的一部分。有些人可能會發現，自己因為各種理由而陷入財務困境。在療癒時，必須要學會如何處理金錢的問題，並且在人生財務上恢復應對處理的能力。採取適當的改善方式，即使每個月只能存五塊錢，也算是處理五千元債務的第一步。

就從你現在的處境和所擁有的資源開始。至於其他的問題，接受和感恩，讓我們所擁有的變得更豐富。

處理金錢問題並不適合採用「假裝練習」。除非錢已經在銀行戶頭，否則千萬別刷卡。除非手邊已經有錢，否則千萬別花錢。

如果錢少得無法生存，要運用可獲得的適當資源，不要感到羞愧。

設立目標。

相信自己在財務上值得過最好的人生。

放下恐懼，全心信任。

今天，不論人生中財務領域的問題有多棘手，我都會專心為現在的財務狀況負起責任。

四月

放下焦慮、心煩和苦惱。放輕鬆。

放輕鬆・面對自己的黑暗面・接受・衝突協商・在愛中切割・耐心・舊時情緒・自我照顧・付出・利用他人來減緩自己的痛苦・財務目標・放下恐懼・享受・完美主義・溝通・順其自然・照顧自己・自由・接受改變・截止期限・等待・處理壓力・敞開心胸去愛・職場的課題・找到自己的真理・對抗負面思考・放下掌控的慾望・對家人的憤怒・建立關係・平衡

4月1日 放輕鬆

放輕鬆。你可能必須往前衝，但是不必衝得那麼快。溫和點、平靜點。

不要這麼匆促。不論何時，倉促之間能做成的事比較少，平靜的時候才能成就更多的事。狂亂的行為和匆忙急迫並不是嶄新人生方式的根基。

不要太急著開始。你可以開始，但若時機未到，不必強迫。開端很快就會到來。享受、品味中間的過程，這才是核心。

不要太急著結束。你可能快要完成了，但要享受最後的片刻。讓自己全心享受這些片刻，才能給予和獲得其中的全部。

順其自然邁開步伐吧！開始往前走，持續前進。不過要溫和點、平靜點。珍惜每一個片刻。

今天，我會以平靜的步伐往前邁進，不要心緒混亂。我會溫和地持續前進，不會狂亂倉促行事。我會放下焦慮、心煩和苦惱，以平靜與和諧取而代之。

4月2日 面對自己的黑暗面

進入四月，我們已經準備好要面對自己的黑暗面。這些黑暗面讓我們無法愛自己，也無法愛別人，更讓其他人無法愛我們，也讓我們無法享受人生。這個月，我們的目的不是要讓我們覺得更糟，而是要開始移除掉讓我們無法去愛、去感受喜悅的阻礙。

我們要找尋過往事件中的恐懼、憤怒和羞愧。這些深埋的情緒可能會影響我們現在的人生。我們要尋找潛意識裡會妨礙自己和他人關係的想法。這些想法可能是：「我不值得愛」、「我對周遭的人來說是種負擔」、「別人不值得信賴」、「自己不值得信賴」、「我不值得過快樂又成功的人生」、「人生根本沒甚麼美好的地方」等。

我們看著自己的行為和模式，要分辨出哪些是導致自我挫敗的想法。我們要懷抱著對自己的愛和同情，努力挖掘出所有應得或不應得的罪惡感，將之攤在陽光底下。

我們要檢視自己，無所畏懼，不要害怕我們會發現什麼，因為這樣的深自省思會以難以想像的方式淨化我們，幫助我們體會更美好的自我感覺。

我要找出內在的阻礙和障礙，為我帶來所需的智慧，以求擺脫束縛。

4月3日 接受

順服於這個片刻。度過當下、體會其價值，全心地投入。

別再抵抗。

我們抵抗的時候會產生極大的痛苦，接受才有可能寬心、釋放和改變，只要單純接受就好。因為抵抗、壓抑和否認，我們浪費了時間，耗盡了精力，讓事情更難處理。壓抑想法並不會讓問題消失。壓抑一個已經形成的想法也不會讓我們成為更好的人。好好思考！讓想法成形，然後釋放。想法不會永久不變。如果不喜歡，可以改變或是想另一個。不過，要做到這點，我們必須接受、釋放掉一開始的想法。

抵抗和壓抑不會改變任何事，只會讓我們和自己的想法對戰。

抵抗和壓抑自己的情緒只會讓人生更艱難。無論我們認為自己的情緒有多黑暗、多不合理、多令人不適、多令人訝異、多「不適當」，抵抗和壓抑並不能讓我們擺脫這些情緒，只會讓情況更糟糕。這些情緒會在內心製造漩渦、折磨我們，讓我們生病、身體疼痛、產生強迫行為，也會讓我們失眠或是昏昏欲睡。

真心呼籲大家去做這一件事：就是接受自己的情緒。用心感受，然後說：「沒錯，這就是我的情緒。」

情緒是當下而來的。我們愈快接受情緒，就愈快往下一步前進。

壓抑或抗拒情緒並不能改變我們自己，也無法讓我們成為自己想成為的人，或成為自己認為應該成為的人。這樣做只是讓我們抵抗現實，壓抑自我。最後，只會讓我們憂鬱。

無論生活中發生的事件或狀況有多麼令人不快，抵抗並不能改變事態。

「接受」可以讓我們變成今天的自己，也讓我們變成自己想成為的人。接受能賦予力量，讓我們將事件和情況轉化成更好的結果。

萬一我們身處和現實生活的抵抗拔河賽中，該怎麼辦？接受自己正在抵抗的這個事實，能幫助我們度過這個難關。

接受並不表示我們認同，也不表示臣服於另一個人的意志和計畫。接受也不表示承諾。接受是指當下片刻的接受，並不是永遠。接受不會讓事情變得更困難，而是會變得容易些。接受不是指我們接受虐待或是不好的對待，也不表示我們放棄自我、界限、希望、夢想、渴望或需要。接受是指我們接受了事情發生的狀態，這樣我們才會明白需要建立什麼樣的界限，該怎麼做才能照顧自己。接受是指我們接受了自己是什麼樣的人，這樣才能不受束縛去改變和成長。

接受和順服驅策著我們前進。強迫是沒有用的。

「接受」和「順服」這兩點，在我們可以做到之前，是傷我們最重的。等到我們真正做到時，情況就好轉了。

今天，我會練習接受自己和自己當下的處境。我會開始觀察，相信接受能為我的人生和療癒帶來奇蹟。

4月4日 衝突協商

問題和衝突是人生的一部分。解決問題和衝突協商，是我們在成長過程中需要學習和改善的技巧。

不願意去處理、解決問題，會導致憤怒和受害的情緒無法紓解，也會導致關係終結，使得問題不斷相互角力，不但強化了原本的問題，也浪費了時間和精力。

不願意去面對、解決問題，表示我們可能會再次碰到同樣的問題。

和他人相處時，有些問題可能無法以雙方都滿意的方式解決。有時候，問題出自於自己設立的界限沒有商量的空間。萬一是這樣，我們就需要清楚地明白自己想要、需要什麼，也要明白自己的底線何在。

和他人相處時，有些問題可以透過令人滿意的協商而解決。往往，我們得先敞開心胸去面對問題，不一味逃避，才能看出可行的解決方案。

要協商解決問題，我們必須願意去找出問題所在，放下指責和羞愧，專心找出可能的解決辦法。要成功地解決問題，我們必須對自己的底線和界限有概念，才不會浪費時間試圖解決根本無法商量的問題。

我們要學會找出雙方真正的渴望和需求，還要看到解決問題的各種可能性。我們要學會有彈性，但也不要太過頭。

今天，我會敞開心胸協商和他人的衝突。我會努力追求平衡，不要太過苛求或太過順從。我會努力在解決問題時追求適當的彈性。

4月5日 在愛中切割

切割的概念是療癒自己的關鍵。「切割」可以強化我們想要培養的健康關係，對於有問題的人際關係也有幫助，這些不好處理的關係能教導我們面對處理的智慧。切割的概念對我們大有助益！

切割並不是做一次就好，而是轉化成日常行為。在療癒過程中，一開始我們就要學會切割，並且持續練習，不論是我們成長和改變時要持續練習，我們的人際關係成長和改變時也要不斷練習。

我們學會放下所愛、所喜歡的人，放下那些我們不特別在乎的人。我們要和別人做切割，也要切割自己和他人的成長過程。

我們鬆開緊握的手，不再試圖控制自己的種種關係。我們負起照顧自己的責任，讓別人也負起他們的責任。我們切割，是因為明白自己和他人的人生自然會照所需的進度而展開。即便會受傷，人生展開的方式也是立意良善的。最終，即使是最令人痛苦的情境，我們也能從中獲益。

今天，我會運用切割的概念在各種關係中盡全力。如果無法完全放手，我會努力「輕輕地握著」。

4月6日 耐心

別人告訴我們要有耐心，或是要學會有耐心時，我們可能會覺得非常厭倦也很不高興。終於有了想要的東西、終於想要往前邁進，但卻沒辦法實現，這種感覺真的很令人挫敗。自己的需求始終沒有得到滿足，無法採取行動，一直處於焦慮、挫折中，別人卻告訴我們要繼續等待，這種感覺是真的很惱人。

「耐心等待」和「不要有情緒的舊習」，這兩者千萬不可混為一談。

耐心等待並不表示我們在經歷膠著的人生過程時，不能夠有任何情緒！感受這份沮喪，感受這份焦躁。對於需求無法得到滿足，你想多生氣就多生氣。

感受你的憤怒。

控制自己的情緒並不能控制整個過程！

只有順服於自己的情緒，我們才能耐心等待。耐心是不能強迫的。這是個禮物，是一個緊緊跟隨接受和感激而來的禮物。我們感受了自己的情緒，全心接受自己的樣子，也接受自己所擁有的，才能做好準備擁有更多。

今天，我會在練習培養耐心時，讓自己感受情緒。

4月7日 舊時情緒

有時候，往日的種種情緒會悄悄爬回來。我們可能會感到害怕、羞愧和絕望。我們可能會覺得自己不夠好，覺得自己不值得被愛，或像個受害者，無助又憎恨著一切。

許多人開始療癒時會有這種感覺。有時候，我們會在開始療癒後，悄悄陷入舊時的情緒。有時會這樣是有原因的：某個事件可能引發了某些反應，像是情感的結束、壓力、工作問題、家庭問題或是友誼問題等等。改變的時機也會引發這些反應，身體的疾病也會。

也有些時候，這些情緒莫名其妙就回來了。

舊時情緒回來，並不表示我們又回到了療癒過程的起點，也不表示療癒失敗，更不表示我們要經歷長期、痛苦的壞情緒。情緒就只是回來而已，就這麼單純。

解決的方法依舊一樣：練習基本原則。這些基本原則包含關愛、信任自己、切割、處理情緒、在療癒團體中給予和獲得支持、運用自己堅定的信念，還有讓自己快樂等。

如果舊時情緒又跑回來，你要確切明白，一定有方法可以解決。

今天，如果發現自己身處情緒的黑暗深淵，我會幫助自己爬出來。

4月8日 自我照顧

我無法確切知道你該做些什麼才能照顧自己，但我知道你一定有辦法。——《超越共同依存症》

累的時候就休息。
渴的時候就喝杯水。
寂寞的時候就打電話給朋友。
感到壓力龐大的時候就尋求協助。

許多人學會了剝奪與忽略自己的需求。許多人學會了拼命逼迫自己。問題是，我們已經把自己逼得太緊了。

許多人疲累時害怕休息，他們害怕工作會做不完。其實，工作一定會做完的。在靈魂和精神疲倦時工作，反而效率更不好。受到鼓勵、愛自己、也照顧自己的人，也是充滿喜樂的人。能夠自我照顧的人，就是做事及時、有效率，且受到上天指引的人。

今天，我會練習愛上自我照顧。

4月9日 付出

學會當個健康的付出者可能會是一大挑戰。許多人陷入了強迫的付出模式，他們之所以願意付出，是出於自身強烈的罪惡、羞愧、責任、憐憫和道德的優越感。

我們現在已經明白，照顧他人和強迫式的付出，並無法達到我們想要的結果，只會產生後座力。許多人付出太多，認為自己是在幫別人，卻因此把自己的人生和各種關係搞砸，還覺得一頭霧水。許多人長久以來付出太多，認為自己做得沒錯；結果後來在療癒過程中，拒絕付出，也不願去關心或是去愛。沒關係，也許我們需要休息一下。不過，健康的付出是健康生活的一部分。療癒的目標是追求平衡，健康的照顧是指真心想要付出，內在蘊含著對自己和對他人的尊重。

療癒的目標是選擇自己想要付出的方式、想要付出的人、想付出的時機，以及要付出多少。

我們是因為自己想要付出，還是因為是責任而付出？我們是因為覺得有義務、感到罪惡、羞愧而付出，或是因為優越感？我們是因為不敢說不而付出？

我們的付出，是想要討人喜歡，或是想要讓人感覺欠我們的人情？我們是為了證明自己的價值而付出，還是因為感覺對了、想要付出而付出？

療癒也包括由付出和獲得所組成的一種循環。這個循環可以帶來健康的能量，讓自己和他人之間充滿這種健康能量。我們需要時間學會如何用健康的方式付出，學會如何獲得。要有耐心，平衡自會來到。

今天，我知道如何付出，以及了解自己當下的動機。

4月10日 利用他人來減緩自己的痛苦

我們的快樂並不是握在他人手中的禮物。我們的幸福也不是他人一時興起，才決定要不要施予的小惠。如果我們誤以為某人手中握有東西，還努力強迫對方把東西交出來，到頭來我們會很失望。我們會發現一切只是幻象，那人手上根本沒有東西。我們以為某人手裡拿著包裝漂漂亮亮、綁著緞帶的盒子，裡面裝著我們的幸福，原來一切都是幻象。

我們拼命伸出手想強迫別人減緩我們的痛苦，為我們創造快樂。但在這個當下，如果能夠鼓起勇氣不再強求，抬頭挺胸處理自己的問題，我們就能找到自己的幸福。

的確，如果有人踩到我們的腳，這個人會讓我們覺得痛。雖然這人因此掌握了力量，移開腳就能減緩我們的痛苦，但是痛的仍舊是我們。告訴別人不要再踩到我們的腳才是我們的責任。

一旦我們意識到自己曾經試圖利用別人來減緩自己的痛苦、創造自己的快樂，就會慢慢產生療癒的效果。我們會從過去的傷痛中療癒，培養出洞察力，幫助我們改變人際關係的走向。

我們會明白，一直以來，自己的幸福和快樂都掌握在自己的手中。我們手上就握有那個盒子，只等我們打開。

我會記住，我握有自己幸福快樂的鑰匙。懇求上天賜予我勇氣，抬頭挺胸處理自己的情緒。賜予我所需的洞察力，以改善自己的人際關係。

4月11日 財務目標

每個人每天都有眼前的財務處境要面對。我們手上可能有一定數額的錢可用，也有一筆別人要還我們的欠款。我們有一堆該付的帳單，還有該付的稅。這些都是我們當下的財務處境。不論細節為何，接受、感恩和自我負責，都能降低壓力。

每個人每天都有未來的財務處境要面對。人生的未來，幾乎沒有什麼我們可以掌控的，但我們有一個著力點，就是設立目標。

我們不必偏執於達成目標，也不必時時刻刻觀察和記錄自己的進度。不過，思考自己的目標，並且寫下目標，對我們大有助益。我們希望未來的財務有什麼樣的成果？我們想要解決什麼財務問題？我們想要擺脫哪些帳單？今年底想要獲得什麼？明年底呢？五年後呢？

我們願意為目標努力嗎？

準時繳帳單，聯絡債主，好好安排。今天，你要盡全力為自己的財務負責，為未來設立目標。之後，放下金錢，專心過生活。為財務負責並不代表賺錢是我們的首要之務；為財務負責讓我們能夠不把錢當成自己的重心，也讓我們能盡本分，過自己想要的生活。

當我們負起財務責任之後，會產生一份自信心和平靜感。而我們值得擁有這份自信與平靜。

今天，我會花費必要的時間，為自己的財務負責。如果該付帳款或是該和債主協商，我會採取行動。如果該設立目標，我也會採取行動。一旦我盡了本分，剩下的就順其自然。

4月12日 放下恐懼

想像自己正在游泳，平靜地飄浮在和緩的小溪中。你唯一要做的就是呼吸、放鬆，隨波漂流。

突然間，你意識到自己的處境，腦中充滿了「萬一……」的念頭，於是你感到害怕，壓力排山倒海而來，身體瞬間緊繃。你開始狂亂拍水，瘋狂尋找可以攀附的目標。

你因為太驚慌，開始往下沉。

後來你想到自己太過拼命了，根本不需要驚慌。你只需要呼吸、放鬆，隨波漂流。你不會溺水的。

驚慌是我們最大的敵人。

我們不需要感到絕望。如果生活中出現了難以解決的問題，我們不需要奮力掙扎。我們可以稍稍拍打水面，直到恢復平衡為止，然後就繼續平靜地順著和緩的小溪漂浮前進。這是我們的小溪，也是條安全的小溪。我們的方向早已計畫好，一切都會順利。

今天，我會放鬆、呼吸，隨波漂流。

4月13日 享受

許多人在童年時期學到「人生不可享樂」這條不成文禁令。這條禁令害了不知道多少人，使他們不肯讓自己欣然接受日常生活中的美好。

許多人認為只有遭受苦難，才算得上某種程度的聖人。讓自己焦慮、內疚、悲慘和一無所有，這樣是過一天；讓自己開心也是過一天。在療癒的過程中，我們最終會學會，自己可以有所選擇。

每天都有許多美的事物好等著我們去享受，我們有權利感受快樂。我們要讓自己享受各項事物，學會放鬆，不要有罪惡感。我們要學會享樂。

要努力學會享樂，盡全力去學會體驗快樂。努力感受快樂，就像感受悲傷一般。

我們的努力會有回報。享樂會帶來快樂，人生會充滿值得體會的美好。每一天，我們都會發現等著我們去享受的各種樂趣。

今天，我會讓自己享受人生中當下的美好。

4月14日 完美主義

只要是人，就一定會犯錯，一定會在問題中不斷掙扎，還得面對艱難的挑戰。力求自己要表現完美，只會延長這個過程，讓我們處於內疚和憂慮的狀態。「力求完美」具有強大的破壞力，會讓別人感到羞愧，也妨礙他人成長。

凡是人都有人性和弱點，這是好事。我們要接受、珍惜這點。期望他人完美，只會讓我們陷入自己為是的道德優越感狀態；期望自己完美只會讓我們不知變通，也會覺得自己不如人。

我們兩邊都要放下。

我們不必走任何一種極端，不必忍受別人加諸自己身上的任何事。我們還是要期待別人展現出適當又負責的行為，但是可以稍微放鬆一點。當我們不再奢求他人表現完美，我們就會發現他們的表現比我們預期的還要好。當我們不再奢求自己表現完美，我們就會發現自身的美好。

今天，我會練習容忍、接受、喜愛別人原本的樣子，也接受原本的自己。我會努力追求平衡，不要對別人或自己有過多或過少的期待。

4月15日 溝通

掌握自身力量的其中一點，是學會清楚、直接、堅定地溝通。在談話時，我們不必拐彎抹角以期掌控他人的反應。引發愧疚感的話語，就只會引發愧疚感而已。我們不必刻意用我們的話語去呵護別人或是改正別人；同樣地，我們也不能期待別人在言語上會顧慮到我們的感受。我們明白，人都有想要他人聆聽和接受的需求，要心懷恭敬地聆聽他人想要表達什麼。

暗示他人自己的需求，這樣並不能達到目的。別人沒有讀心術，也可能討厭我們的扭捏、不直接。負責任的最好方式就是直接說出自己的需求，而且也要堅持讓別人直接表達他們的需求。如果必須拒絕別人的某個要求，我們可以直接說出口。如果某人試圖透過談話來掌控我們，我們可以拒絕參與這種對話。

負責任的溝通，是指我們直接承認自己失望或憤怒的情緒，而不是要他人不斷猜測，也不是讓自己的情緒以其他的方式發洩。如果不知道自己想要表達什麼，我們也可以坦白說明。

我們需要開口取得資訊，運用話語來塑造出更親近的溝通。不過，我們不必長篇大論，也不必聆聽或參與沒有意義的話題。我們表達出自己的想法，說完了就可以停止。

今天，我會清楚、直接地和他人溝通。我會努力避免間接、引發愧疚感的話語，不去操控他人。無論何時，我都會圓柔且溫和地與人交談，必要的時候會展現出堅定的態度。

4月16日 順其自然

我們不必拼命努力想要找出原因。沒錯，令人痛苦和失望的事情的確會發生，但往往都事出有因，而且帶有更深遠的目的。沒錯，這些事情往往都會有好結果，但是我們不必花費過多的時間精力，努力想通人生中每項細節的目的和計畫。那樣就是過度緊張了！

有時候，車子發不動。有時候，洗衣機故障。有時候，我們會感冒。有時候，熱水用完了。有時候，一整天都不順。接受和感激這些令人惱怒的事的確有幫助，但我們不必時時刻刻緊張兮兮，一直猜想這些事件是否是有別的意涵。

只要把問題解決就好。送修車子、修好洗衣機、好好照顧感冒的自己、等到有熱水再洗澡、日子不順就對自己好一點。注意自己該負的責任，不要覺得萬事的發生都是針對你！

如果需要培養特定的洞察力，或喚起某個意識，我們自會受到指引往那個方向前進。當然，我們希望可以觀察出固定的模式。但是，往往深遠的洞察力和有意義的過程都是自然而然到來。

我們不必質疑每一件發生的事。不論是意識、洞察力、個人成長的潛力等，計畫自然會一一浮現。也許，我們要經歷的課題就是：即使不明白其中意義，也要解決問題。也許，我們要學習的功課就是相信自己，讓自己去實踐和體會人生。

今天，我會順其自然，不去擔心每個事件背後是否有意義。我會相信這樣做所帶來的成長，一定比拿著顯微鏡處處檢視來得多。我會相信課題在適當的時機會自然浮現。

4月17日 照顧自己

要真正療癒，我們往往都說要學會「自我照顧」。許多人認為自我照顧是「自我世代」的衍生物，其實並不是。自我照顧不是自我放縱，也不是負面詮釋的利己主義。

我們要學會照顧自己，而不是偏執地把重心放在別人身上。我們要學會自我負責，而不是幫別人一肩扛下所有責任。自我照顧是指關照我們對別人的真正責任；如果不覺得每件事情自己全都有責任，我們的表現反而可以更好。

自我照顧有時候是指「以我優先」，但通常是指「我也要」。自我照顧表示我們對自己負責，也選擇不再當受害者。

自我照顧表示我們學會了去愛那個我要負責照顧的人，也就是我們自己。要做到這點，並不意味我們就得冬眠在離群索居和自我放縱的囚繭中。我們這樣做，是因為我們可以更愛別人，也學會讓別人愛自己。

自我照顧並不是自私，而是自信。

今天，我要愛自己。我要放下為他人一肩挑起責任的想法。我會知道該怎麼做才能照顧自己，也適當地照顧他人。

4月18日 自由

許多人童年時期受到壓迫與不當的對待。成年以後，我們可能會讓自己繼續受壓迫。許多人並沒有意識到，無窮無盡地照顧他人，會讓自己覺得像個受害者。有些人不明白，若自己以受害者自居，會讓我們覺得受到壓迫。有些人不知道，自由的鑰匙就掌握在自己手中。那把鑰匙是用來彰顯、照顧我們的。我們想表達什麼就可以表達什麼，說出口的也就是自己真正的想法。我們不要再等待別人給予我們所需的東西，也不要再奢求別人為我們負責。一旦做到這點，自由的大門就會為我們而開。

走進去吧！

今天，我會明白，自由的鑰匙掌握在自己手中。我要學會不再受壓迫，也不以受害者自居。我會負起照顧自己的責任，也讓別人負起他們應負的責任。

4月19日 接受改變

在我們一生當中，改變之風不斷吹拂著。這股改變之風，有時候是徐徐和風，有時候是熱帶暴風。但是，我們有避風港，可以在那裡調整生活的步調，找回平衡，享受回報。

但是改變是無可避免的，也是好事。

有時候，改變的風開始呼嘯，我們無法確定這樣的轉變是否會更好。我們可能視之為壓力，或是暫時的情況，確信自己一定能恢復常態。有時候，我們奮力抵抗，把頭壓低避著這陣風，希望事情快快平息，回復以往的樣子。但有沒有可能，這是在幫我們做好準備，迎接嶄新的「常態」？

人生必要時都會吹起改變的風，帶領我們前往要去的地方。即使不曉得改變會帶領我們前往什麼地方，也要相信上天自有盤算。

我們要相信，改變是好事。陣陣吹起的風會帶我們前往該去的地方。

今天，我會放下對改變的抵抗。我會敞開心胸體會整個過程；我相信要前往的目的地，一定比原本出發的地方更好；即使我不明白，我也會順服、信任與接受。

4月20日 截止期限

有時候，訂下期限很有用。

在很多情況中都可以運用這個方法，例如面對未解決的難題、掙扎著要不要做某個決定、已經觀望了好一陣子，或是因特定問題困惑許久等。

期限並不是刻在石頭上的戒條。我們只是設立一個時間框架，讓自己不那麼無助，也有助於釐清解決方案。設立截止期限，我們才有能量先不理會問題，放下執著的心態。

我們不必一直告訴別人自己有截止期限。有時候最好保持沉默，否則別人會覺得我們是在試圖掌控他們，也會因此反抗我們的期限。有時候，我們可以適當地和他人分享自己的期限。

期限主要是幫助我們自己的工具，必須要通情達理，且符合每個人的個別處境。適當運用的話，截止期限會是個好工具，幫助我們度過艱困局面，解決困難問題，又不會讓人有受困感和無助感。截止期限可以幫助我們放下擔憂和執著，讓我們把精力花在更有建設性的地方，也能幫助我們走出以受害者自居的心態，不再因為我們無法解決、無法面對的人與事而困擾。

截止期限可以幫助我們切割，讓我們往前邁進。

今天我會思考，設立截止期限在人生裡是否有幫助。我會學會設立適當的截止期限，解決長期困擾我的任何問題或人際關係。

4月21日 等待

等待吧！如果時機不對，道路不明，答案或決定無法前後一致，請耐心等待。

我們可能很急，想採取某個行動來解決問題，任何行動都好。但是這種時候採取的行動無法符合我們的最佳利益。

一直處於困惑或懸而未決的狀態，當然很令人難受，感覺上解決問題還容易些。但是倉促做決定或在時機未到前採取行動，可能會讓我們回頭重做一次。

如果時機不對、道路不明，千萬別縱身向前。如果答案或決定感覺模糊，就耐心等待。

我們不必動作太快，不必失去原本和諧的節奏。等待就是行動，是一種積極、強而有力的行動。

我們不必給自己壓力，堅持一定要在時機來臨前採取行動或是明白什麼。時機到了，我們就會知道，自然也會順利進入那個時機點。我們會覺得平靜，也會充滿以往不曾感受過的力量。

面對驚慌、急迫和恐懼，不要讓它們掌控或限制自己的決定。

等待並不容易，也不有趣。不過，等待是獲得我們渴求事物的必經過程。等待不是停滯，也不是完全停止。答案自會出現，力量自會湧出。時機自會到來，而且還是對的時機。

今天，如果等待是照顧自己所需的行動，我會等待。我會明白，等待適當時機的到來，是一種積極、強而有力的行動。我會放下恐懼、急迫和驚慌。我會學會等待適當時機出現的智慧，以及明白時機的概念。

4月22日 處理壓力

無論在哪個階段，人生中無可避免會有感到壓力的時候。

有時候，壓力來自外在或是四周。我們自覺平衡，但環境卻充滿壓力。有時候，壓力是來自內在，是我們自己失去了平衡。

壓力內外兼具時，我們會經歷最痛苦的考驗。

感受到壓力時，我們可以好好仰賴自己的支援系統。面對充滿壓力的環境，朋友和聚會團體可以幫助我們平衡，保持平靜。

事情的發生雖然不舒服，但卻是老天整體善意計畫的一部分。如果有這樣的想法，對我們很有幫助。我們要向自己保證一定可以度過難關。我們不會被摧毀，也不會一蹶不振或向下沉淪。

重新複習基本原則也有幫助。我們要專注在切割、面對情緒，一次面對人生的一天。

面對壓力時，我們最主要的重心是照顧自己。只有照顧好自己，我們才更有能力去處理最棘手的情況，也更能為自己挺身而出。我們要常常問自己：「我需要做什麼才能照顧好自己？」或「什麼能讓我感覺更舒適、更好過一點？」

有壓力的時候，自我照顧並不是想做就可以輕易做到。在這時候，自我忽略可能更讓人自在。不過，照顧自己通常能幫助我們解決問題。

今天我會記住，照顧自己能幫助我解決任何困難。

4月23日 敞開心胸去愛

許多人不讓自己接受別人的愛。我們可能長期與利用愛來控制我們的人生活在一起，他們會為我們挺身而出，但卻要我們付出自由為代價。他們利用付出愛或收回愛來掌控我們。我們接受這些人的愛並不安全。因為他們並不是付出真愛，和他們相處，我們可能會習慣缺乏愛，也忽略自己對愛的需求。

在某個時間點，我們會意識到自己同樣也有受人關愛的渴望和需求。我們或許會覺得自己有這種需求很彆扭。但有這種需求會怎樣呢？我們該怎麼做？誰能夠給我們愛？我們要怎麼知道誰才安全，誰又不安全呢？我們要怎樣才能讓別人照顧我們，但又不感覺受困、害怕？

我們總會明白的。起始點是順服於自己渴望愛的慾望，也順服於自己想去愛和照顧他人的需求。我們會培養出能力，有信心在和別人相處時也能照顧自己。我們會有足夠的安全感，讓別人照顧我們。我們會學會信賴自己的能力，選擇安全又能給我們愛的人。

一開始我們可能會對自己的需求未獲得滿足發脾氣。之後，我們會感激這些人讓我們知道自己不想要什麼；感激那些在我們相信自己值得愛的過程中，協助我們的人；也感激進入我們的人生來愛我們的人。

我們會像花朵般綻放。有時候，花瓣向外展開時是會痛的。要心懷喜悅！我們正在敞開心胸接受愛，這份愛在現在和將來都會一直源源不斷。

今天，我會敞開心胸接受愛。我會讓自己接受安全的愛，明白和他人相處也可以照顧自己。我會感激過往協助我敞開心胸去愛的所有人。我需要、接受也感激即將降臨在我身上的愛。

4月24日 職場的課題

往往，我們在職場面對的心靈和療癒課題，也反映了人生其他領域要學習的地方。

往往，我們在職業生涯中所選擇的環境與制度，會與日常生活中喜愛的類似。這些制度反映出我們的問題所在，也能幫助我們學習課題。

我們是不是漸漸信任職場中的自己？我們是不是漸漸學會在職場中照顧自己？那對家庭呢？我們是不是漸漸學會界限和自信的觀念，能夠克服恐懼、處理情緒？

如果回溯過往的工作，我們可能會看見一面映照出自我問題和成長的鏡子。現在很有可能也是這樣。但是不論是職場或是家庭，我們要相信，自己當下就是適得其所。

今天，我會接受自己當下在職場的處境。我會省思如何將自己在人生中學到的智慧，應用在職場上。如果不明白，我會順服於當下的體驗，直到一切清晰為止。我會接受今天他人賦予我的工作，敞開心胸學習自己需要學習的地方，相信這份工作對我會有益處。

4月25日 找到自己的真理

我們每個人都必須找到自己的真理。

我們所愛的人找到他們的真理，對我們並沒有幫助，他們無法把這些真理當做禮物送給我們。我們所愛的人明白了人生中某個真理，對我們也沒有幫助。我們必須找到自己的真理。

我們必須發掘真理，沐浴在自己的光芒中。

我們往往會經歷掙扎、失敗、困惑和挫敗，這樣才能突破困境、明白是非。

我們可以和他人分享資訊。別人會告訴我們如果往某個方向走，可能會發生什麼事。不過，除非我們將訊息整合成自己的真理、發現與知識，否則沒有任何意義。

想要突破自己，想要找到自己的真理，並不容易。但是只要我們願意，就可以找到，也會找到。

每個人都有自己的真理，等著我們發現；每個人都有自己的光芒，等著我們沐浴其中，榮耀自己。

鼓勵和支持有助於找到真理。堅定相信每個人都可以找到適合自己的真理，這樣的想法也有助益。

每個體驗、挫折和情境，都有真理等待我們去發現。沒親自找到千萬別放棄。

今天，我會追求自己的真理，也會讓別人追尋他們的真理。我會重視自己和別人的洞察力。我們每個人在旅途中，一直都會有適合當下自己的新發現。

4月26日 對抗負面思考

有些人是負面思考帶原者，他們就像壓抑憤怒和爆炸情緒的儲藏室。有些人一直走不出受害者的心態，其行為又更強化了這種角色。有些人困在上癮和強迫行為模式的循環中，無法自拔。

負面能量對我們而言有很大的拉力，尤其在我們努力掙扎想要維持正面能量和平衡時，更是如此。散發負面能量的人，似乎想把我們一起拉進黑暗的深淵，我們不必跟著進去。我們不必有任何批判，我們知道自己可以轉身走開，我們有權保護自己。

我們不必改變他人。我們失去平衡對別人也沒有幫助。不必非得進入別人的黑暗，才能帶領他們走向光明。

今天，我會明白，即使周遭所愛的人散發負面力量，我也不必讓自己陷入負面思考。我要設立界限；明白我有權照顧自己。

4月27日 放下掌控的慾望

放下掌控的慾望，不但讓自己自由、讓他人自由，還能為我們帶來最好的安排。

如果不試圖去掌控人事物，我們會有什麼不同？

我們會去做哪些以前不讓自己做的事？我們會去哪裡？會說什麼？

我們會做什麼決定？

我們會要求什麼？會設立什麼界限？我們什麼時候會說不？

如果不試圖掌控別人的反應，不介意別人喜不喜歡自己，我們會有什麼不同？如果不試圖掌控相互關係的走向，我們會有什麼不同？如果不試圖掌控別人的行為，我們的想法、感受、言語和行為，會和現在的自己有什麼不同？

我們一直希望能夠藉由自我否認來影響某個特定的情況或特定的人，結果這樣如何影響了我們？有沒有我們本來一直在做、後來卻不做了的事情？

現在我們願意讓自己享受人生，願意感覺更快樂嗎？我們願意停止扮演悲劇英雄嗎？

如果不試圖掌控，我們會有什麼不同？列出清單，採取行動吧！

今天，我會問自己，如果不試圖掌控，我會有什麼不同？我得到答案時，就會採取行動。我要放下掌控的慾望。讓自己、讓別人自由。

4月28日 對家人的憤怒

許多人對某些家人感到憤怒。有些人的生氣憤怒程度很深，似乎已經持續了好幾年之久。

對許多人來說，憤怒是打破家庭內不健全束縛或關係的唯一方式。憤怒的力量讓我們在心理上、情緒上，有時候是精神上，掙脫某些家人所架設的牢籠。

不要帶有任何的內疚或羞愧感，就讓自己去感受、接納對家人的憤怒吧。由於憤怒和羞愧往往相互糾結，檢視自己對家人的羞愧感也很重要。

我們要接受這個事實：自己的憤怒保護了我們，甚至要心懷感謝。不過，我們也要設立另一個目標：拿回我們的自由。一旦做到了，我們就不再需要憤怒。一旦做到了，我們就能原諒。

對家人要抱持關愛的想法，但是也要讓自己有生氣的權利，想多生氣就多生氣。

在某個時間點，要努力結束憤怒。不過，情緒如果不時浮現的話，我們就得慢慢來。

感受、釋放這些情緒。讓療癒力量的金色光芒閃耀在所有我們愛的人身上，也閃耀在我們感到憤怒的人身上。讓金色的光芒閃耀在我們自己身上。

我接受自己對家人的情緒；我感激家人給我的課題。我接受療癒力量的金色光芒，現在正閃耀在我自己和家人的身上。

4月29日 建立關係

檢視一下自己喜歡什麼樣的人，往往可以幫我們了解自己。在療癒過程中，我們學會不再純粹以喜不喜歡做為建立關係的基礎。我們學會耐心考慮重要的條件，消化對方的相關資訊。

我們讓自己喜歡對方真實的樣貌，而不是喜歡對方的可能性，或是希望對方成為自己心目中的理想人選。

我們愈努力解決自己原生家庭的問題，就愈不會從喜歡的人身上尋求補償。解決過往的問題可以幫助我們建立嶄新、健康的關係。

要是我們能克制過度照顧他人的慾望，找到的對象就不會是一直需要別人照顧的人。要是我們能學會關愛、尊敬自己，找到的對象也會關愛、尊敬我們，對方也會是我們可以安全去愛和尊重的對象。

這是一個緩慢的過程，我們要對自己有耐心。我們喜歡對象的類型並不會一夕轉變。可能長達好一段時間，我們都還是會喜歡不對的人。這並不表示我們要讓這樣的心態掌控自己。

不論我們和誰建立關係、不論我們在這段關係中發現了什麼，問題都還是在我們身上，而不在對方身上。

在建立關係、形成關係時，我們要學會照顧自己。我們要學會慢慢來，也要學會注意。即使心裡有數，也要允許自己犯錯。我們要學會享受健康的人際關係，盡快結束不健全的關係。

在建立關係的過程中，我會為自己負責，學會必須學習的課題。我相信自己渴望和需要的人，自會進入我的生命。我明白即使對方認為某段關係適合他或她，但如果不適合我，我有權利、也有能力拒絕開始。我會敞開心胸，學習自己在種種關係中需要學會的智慧，才能做好準備，迎接最棒的各種關係。

4月30日 平衡

平衡是我們的目標。

我們要在工作和玩樂間追求平衡；在付出和獲得間追求平衡；在想法和情緒間追求平衡；在照顧自己的生理和心理間追求平衡。

平衡的人生，是指在專業和私人領域都能維持和諧的狀態。有時在職場上，我們必須翻山越嶺。有時在人際關係中，我們必須費盡心力。不過，整體來說必須保持平衡。

均衡的膳食會考量所有需要的營養，這樣才能維持健康。同理，平衡的人生也要考量我們所有的需求：朋友、工作、關愛、家人、玩樂、私人時間、療癒時間等等需求。如果失去平衡，我們內在的聲音會告訴自己。我們得仔細聆聽。

今天，我會檢視自己的人生，看看是否有任何領域的秤盤過輕或過重。我會努力追求平衡。

五月

過日子是以一天為單位，不要往回看。

復元禱告・信念・不再追逐私利・擺脫強迫行為・掌控・感受快樂・放下恐懼・給自己應得的・學習新行為・享受美好時光・完美・親密感・資產分界線・誠實・冒險・愛自己・界限・好好過生活・解決問題・悲傷・滿足需求・重新設定程式的時刻・享受・讓循環流動・無條件愛自己・八卦・我們有選擇・放下自我懷疑・無能為力和無法駕馭・承諾・萬一？

5月1日 復元禱告

感謝神昨日沒有讓我走岔路，今天也請幫助我維持正軌。

接下來的二十四小時，我祈禱自己能明白神對我的計畫，也祈求賜予我力量去實踐。

請神釋放掉我固執、追逐私利、不誠實和錯誤動機的想法。

請傳遞我正確的想法、用字或行動，告訴我下一步該怎麼做。在懷疑和遲疑不決時，請鼓舞我、指引我。

我請求神幫助我解決所有的問題。

這篇禱文是療癒的祈禱，可以帶領我們面對任何情況。在未來的日子裡，我們會探索其中的深意。如果按照這篇禱文來祈禱，我們相信祈禱會應驗。

今天，我相信上帝會為我做到自己無法做到的事。我會盡本份努力，其餘聽由上帝安排。

5月2日 信念

接下來的二十四小時……

在療癒的過程中，我們過日子是以一天為單位。要抱持這種想法，需要極堅定的信念。我們不要往回看，除非我們今天要學習的課題是「療癒過往的傷口」。我們往前看，為的是要制定計劃。我們要專注在今天的活動上，盡情發揮自己的能力。如果持續的時間夠久，我們就會累積足夠的健康日子，讓生命中的某件事物變得有價值。

我們要不再試圖掌控，而是接受一個自己可以駕馭的人生。我們要相信上天對我們的計畫，要相信這個計畫是美好的。

療癒過程中，必須接受自己的軟弱；療癒中很重要的一部分，是獲得照顧自己的能力。有時候，我們需要去做自己害怕或感到痛苦的事。有時候，我們需要跨出去、走回來或往前邁進。上天不會要求我們去做自己沒能力做到的事。

今天，我會懇求上天幫助我。我會向上天開口要求自己需要的一切。

5月3日 不再追逐私利

「掌握自身力量來照顧自己」，與「堅持一意孤行」這兩者之間，是有差異的。「照顧自己」和「追逐私利」這兩者也不一樣。和我們外在的行為相較起來，背後的動機才是關鍵所在。

掌握自身力量，自我照顧，不要固執，也不追求私利，反而要以健康動機來採取行動。以上這些事都會給我們合諧、溫和與適當的感受。我們會培養出洞察力。

不過，我們不一定時刻都能明白這些差異。有時候，我們會因為無所需求，而感到內疚、焦慮。

我們要相信無論何時，自我照顧都是適當的。我們不想有固執和追逐私利的想法，但是我們隨時有權照顧自己。

我今天要愛自己，也愛別人。我會明白，這兩個概念經常是彼此相連的。

5月4日 擺脫強迫行為

剛開始參與共同依存症的療癒課程時，我感到生氣，因為我覺得自己又要參加另一個療癒課程了。後來，我開始參加戒除藥物依賴的課程。一個人一輩子得處理兩個重大問題，似乎不太公平。

我克服了自己的憤怒。我明白自己的療癒課程並不是彼此無關的。許多想擺脫共同依存問題的人，也同樣在設法擺脫其他成癮症：酗酒、其他藥物成癮、賭博、暴飲暴食、工作狂等。有些人則在試圖擺脫其他的強迫行為，像是照顧他人，或是不由自主地感到悲慘、內疚或羞愧等。

療癒很重要的一部分，是保持乾淨，擺脫掉自己強迫或上癮的行為。我們已進入了療癒這個大房間，房間的名稱叫健康生活。

我們要對各種自己的成癮症，揮舞招降的白旗。我們要安全地擺脫掉自己的強迫行為。我們現在知道了。一旦開始積極地參與療癒課程，上天會幫助我們擺脫掉。

今天，我會注意自己所有的療癒問題。我明白，我必須先擺脫成癮行為，才有能力去處理療癒過程中更細部的問題，如人際關係等。

5月5日 掌控

許多人一直想用純粹而強迫的心智力量，來讓整個世界繞著軌道轉。如果我們放手讓世界自己轉，不再堅持繞軌道運行，那會怎麼樣呢？世界依舊會轉動，不需要任何人幫忙，也會繼續待在軌道上，而我們也仍然自由又放鬆地好好待在地球上。

掌控是一種幻象，尤其是我們一直想對他人施加的掌控，更是如此。事實上，掌控的慾望反而會使得他人反過來控制我們，使得我們被某些事物或疾病（如酗酒）控制。不管我們試圖想要掌控的是什麼，這些人、事、物的確都會反過來控制我們和我們的人生。

這一輩子，我一直試圖掌控許多人、事、物。我從來沒有經由掌控或是試圖控制他人，獲得自己想要的結果。我試圖掌控獲得的結果，是自己無法駕馭自己的人生。不管是內在心靈或外在事件，我都無法駕馭。

在療癒過程中，我們會做交換。我們交出試圖掌控的人生，換回更好的東西，也就是自己可以駕馭的人生。

今天，我會用試圖掌控的人生，換回自己可以駕馭的人生。

5月6日 感受快樂

讓自己感受快樂吧！

讓自己感受快樂，讓自己過得更好，是我們的責任。療癒不只是不再感受到痛苦，而是要為自己創造出快樂的人生。

我們不必拒絕參與讓自己快樂的活動。去參加聚會，沐浴在陽光下，好好運動，散個步，或是花些時間和朋友相處，這些都會讓我們感到快樂。我們每個人都有自己的快樂活動清單。如果沒有，我們現在就可以開始探索、嘗試，列出那張清單。

當我們發現某個行為或活動會讓自己快樂時，就寫在清單上。之後，要常常做這個活動。不要再剝奪自己快樂的權利了！我們要開始做讓自己開心的事。

今天，如果知道某個活動或行為會讓自己開心，我就會去做。如果不確定自己喜歡什麼，我會在今天去試看看。

5月7日 放下恐懼

恐懼促使我們試圖掌控情況或是忽略自己。

許多人已經害怕太久，根本不知道自己的感受叫做恐懼。我們習慣感到焦慮苦惱，覺得這種情緒很正常。結果平靜沉著反而可能才讓人不自在。

恐懼可能曾經很有用，我們可能仰賴恐懼來保護自己，就像士兵在戰場上靠著恐懼幫助他們存活下去一樣。不過，現在我們在努力復元，所以要用不同的方式過生活。

現在該做的是，感謝過往的恐懼幫助我們求生，然後對恐懼揮手說再見。我們要迎接平靜、信任、接納和安全感。我們不再需要如此多的恐懼。我們要聆聽自己健康的恐懼，其他的通通放下。

現在，我們要為自己創造出安全感。我們現在很安全。我們許下承諾要照顧自己；我們要信賴自己、也要愛自己。

我會放下恐懼的念頭，用平靜取而代之。我會聆聽對自己有益的恐懼，其他的通通放下。

5月8日 給自己應得的

往往，我們對自己渴望或需要的某個東西，本能反應就是：「不行！我買不起！」我們要學會問自己的問題是：「不過，我可以買嗎？」

許多人學會慣性剝奪自己想要的任何東西，往往連需要的也剝奪。

有時候，我們會誤用感激的概念，讓自己的快樂遭受不必要的剝奪。

感激自己所擁有的東西是很重要的療癒概念，相信自己值得最好的對待也很重要。我們要努力不去剝奪自己快樂的權利，開始對自己好一點。

負擔得起的話，買自己渴望的東西沒什麼不對。學會信任和聆聽自己的需求，犒賞一下自己、買個新東西沒什麼不可以。

有時候我們必須等一等；有時候我們就是買不起奢侈品。不過，很多時候，我們是有能力、也可以買自己想要的東西。

今天，我會感激自己所擁有的東西，同時也相信自己值得最好的對待。如果沒有任何好理由剝奪自己享受的權利，我就不會這樣做。

5月9日 學習新行為

有時候我們後退幾步並不打緊。有時候這是必要的，後退是前進的一部分。——《超然獨立的愛》

人生是一位溫柔的老師，她想要幫助我們學習。

她想教導我們的課題，都是我們必須學習的。

一直處於學習的過程中很令人感到挫敗。這就好像在上數學課，聽老師解釋著根本聽不懂的內容。我們不明白，但是老師卻覺得我們一定聽得懂。

這感覺就像有人一直說著我們永遠聽不懂的訊息，簡直是種折磨。我們不斷地繃緊神經，變得憤怒、沮喪又困惑。最後，我們在絕望中轉身離開，覺得自己一輩子也不可能弄懂。

之後，安靜散步時，我們想通了。我們明白了，也學會了。隔天上課的時候，我們很難想像聽不懂是怎麼回事，也很難記得還沒聽懂的人有多麼沮喪困惑。現在，一切感覺起來都好簡單。

人生是一位溫柔的老師，她會不斷重複講解，直到我們學會為止。感到挫敗沒有關係；感到困惑、憤怒沒有關係；有時候，甚至感到絕望也沒有關係。之後，你可以轉身離開，讓自己想通。你會想通的。

我會記住成長前的挫敗和困惑。如果情況充滿挑戰，這是因為我正在學習新事物，進步到更高層次的理解。即使在挫敗的時候，我也會感激人生是個令人興奮、不斷演進的課題。

5月10日 享受美好時光

好情緒可以成為人生中習以為常的一部分。

很多人大半輩子都覺得吃苦是美德，但不必要的吃苦絕無任何美德可言。我們不必給他人讓自己悲慘的權力，也不必讓自己過得悲慘。

好日子不一定得是「暴風雨前的寧靜」。這是我們在不健全環境中學到的老舊思維。

在療癒過程中，好日子或好情緒並不表示我們拒絕面對問題。我們不必偏執地尋找或創造問題，破壞自己的美好時光。

儘管我們所愛的人有各種問題，享受美好時光不代表我們對他們不忠誠。我們不必因為他人無法享受美好時光，而讓自己有內疚感。我們不必讓自己和他們一樣悲慘。他們可以過他們自己的日子、有自己的情緒；我們也可以有我們自己的。

好情緒是要拿來好好享受的。美好時光遠比我們想像多得多，只等我們開口要。

今天，我會讓自己享受美好的事物。我不必破壞自己的好時光和好情緒，我也不必讓他人破壞這種快樂感受。

5月11日 完美

許多人在療癒前會毫不留情地找自己碴。開始療癒後，我們也可能會有找自己碴的傾向。「如果我真的好了，就不會又做了這樣的事」、「我應該要比本來的自己還要好」……這些話都是我們感到羞愧時，任自己沉溺其中的想法。我們不必這樣對自己，一點好處也沒有。

記住，羞愧感會妨礙我們。不過，自我關愛和接納卻能讓我們成長和改變。如果真的做了讓自己內疚的事，我們可以用自我接納和充滿愛的態度來改進。

即使一不小心又回到往日的思維模式、情緒和行為，我們也不必感到羞愧。我們偶爾會往後退，這是我們學習和成長的方式。復發或反覆循環，是療癒中很重要、也很必要的一環。想要走出復發並不是靠羞愧感，這只會讓我們更墜入深淵。

很多痛苦是來自於追求完美。除非我們以全新的方式來看待完美，否則完美主義根本是不可能的任務：完美就是做當下的自己，接受自己當下的處境；完美是接納自己、愛自己原本的樣子。我們每個人在自己的療癒過程中，都是適得其所。

今天，我會愛自己、接納自己原本的樣子，也接受自己在療癒過程中所處的位置。我現在所在的位置是適得其所，一切都是為了能到達明天該去的地方。

5月12日 親密感

我們要讓自己和他人親近。

許多人根深蒂固的行為模式會破壞人際關係。一旦關係邁向某種程度的親密感，有些人可能出於本能就會終結這段關係。

我們開始和某人感到越來越親近時，注意力可能會集中在對方的缺點上，無限放大，讓自己眼中看到的都是對方的不完美。我們可能會退縮，或是推開對方，保持距離。我們可能會開始批評對方，這種行為一定會造成兩人之間的距離。

我們可能會開始試圖掌控對方，這樣也會讓自己無法培養親密感。

我們可能會說自己不想要也不需要對方，或是用自己的需求讓對方感到窒息。

有時候，我們總是試圖想和無法培養親密感的人發展關係，結果導致自己的失敗。這些人有各種上癮症，或是並不想和我們親近。有時候，我們選擇的人有某種特定的缺陷，只要一談到親密感，就成了逃兵。

我們害怕、也恐懼失去自己。我們怕親密感代表我們不再能夠掌控力量來照顧自己。

在療癒的過程中，我們要學會讓自己親近他人是可以的。我們選擇和安全、健康的人發展關係，這樣才有可能培養出親密感。親密感並不表示我們會失去自己或自己的人生。

今天，在適當時機和他人互動時，我會願意培養親密感。無論何時，我都會盡量做自己，讓他人做自己，享受彼此間的聯繫和美好感受。

5月13日 資產分界線

在療癒的時候有種工具很有用，尤其是在練習切割的時候，這種工具就是學會分辨誰擁有什麼。

如果對方有上癮症、有問題、有情緒、有自我挫敗的行為，那是他們的資產，不是我們的。如果某人想當烈士，或是沉浸在負面、掌控、操縱他人的想法中，那是他們的問題，不是我們的。

如果某人一直否認，或是無法清楚思考某個問題，這些困惑都屬於那個人。如果某人去愛、去關懷的能力有限或受損，那是這人的資產，不是我們的。如果某人無法給予認同或鼓勵，那也是那個人的資產。

人們的謊言、欺騙、詭計、操弄、虐待行為、不當行為、劈腿行為、低下行為等，通通屬於他們，不屬於我們。人們的希望和夢想是他們的資產。他們的內疚也屬於他們自己。他們的快樂或痛苦是他們的資產，他們的信念和訊息同樣也是。

我們的資產是什麼？我們的資產包括了自己的行為、問題、情緒、快樂、痛苦、選擇和訊息；我們去愛、去關懷、去鼓舞他人的能力；我們的想法、否認、希望和夢想。不管我們要不要受人掌控、操弄、欺騙、或不當對待，這些都是我們自己的事。

在療癒過程中，我們學會適當的掌握感。如果某件事物不屬於我們，我們就不拿走。如果我們已經拿了不屬於我們的事物，就要學會還回去。讓別人擁有他們自己的資產，我們則掌握和好好照顧自己的資產。

今天，我會努力釐清屬於我的是什麼，不屬於我的又是什麼。如果某件事物不屬於我，我就不會拿走。我會面對自己、面對自己的問題，也面對自己的責任。我不會去碰不屬於我的東西。

5月14日 誠實

以反映自我的負責態度，開放、誠實地跟別人談論自己，對療癒來說相當必要。

承認我們對別人、對自己曾經做過的錯事，這很重要，要說出自己的信念和自己的行為，公開自己的憤怒和恐懼。

這就是我們釋放自己痛苦的方式；這就是我們釋放舊信念、舊情緒的方式；這就是我們得到解脫的方式。我們對信念、對自己、對他人愈清楚明確，就能愈快體會到自由。

五月是療癒過程中很重要的一環。對於會向自己和他人保守祕密的我們來說，這不只是一步，而是恢復健康的大躍進。

今天，我會記住談論困擾自己的問題是可以的。藉由分享自己的問題，我才能超越這些問題。我也會記住自己可以選擇性地透露祕密。我要相信自己的直覺，選擇不會利用透露內容來對付我的人，而這個人也會給我健康的回饋。

5月15日 冒險

冒個險吧！

有些冒險一看就知道是愚蠢的嘗試，若真的去做也只會失敗。這種冒險我們不必去做。不過我們可以讓自己在療癒過程中去試試正面的冒險。完全癱瘓、動也不動，這樣我們可承受不起。

我們不必因為害怕犯錯或失敗而困住自己。人本來偶爾就會犯錯，這是全心投入生活必經的一環。世上沒有不會受傷害的擔保。如果我們一直等著保證不會受傷，可能大半輩子都會浪費在等待上。

我們不必因為犯錯而感到丟臉，或是接受別人的羞辱。療癒的目標不是要活得完美，而是好好活著、學會自己的課題，整體能有所進步。

去冒險吧！不要總是等待保證。我們不必聆聽「早就跟你說了吧！」這種話。犯錯後拍拍身上的灰塵，繼續往成功邁進。

今天我開始去冒健康的險。我會放下對失敗的恐懼；放下對成功的恐懼。我會放下能否全心投入人生的恐懼，開始體驗這趟旅程中的每一個部分。

5月16日 愛自己

「後來我發現是因為我非常不喜歡自己。」正在療癒的人常常說：「我就是不喜歡我自己。什麼時候我才會開始喜歡自己？」

答案是：現在就開始。我們要學會對自己溫柔、慈愛且不斷鼓勵。在所有努力要學會的療癒行為中，愛自己可能是最困難，也是最重要的。如果我們總是對自己很嚴厲、不斷批評自己，學會對自己溫柔可能要投入相當的努力。但是這是多麼值得的啊！

因為不喜歡自己，童年時期別人對我們的漠視、忽略和虐待，可能就會成為永恆的存在。我們不喜歡當時發生的事情，但我們卻對自己很苛刻，模仿著這些傷害自己的行為。

我們要停止這樣的模式，開始給自己所應得的關愛和尊重。

我們不要批評自己，而是要告訴自己已經表現得夠好了。

我們早上醒來，就要告訴自己值得享受美好的一天。

我們承諾每天都要照顧好自己。我們要意識到自己是值得愛的。我們要寵愛自己。

我們要愛他人，也要讓他們愛我們。

真正愛自己的人，不會有毀滅性，不會處處以自我為中心。他們不會虐待別人，也不會停止成長和改變。夠愛自己的人，也會學會好好愛別人。他們會不斷蛻變成更健康的人，學會把自己的愛放在適當之處。

今天，我會愛自己。如果我困在不喜歡自己的舊有模式中，我會找到方法走出去。

5月17日 界限

有時候，人生和周遭的人似乎一直對我們步步進逼。因為太習慣痛苦，我們可能會告訴自己這一點都不痛。因為太習慣他人的掌控和操縱，我們可能會告訴自己，有問題的是我們。

我們一點問題也沒有。人生之所以步步進逼又令人疼痛，就是要獲得我們的注意力。有時候，痛苦和逼迫點出了我們要學習的課題。這個課題可能是我們變得太愛掌控，或者是要逼迫我們去掌控自身力量來照顧自己。這個就是界限問題。

如果某個人或某件事一直逼我們逼到了極限，那他們的本意就是如此：要逼我們到達極限。我們要感激這個課題的出現，因為它能幫助我們探索和設立自己的界限。

今天，我會允許自己設立人生中想要和需要的界限。

5月18日 好好過生活

不要放棄好好過生活！

往往問題發生時，不管是內在或外在，我們會恢復以往的思維模式，認為如果先將人生喊卡，我們就能積極找出解決辦法。如果一段情感無法繼續，如果面臨一個困難的抉擇，如果感到沮喪，我們可能會中斷目前的生活，用偏執的想法不斷折磨自己。

拋棄自己的人生或日常生活，只會讓問題愈來愈嚴重，也會讓我們花更久的時間才能找到解答。我們放手好好過日子，回歸日常生活，不再偏執於問題，解答往往就會出現。

有時候，即使不覺得自己已經放手或是能夠放手，我們也要「練習假裝」自己已經做到，這樣有助於誘發我們渴望的真正放手。

你不必因為有問題而放棄自身的力量。不要把注意力放在問題上，而是要專注於自己的人生，相信自己這樣做會讓你更靠近解答。

今天，我會繼續好好過日子，把注意力放在自己的日常生活。只要有需要，我會記住不再偏執於困擾我的問題。如果不覺得自己已經放下某件事，我會「練習假裝」已經放下，直到自己的情緒與行為相符合為止。

5月19日 解決問題

「只要我自己或我愛的人有任何問題，我第一個感受到的情緒就是羞愧。」一位正在療癒的女士說道。

許多人所受的教養認為，只要有問題，就應該感到羞愧。

這種想法會對我們造成很多傷害，讓我們無法確認自己的問題，也讓我們在自己或愛的人有問題時，感覺疏離、不如人。羞愧會讓我們無法解決問題，也無法獲得伴隨問題而來的禮物。

問題是人生的一環，解答也是。人都會有問題，但是我們本身、我們的自信，和問題是各自獨立分開的。

我還沒遇過沒有問題需要解決的人，但是我遇過許多人，他們連談論已解決的問題都感到羞愧！

我們的價值遠遠超過自己的問題。即使我們的問題在於自己的行為，這個問題也不能代表我們是怎麼樣的人，不過是我們曾經做過的事而已。

你可以有問題。在適當的時機下，對適當的人，你也可以談論問題。你也可以去解決問題。

即使我們自己有問題，或是我們愛的人有問題，這都沒有關係。我們不必因此喪失自己的力量或是自信。

我們所要解決的問題，正是自己需要經歷的課題，這樣才能成為真正的自己。

今天，我會放下自己對於問題的羞愧感。

5月20日 悲傷

哀悼自己的損失，最終的意義就是順服於自己的情緒。

許多人失去了很多東西，說了很多次再見，也經歷了許多改變。我們可能想要遏止改變的浪潮，不只是因為改變不好，而是因為我們已經改變太多，也失去太多。

有時候，處於痛苦和哀悼中的我們會變得短視，就像電影《遠離非洲》所描述的部落。

「如果你把他們關進監牢，」其中一個角色在描述這個部落的時候說：「他們會死。」

「為什麼？」另一位角色問道。

「因為他們無法理解什麼叫重獲自由。他們以為會被關一輩子，所以會死。」

許多人有太多的悲傷要走出。有時候我們開始相信，悲傷或痛苦永遠不會消失。

痛苦會停止的。一旦去感受和釋放，情緒就會帶我們到比起步時更好的地方。感受自己的情緒，不要否認或是縮小這些情緒，這樣我們才能從過往的傷痛中療癒，向更美好的人生前進。感受自己的情緒是我們放手的一個方式。

你可能會痛一會兒，但是平靜和接受就在對岸，新的開始也在對岸。

今天我要坦然擁抱和結束自己的悲傷，這樣我才能做好準備迎接新的開始。

5月21日 滿足需求

我想換工作……我需要朋友……我已經準備好發展一段感情……

我們常常會意識到新的需求。我們可能需要改變自己對孩子的態度，可能需要新沙發，可能需要關愛、鼓勵、幾塊錢，或幫助。

不要害怕承認自己的渴望或需求。有時我們產生了一個渴望或需求，在這個渴望或需求還沒被滿足之前，我們認知到它的存在，或許會讓我們暫時覺得很挫敗。但這也開啟了一個新的循環，使得我們開始準備獲得自己的所求所想。我們要先放手，才能獲得自己渴望和需要的事物。發現自己的需求，是為美好事物的來臨做準備。

承認自己的需求是指我們做好了準備，去靠近會滿足我們需求的人、事、物。我們要有信心站在中間的那個位置。

今天，我會放下自己需求永遠無法獲得滿足的想法。我會承認自己的渴望和需求，即使是最細微的小事。我的渴望和需求不是意外。上帝創造了我，也創造了我的需求。

5月22日 重新設定程式的時刻

除非已經準備好療癒自己，讓自己能夠付出和獲得愛，否則不要向別人要求愛。除非已經準備好去感受、釋放自己的痛苦、準備好去體會喜悅，否則不要要求喜悅的到來。除非已經準備好去克服造成失敗的種種行為，否則不要要求成功的降臨。

如果想像自己擁有或立刻獲得自己渴望的事物，是不是很棒？我們會擁有、也會成為自己所嚮往的一切美好事物。所有美好的事物只等我們開口要求，但是首先我們必須打好地基，做好準備工作。土壤還沒準備好滋養種子的話，園丁是不會播種的。這樣草草種植只不過是浪費時間。我們還沒做好準備就倉卒行事，也只會浪費精力，無法獲得渴求的事物。

首先，我們得意識到自己的需求和渴望。這可不容易！許多人習慣關掉內在的聲音，不去聆聽自己的渴望、需求和慾望。有時候，人生必須很努力，才能獲得我們的關注。

下一步，我們得放下舊有的「程式設定」，也就是妨礙讓一切美好萌芽的行為和想法。很多人的程式有強大的破壞力，從童年時期學來的這些行為，都必須釋放掉。我們可能需要「練習假裝」一陣子，直到「自己值得好的對待」這種念頭成真為止。在這個過程中，我們還要結合放手的概念，從核心進行改變。

這個過程是自然而然的，但可能很劇烈。一切的改變都要花時間。

如果願意參與破土的工程，只要我們開口要求，美好的事物就會出現。努力且耐心等待吧！

今天，我要有勇氣，找出自己在人生中渴望的美好，開口要求。

5月23日 享受

人生不該是忍受，而是享受和敞開胸懷接受。

的確，大多數人在人生中都有面臨壓力的時刻，挑戰著我們忍耐技巧的極限。但在療癒的過程中，我們學會過生活，學會了享受人生。兵來將擋，水來土淹。

我們的生存技巧非常好，一路帶領我們過關斬將，就像大人帶小孩一般。我們凍結自己的情緒，否認問題的存在，剝奪自己的快樂，設法處理壓力，這些技巧幫助我們成為今天的自己，但是我們現在很安全。

我們要做的不再只是求生。我們要放下不健康的求生行為，學會新的、更好的方式來保護和照顧自己。

我們要感受自己的情緒，找出問題並解決問題，也給自己最好的對待。

我們要敞開心胸、活躍起來。

今天，我會放下自己不健康的忍耐和求生技巧。我會選擇新的生活模式，讓自己能夠積極生活，也享受冒險的過程。

5月24日 讓循環流動

人生並非靜止不動，而是不斷循環。讓種種關係按其自然循環流動，我們才能受惠。就如同潮起潮落，人際關係循環也有陰晴圓缺。我們有親密期，也有疏遠期；有一起面對的時候，也有分開各自處理問題的時候。

我們有關愛喜悅的時刻，也有憤怒的時刻。

有時候，我們本身經歷改變，關係的面向也會改變。有時候，人生帶來新朋友或新伴侶，教導我們下一個課題。這並不表示老朋友就永遠消失，而是我們進入了人生新的循環。

無論是友誼還是愛情，我們不必控制彼此關係的走向。我們不必藉由強迫關係靜止不變，來滿足自己的控制慾。

讓關係循環流動吧！敞開心胸接受這些循環。愛並不會消失，朋友間的牽繫也不會就此斷絕。事態不會永遠維持原狀，尤其是我們以如此快的速度成長改變時，更是如此。

相信這股流動的力量。照顧自己，但也要願意對別人放手。抓得太緊，只會逼得他們消失。

有一句古老諺語到現在還是不變的真理：「如果注定是你的，就會是你的。如果你愛某個人，放手讓他們走。如果他們回到你身邊，這份愛就是你的。」

今天，我接受人生和人際關係流動的本質。我會努力隨波漂流。我會努力追求兼顧自己和他人需求的和諧關係。

5月25日 無條件愛自己

愛自己，讓自己擁有健康和美好的人生。

愛自己，讓自己擁有對你和另一半都圓滿的情感關係。愛自己，讓自己擁有平靜、快樂、喜悅、成功和滿足。

愛自己，讓自己擁有一直渴望的事物。如果別人對待我們的方式不太健康又不舒服，我們就不要那樣對自己。如果我們習慣了批評自己，貶抑、懲罰自己，現在是時候停止了。其他人那樣對我們已經很不好了，但如果是我們這樣對自己，那更糟。

愛自己可能是個很陌生的觀念，有時候甚至聽起來會覺得有點愚蠢。別人可能會指控我們這樣是自私，但我們不必相信他們的說法。

真正愛自己的人能夠去愛別人，也能讓別人來愛自己。愛自己又認真看待自己的人，才是能夠付出最多、貢獻最多，也愛最深的人。

我們要怎麼愛自己？一開始要先強迫自己。有必要的話就「練習假裝」。一直以來我們有多不愛、多不喜歡自己，我們現在就要多努力來愛自己、喜歡自己。

好好探索什麼叫做愛自己。

寵愛自己，讓自己明白什麼叫做同情、鼓勵的自我關愛。

不管是過去、現在還是未來，要欣然接受和愛自己的全部。必要時，要盡可能很快地原諒自己。要鼓勵自己，對自己說你有哪些優點。

如果腦海中想到或相信負面的觀點，把這些想法快速又誠實地攤在陽光底下，這樣我們才能用更好的想法取而代之。

必要時，拍拍自己的背鼓勵自己一下。必要時，教訓自己一下。開口要求幫助、要求時間；開口要求自己需要的一切。

有時候要犒賞自己。不要把自己當成駱駝，總是不斷驅策逼迫自己向前。要學會對自己好一點。選擇會產生合自己心意結果的行為模式，對自己好就是其中之一。

要學會停止自己的痛苦，即使這樣意味著得要做出困難的抉擇。若非必要，千萬別剝奪自己的快樂。有時候，不妨給予自己想要的一切，沒什麼原因，只因為你想要。

不要再去解釋或是合理化自己的行為。犯錯就犯錯，要放下。我們學習、成長，再學習、再成長。經歷一切後，我們會愛自己。

我們努力再努力。有一天，我們會覺醒，看著鏡子，發現愛自己已經變成一種習慣。因為學會了愛自己，我們也成為懂得付出愛和接受愛的人。自我關愛會主掌一切，成為我們人生中的指引力量。

今天，我會努力愛自己。我有多不喜歡自己，就要多努力來喜歡自己。我要放下自我厭惡，也放下反映出不愛自己的那些行為。我會以重視自己的行為來取而代之。我會明白自己值得愛，也能夠付出愛和獲得愛。

5月26日 八卦

親密感是份溫暖的禮物，讓我們覺得和別人有所連結，也享受自己和別人的連結。

在療癒的過程中，我們會在許多地方發現這份禮物，有時還會在令人訝異的地方發現。我們可能會和同事、朋友、支援團體或家人等，培養出親密的關係。許多人則是在一段特殊的戀愛關係中找到了親密感。

有時候，衝突在所難免。有時候，必須解決棘手的情緒問題。有時候，彼此關係的界限改變了。不過，不管情況為何，愛與信任的牽繫會一直存在。

許多事物會成為親密感或親密關係的阻礙。上癮症和虐待會阻礙親密感；未解決的原生家庭問題和意圖掌控，會阻礙親密感；雙方權力落差過大、失去平衡的關係，會阻礙親密感。碎念、退縮、全然冷漠等，也都無法培養親密感。

像八卦這種簡單的行為，也同樣會妨礙親密感。舉例來說，講某個人八卦，可能是為了抓到把柄，貶抑此人，讓自己感覺比較厲害。和某人談論他人的問題、缺點或失敗，肯定對彼此關係會有負面的影響。我們要努力讓自己在討論別人事情時，保持動機單純。

如果我們看某人非常不順眼，最好的解決方法就是雙方直接把問題講清楚。直接、明白的對談可以消除誤會，為親近感鋪路，也為自己的好情緒和好關係打好地基。

今天，我要放下對親密感的恐懼。我會努力清楚地和別人溝通，不在人背後說惡意的八卦。

5月27日 我們有選擇

我們可以有選擇，而且這些選擇遠比我們讓自己看到的還要多。

我們可能會覺得自己困在情感、職場或人生中，也可能覺得被鎖在照顧別人或意圖掌控的行為模式中。感覺受困是自我挫敗的症狀之一。當我們聽到自己說：「我必須照顧這個人」、「我必須掌控這個人」、「我必須這樣做、那樣想」等等的話語，就表示自己選擇了不去看見其他選擇。

這種受困感是幻覺。我們不應該受到環境、自己的過往、他人的期待，或自己對自己不健康的期待等的掌控。我們要選擇自己覺得適當的事情去做，不帶任何愧疚感。我們有選擇。

療癒不是指樣樣都要做得完美，或是照任何人的規則行事。療癒最重要的概念是明白自己有選擇，也給予自己去選擇的自由。

今天，我會敞開自己的身、心、靈去接受各種選擇。我會做對自己好的抉擇。

5月28日 放下自我懷疑

我們不但有權利照顧自己，還能把自己照顧得很好。

許多人對照顧別人很有信心，但卻質疑我們與生俱來照顧自己的能力。我們可能因為過往或現在的情況，進而相信自己得去照顧別人，也需要別人來照顧我們。

無論這種自我挫敗的想法從何而生，我們都要將之釋放，以更好、更健康、更正確的觀念取代。

無論是否身處於一段情感關係中，我們都要照顧自己。我們所需的一切都會獲得滿足，也有所愛的人、朋友來幫助自己。

明白我們可以照顧自己，並不代表我們不會偶爾有害怕、不安、懷疑、憤怒和脆弱的情緒，而是代表我們在練習「勇敢的脆弱」。這是美國作家科萊特・道琳（Colette Dowling）在其著作《灰姑娘情結》中所提出的概念。我們可能會感到害怕，但無論如何還是會採取行動。

今天，我會明白該如何照顧自己。

5月29日 無能為力和無法駕馭

意志力並不是追尋理想生活方式的關鍵，適時順服才是。

「我大半輩子都在逼別人做不想做的事、強迫他們感受一般人選擇去忽略的情緒，也不讓他們做自己。在這過程中，我不過是把自己和別人逼瘋而已。」一位正在逐漸療癒的女性這樣說道。

「小時候，我努力想讓覺得自己一無是處又酗酒的爸爸恢復正常，希望他可以愛我。後來我嫁給了一個酒鬼，花了十年的時間努力想讓他戒酒。」

「我花了很多年的時間，努力想讓在情感上不懂付出的人，在我需要的時候可以支持我。」

「我甚至花了更多年的時間，想讓喜歡當悲劇英雄的家人可以感到快樂。我要說的是：『我大半輩子的時間都在拼命做不可能辦到的事，結果卻是徒勞無功；辦不到的時候又覺得自己很失敗。這就好像種瓜卻想得豆，行不通的！』

「後來，我學會了承認自己也有無能為力的時候，我的心境才沉著下來，不再浪費時間精力去改變和控制我無法著力的事。這樣的心態，讓我不再執著於不可能辦到的事情，而是專心在可以辦到的事上：『忠於自我，愛自己，感受自己的情緒，以及做自己人生中想做的事。』」

在療癒的過程中，我們學會不去對抗無論如何都無法戰勝的獅子。我們也學會了，愈想要控制和改變別人，人生的難題就愈多。我們愈專注過自己的生活，人生就會過得愈精彩，也會更一帆風順。

今天，對於無法改變的事情，我願意接受自己的無能為力，我要讓自己的人生變得更順遂。

5月30日 承諾

人生在世，如果我們不願許下承諾，可能會失去或錯過很多人、事、物。我們必須要承諾，戀情才有機會超越約會的階段；要承諾才會有個心目中的理想家庭或房子；要承諾才能獲得想要的工作；要承諾才能得到我們渴望的關心。

我們必須對生涯、目標、家人、朋友等，做出進一步的深度承諾。光是嘗試並不能讓我們成功，只有讓自己投入、許下承諾才能成功。

然而，還沒準備好前千萬別許下承諾。

有時候，害怕承諾可能是一種警示。我們也許是不想承諾某段戀情、不想購買某項物品，也不想投入某件工作。有時候，害怕承諾是因為我們的恐懼正在努力找尋解決之道。如果是這樣，就等等吧！等到真正的問題清楚浮現。

相信自己。

問問自己，如果不承諾就會失去某些人、事、物，你是否捨得失去他們？靜靜聆聽自己的內在聲音，等待決定形成，這個決定不但要正確，還得讓你覺得自在。

我們都得學會承諾，但是還沒準備好前，千萬別許下承諾。要相信，時候到了，你自然會許下承諾。

我要有勇氣對正確的事許下承諾，有智慧對不正確的事拒絕承諾，有耐心等到一切清晰才下決定。

5月31日 萬一？

有一天，我和朋友在談論某件打算要做的事。事實上，我很擔心某個人對我要做這件事的反應。

「萬一他無法承受怎麼辦？」我問。

「那麼，」我朋友回道：「你就得承受得住。」

「萬一」會讓人抓狂。「萬一」讓我們的人生掌控在別人手裡。

「萬一」是種預兆，暗示我們又恢復了以往的想法，認為別人得用特定方式回應，我們才能繼續往前走。

「萬一」也是種跡象，表示我們可能在懷疑能否相信自己。無論是思維、情緒、行為等，「萬一」都顯示了恐懼的存在。

我們不必讓這些反應、情緒、喜歡或不喜歡其他人，控制自己的行為、情緒或方向。我們不必控制別人如何回應我們的選擇。即使是最令人不安的結果，也要學著面對。朋友啊，我們要相信自己能夠承受得住。

今天，我不會擔心其他人的反應，或是憂慮自己無法控制的事情。相反地，我會專注在自己的反應上。我會好好面對自己當下的人生，也相信自己明天同樣辦得到。

六月

與自己和平共處。

直接・掌握自身的力量・慈善寬厚・相信神・向羞愧感宣戰・準備就緒・嗑藥般的飄飄然・樂趣・恐慌・責任感・往前邁進・隨性和樂趣・緊握往日關係不放・不執著於時機・烈士的相互競爭・犒賞自己・順服・脆弱・讓人生好過點・互動關係的烈士・好情緒・職場工作・放下過往信念・切割・疏離保留・情緒蕭條期・臻於和諧・事情無法解決時・上天的旨意・接受改變

6月1日 直接

和直接、誠實的人相處，我們會覺得很有安全感。他們有話直說，我們也知道自己該如何應對。拐彎抹角、害怕做自己、不敢說出自己的渴求或感受，這樣的人不能信任。即使不說出口，他們也會以某種方式表達出自己真正的想法，而這種做法可能會讓人大感意外。

直接的溝通不但省時又省力，也免除了當受害者的風險。直接的溝通消弭了壯烈犧牲的心態，也省去了玩花招的心機。直接的溝通幫助我們掌控自身的力量，也創造出彼此尊重的關係。

直接、誠實的人相處起來很有安全感。做個這樣的人吧！

今天，我會掌握自身的力量，做個直接的人。我不會消極被動，也不會積極好鬥。我會與坦白的自己和平相處，這樣周遭的人才能與我舒適共處。

6月2日 掌握自身的力量

我們不必給他人如此大的權力，卻一點也不留給自己。在療癒的過程中，我們明白了謙虛和看輕自己之間，有很大的差異。

當別人不負責任，或是試圖把問題怪罪在我們身上，我們不必再感到內疚，而是要讓他們面對自己行為的後果。

別人胡說八道時，我們不必質疑自己的想法。

別人試圖操縱或剝削我們時，我們知道自己有權憤怒、懷疑並拒絕參與。

別人可能會告訴我們，應該要追求某件實際上我們不想要的東西；或是會告訴我們，不該追求某件其實我們很想要的東西。不管是哪種情況，都要相信自己的選擇。別人說的事情我們不相信時，我們知道可以相信自己的直覺。我們之後甚至可以改變心意。

我們不必放棄自己的力量，對任何人都是如此：陌生人、朋友、配偶、小孩、權威人士或下屬。別人可能有其擅長之處，看起來比我們更有信心、更有能力。不過，我們的地位其實是對等的。

我們不是次等公民。只要掌控了自身的力量，我們就不必積極好鬥或是試圖掌控。

今天，和他人相處時，我會掌握自身的力量。我會讓自己了解自己的智慧，感受自己的情緒，相信自己的想法，看見自己的觀察。我會敞開心胸接受改變，向別人學習、從經驗中學習，但我也會信任自己。我會堅持自己的理念。

6月3日 慈善寬厚

獲得金錢時，我們需要建立健康的界限；給予金錢時，也需要健康的界限。

有些人出於不當的理由而給予金錢。

有些人有罪惡感，不論這罪惡感應不應該，可能會因此習慣性給小孩、給家人或是給朋友錢。我們讓別人向自己勒索金錢，有時候這些人還是我們愛的人。

這些錢不是在你自在的情緒下給的，也不是在你健康的狀態下給的。

有些人出於照顧他人而給予金錢。我們可能放大了對別人的責任感，把別人的財務責任攬在自己身上，實際上不該如此。

我們之所以給錢，可能只是因為還沒學會掌握自身的力量，在想說不的時候，還說不出口。

有些人給錢，是因為希望或相信照顧別人的財務，別人就會愛我們。

我們不必給任何人錢。給不給錢是我們的選擇。我們不必讓自己成為受害者，不必受人操縱或逼迫而給予金錢。我們要對自己的財務負責。身心健康很重要的一環，是讓周遭的人為自己的財務負責。

我們不必因為自己賺的錢而感到羞愧。我們值得擁有別人給我們應得的報酬；不管金額多少，不必覺得有義務把所有錢給出去。

慈善寬厚是一種祝福。付出給予是健康生活的一環。我們要學會在給予時，培養出健康的界限。

今天，我會在給予金錢時，努力開始培養健康的界限。我明白要不要給予是自己的選擇。

6月4日 相信神

我的一對夫妻朋友，決定改變一下生活環境。他們一直住在城市裡，現在想要搬去鄉下的湖畔。他們找了一間湖畔小屋，並不是他們夢想中的房子，但如果他們賣了城市裡的房子，就有錢重新裝修湖畔小屋。他們手頭上本來就存了一點錢，所以在原有的城市房子還沒賣掉前，就先搬進了湖畔小屋。

一年過去了，城市裡的房子還沒賣掉。這段期間，我的朋友經歷許多改變。他們耐心等待，當然也有失去耐心的時候。有時他們對神很有信心，有時他們無法理解為何神要他們等這麼久。

有一天，有位鄰居來訪。他的湖畔房子是我朋友夢想中的房子，甚至比他們所夢想的一切還要更棒。我朋友第一次見到那棟房子時，讚嘆連連，希望自己可以有一棟一模一樣的房子，但是很快他們就放棄了這個念頭。他們不相信自己可以美夢成真。

這位鄰居之所以來拜訪，是因為他和太太決定要搬家。他讓我朋友有承購湖畔房子的優先權。我朋友接受了他的提議，簽了承購合約。在兩個月之內，他們賣掉了城市的房子，也賣掉了原本小而美的湖畔小屋。不久後，他們搬進了自己夢想中的房子。

有時候，我們在人生中會經歷挫折。我們相信自己一直維持在正軌上，相信上帝，也相信自己，但是事情還是沒有解決。

但總有一天，我們會明白：我們渴求的願望之所以沒有實現，是因為上天對我們有更美好的安排。

今天，我會練習培養耐心。我會相信上天會為我做最好的安排。

6月5日 向羞愧感宣戰

小心羞愧感！

許多人散發著濃濃的羞愧感惡臭。他們受到羞愧感控制，也可能想要我們和他們一起玩這個錯誤的遊戲。他們想要誘我們上鉤，透過羞愧感來控制我們。

我們不必掉入他們的羞愧感中。我們反而要選擇好的情緒，像是自我接受、關愛和鼓勵。

強迫行為、暴飲暴食、藥物濫用和賭博等，都是以羞愧為根基的行為。如果我們參與這些行為，就會感到羞愧，絕對無法避免。因為這些行為會讓我們沉浸在羞愧中，所以必須小心注意成癮症和其他強迫行為。

我們的過往，以及將「原始羞愧感」加諸我們身上的洗腦思維，可能會一直試圖讓我們感到羞愧。不論是獨處、走過超商，或只是安安靜靜地過生活，在這些時候，羞愧感都有可能來襲。羞愧逼我們不要思考、不要去感受、不要成長或改變、不可以充滿活力、不可以好好過生活，只要感到羞愧就好！

終結羞愧感吧！主動攻擊羞愧感，向它宣戰！要學會認識羞愧感，學會像躲瘟疫一樣見著就閃。

今天我會謹慎，拒絕陷入隨處可見的羞愧感中。如果無法對抗羞愧感，我會感受、接納它，盡快地放下它。我明白我有權愛自己，我拒絕屈服於羞愧感。如果我走叉了路，我會將羞愧感轉變為罪惡感，糾正自己的行為，用立即的自我關愛幫助自己繼續往前邁進。

6月6日 準備就緒

我們很勤奮，盡了全力實踐前面五個月的練習，現在進步到了第六個月。以前的前置作業幫我們做好準備，迎接心靈的改變，讓我們敞開心胸接受上天為我們安排的改變。

全心願意改變的道路可能漫長又艱困。許多人在還沒準備好放手前，一直苦苦掙扎於種種行為和情緒。我們必須一而再、再而三提醒自己，以往保護我們的那些對應手段，已不再有用。

第六個月當中提到的人格缺陷，是指我們往日的求生行為模式。這些行為曾經幫助我們應付別人、人生和自己的問題，但現在已經成為阻礙，是時候擺脫了。

要相信這次一定可以；相信自己已經做好準備，放下不再有用的行為；相信心靈的改變正在發生。

今天我準備好放下自己的人格缺陷。我明白，我的心和靈魂都已做好準備，放下自我挫敗的行為，也放下各種人生的阻礙。

6月7日 嗑藥般的飄飄然

我覺得我可以改變他……以前從來沒有人真正愛過他、欣賞他，我會是第一個，這樣他就會改變……她從來沒和值得信賴的人在一起過，我會證明自己有多值得信賴，她一定就能再投入愛……以前沒人能讓她打開心門，我會是第一個……以前沒人真正給過他機會……以前沒有人真正相信他……

這些想法都是警訊，是紅燈，是警告的紅旗。事實上，如果我們腦海中正在想這些念頭，就得快點停下來。

如果誤以為自己是某人的救世主，或是努力想對某人證明自己有多棒，不管是何者，可能麻煩大了。

這是個遊戲、一場騙局。我們不會成功，只會抓狂，結局只有一個。我們沒看清楚事情，沒發現我們快要惹上麻煩了。這些麻煩會招致自我挫敗。

我們自以為是「救世主」，到後來卻成為受害者。

過去從來沒有人真正了解他、沒有人看到我在她身上看到的那一面……這些都是陷阱，讓我們沒有注意自己，而是把過多的注意力放在對方身上。這個陷阱讓我們偏離自己的道路，也讓我們像嗑藥般飄飄然。

我們不必證明自己是救世主。如果我們想要向他人證明自己是發生在他們身上最美好的際遇，也許是時候該問問自己，他們是不是發生在我們身上最美好的際遇。

我們的工作並不是當守護天使、教父、教母或是「救世主」。

真正對別人、對自己有益的幫助、支持和鼓勵，在適當的時機自會出現。順其自然吧！

今天我會放下想要挑戰不健全關係的心態。

6月8日 樂趣

給人生、給當下找點樂趣吧！

人生是份苦差事，那是以前的想法，放下吧！我們踏上的是一趟冒險旅程，會有難以想像的各種際遇。

用喜悅的精神取代沉重和疲倦，讓自己周遭充滿樂觀光明的人和事。

要培養出對樂觀光明的敏感度。

這趟旅程會是一趟刺激的冒險。好好享受吧！

今天，無論是在當下、整個人生或和人相處時，我都會找點樂趣。

6月9日 恐慌

不要恐慌！

如果一位游泳選手正在橫渡大湖，突然間意識到剩下的距離還很遠，他可能會開始倉皇失措、往下沉。這不是因為他不會游泳，而是因為他慌了而不知所措。

我們的敵人不是任務本身，而是恐慌。

許多人都有雜事纏身、喘不過氣的時候，也會有覺得不可能完成所有待辦事項的時候。可能是要面對職場的任務、面對自己需要改進的地方，或是面對家庭生活的改變。

稍微花點時間往前看，想想該做什麼的時候，可能會感到些許恐慌，這很正常。感受這份恐慌，然後放下。如果我們有想像的目標，就會達成目標。不必在一天內、或是立刻就要完成一切。

專注在今天，專注在一切都會順利的信念上。要達到目標，我們只需要專注在今天自然按照順序出現的事物上。我們會有力量平靜地完成自己需要做的事，也能夠抵達明天自己想去的地方。

驚慌會妨礙整個過程。深呼吸，冷靜下來。我們要藉著拍擊水面來恢復正常，直到恢復冷靜為止。一旦覺得平靜下來，我們就又能開始有信心地游泳。只要專注在每一次划水、每一個動作上。我們每划一次，就往前一點。累了的話就漂浮，不過前提是要先放鬆。我們會發現，沒多久自己就到岸了。

今天，我相信一切都會順利。我會專心把當天過得盡善盡美。如果恐慌浮現，我會停下手邊一切事務，把恐慌當成需要個別處理的問題。

6月10日 責任感

自我照顧是指為自己負責。為自己負責還包括了認清自己對別人的真正責任。有時開始療癒時，我們會因為對別人的龐大責任感，搞得自己筋疲力盡。但如果只知道我們對自己負責就夠了，可能也會因為太過如釋重負，暫時拋開自己對別人的責任。

療癒的目標是找到平衡：我們要為自己負責，也要認清自己對他人的真正責任。這可能要花些時間才能釐清。尤其是長久以來，我們都是依照扭曲的觀念在執行自己對別人的責任，這種情況要花的時間更多。對某個人來說，我們的責任是朋友或員工；對另一個人來說，我們的責任是老闆或配偶。我們對每個人都有某些責任。一旦負起了真正的責任，我們就會找到自己人生中的平衡。

我們也學會了一個道理：雖然有些人眼前不肯對我們負責，但從某個角度來看，他們依舊必須對我們負責。

我們要學會分辨對自己、對別人真正的責任。我們要讓別人為他們自己負責，也希望他們能適度地為我們負責。

在學習時，我們對自己的態度要溫柔。

今天，我會努力釐清自己對別人的真正責任。我會明白這些責任也是照顧自己的其中一環。

6月11日 往前邁進

我們知道，自己無法在療癒的路上，帶著每個人一起往前進。就算我們很想這樣，也辦不到。讓自己往前邁進並不代表不忠誠。我們不必等到自己所愛的人同樣決定要改變，才邁開步伐。

有時候，即使所愛的人還沒準備好要改變，我們也必須要允許自己成長，可能甚至得把他們留在不健全的關係或苦難中。畢竟療癒要靠自己，我們沒法替他們療癒，也不必和他們一起受苦。

這樣一點幫助也沒有。

只因為自己所愛的人困在裡面，就讓自己也被困住，這種做法一點幫助也沒有。我們要切割，努力解決自身的問題，不再試圖強迫別人和我們一起改變，才能產生更大的力量來幫助別人。

對我們所愛的人來說，改變自己，讓自己成長，也讓其他人追尋自己的道路，才是最積極正面的影響。我們對自己負責，他們也為自己負責。我們放手讓他們走，也放手讓自己成長。

今天，即使某個我愛的人不想和我一起成長和改變，我也會堅信自己有權利成長和改變。

6月12日 隨性和樂趣

練習隨性，練習找點樂趣吧！

療癒的喜悅就在於我們終於能夠嘗試體驗。我們學會了新的行為，也不必樣樣追求完美。我們只需要找到適合自己的方式。我們甚至能在嘗試體驗的過程中找到樂趣，明白自己喜歡什麼，也學會該怎麼去做自己喜歡的事。

許多人習慣了死板、犧牲的生活，也習慣被剝奪權利。我們被剝奪的「正常」體驗之一是享樂，另一個則是隨性。對於樂趣要去哪找，我們可能一點概念都沒有。我們太過拘謹，連讓自己去嘗試點新玩意都不願意。

我們要讓自己偶爾放鬆一下。試試又何妨。我們不必這麼死板拘謹，這麼害怕做自己。冒點險吧！嘗試些新的活動。我們想做什麼？我們可能會喜歡做什麼？之後，再冒其他的險。挑一部想看的電影，打個電話給朋友，邀請他或她一起去。如果這個人拒絕，就邀另一位，或是改時間再去。

要下決心去嘗試某件事，好好體驗。去一次、去兩次，不斷練習找樂趣，直到做的事情真的讓你快樂為止。

今天，我會只為了好玩而做某件事。我會練習找樂趣，直到我真的樂在其中為止。

6月13日 緊握往日關係不放

踏上旅途時，我們希望可以不帶任何行李，這樣走起來比較輕鬆。

有些我們要放下的行李，是過往關係中徘徊不去的情緒和未解決的問題：如憤怒、憎恨、受害者的情緒、傷害或渴望等。

如果我們無法結束一段關係，也無法平靜轉身離開，就表示我們還沒學會該學的課題。這意味著同樣的課題會重複出現，直到我們準備好往前邁進為止。

我們可以參考四月間所學到的經驗來行事（寫下自己情感關係的清單），或是五月間的功課（承認自己的錯誤）。離開某段關係，會讓我們有什麼樣的情緒？我們心裡還帶著這些情緒嗎？我們想要這樣沉甸甸的行李，影響自己今日的行為嗎？

我們還在為兩年、五年、甚至二十年前發生的事情，覺得自己是受害者、沒人要或是痛苦不堪嗎？是該放手的時候了。是該敞開心胸的時候了，好好體會過往經驗要教給我們的真正課題。是放下過去情感的時候了，讓自己自由，去擁有嶄新、更有益的體驗。

我們可以選擇活在過去，或是選擇結束過往的一切，敞開心胸接納今天的美好。

放下過往關係的包袱吧！

今天，我會敞開心胸體會整個淨化和療癒的過程，好好結束往日的關係，全心接納今天和明天種種關係中的美好。

6月14日 不執著於時機

孩子，等待正確的時間點吧！等待正確的時間點。有多少次我們聽到朋友、長輩對我們說這句話？我們很渴望能得到某份工作、某筆錢、某段情感、某份財產。我們希望人生有所改變。所以我們等待，有時候耐心地等，有時候焦慮地等，同時不斷地問自己：什麼時候我才能得到自己渴望的東西？到時候我就會快樂嗎？

我們試圖預測，我們在日曆上圈出日期，問自己各種問題。我們忘了答案不在我們身上，而是握在上天手中。如果仔細聆聽，我們就會聽見答案。

孩子，等待對的時機吧！等待對的時機。

好好開心過生活吧！

今天，我會輕鬆面對。我會放下對時機的執著，也不再試圖操縱結果。對的時機到來時，好事就會自然而然地發生。

6月15日 烈士的相互競爭

「沒錯，我知道你老公是個酒鬼，但我兒子是酒鬼，這可不一樣。我的情況比你更糟！」我的痛苦比你痛！我們很容易就掉進這種陷阱。我們會告訴別人自己是個多慘的受害者，受傷有多深，人生有多不公平。一定要別人知道自己是個多偉大的烈士，我們才會善罷甘休！

我們不必向任何人證明自己的苦難。我們知道自己很痛苦。我們大部分的人成為受害者是有原因的，許多人都有艱難、痛苦的課題得學習。

療癒的目標不是要告訴別人自己受傷有多深，而是要不再痛苦，和別人分享自己的解決方法。

如果某個人想向我們證明她或他被傷得有多深，我們可以說：「聽起來你真的很受傷。」

也許這個人只是要別人認同自己的痛苦。

如果我們發現自己試圖向某人證明自己有多受傷，或是試圖想贏過別人的痛苦，我們應該要先停下來，好好想想自己出了什麼問題。我們要認清自己受傷有多深，還是現在依舊在受傷？

我們會誤以為，遭受苦難會有特別的獎項或報酬，實際上根本沒有。我們的報酬是學會不再痛苦，讓自己體會喜悅、平靜和圓滿。

這就是療癒的禮物。不管我們的痛苦是比別人多、還是比別人少，每個人都可以獲得這份禮物。

即使有些課題讓我承受極大的苦難，我也會感激所有的課題。我要學會自己該學的智慧，這樣我才能停止人生中的痛苦。我會專注在療癒的目標上，而不是專注在讓我想要療癒的痛苦上。

6月16日 犒賞自己

設立界限並不會讓人生變得複雜，反而可以簡化人生。——《超越共同依存症》

設立界限有其積極的一面。我們學會聆聽自我，找出讓我們受傷的原因，也找出自己不喜歡的事物。同樣，我們也會認清做什麼事能讓自己開心。

我們願意去冒點險，而且開始積極這樣做的時候，就能提升自己生活的品質。

我們喜歡什麼？什麼會讓我們有好情緒？什麼能帶給我們快樂？我們喜歡誰的陪伴？什麼可以讓我們在一大早心情愉悅？什麼是我們人生中真正的犒賞？有哪些日常生活中的小事，可以讓我們覺得受到鼓勵、有人關愛？

有哪些事物，對我們的情緒、精神、心理和生理有吸引力？有哪些事物，真的可以讓我們感到開心？我們剝奪自己的快樂太久了。沒有必要這樣繼續下去，一點必要也沒有。如果感覺快樂，而且又是自我關愛而不會招致自我挫敗，那就去做吧！

今天，我會做些讓自己開心的小事。我不會剝奪給自己的健康犒賞。

6月17日 順服

好好熟悉你現在處境中要學會的課題。

抗拒人生中令自己痛苦的事，並不能幫助我們往前。只有接受，我們才能往前進，也才能成長和改變。

逃避不是鑰匙；順服才能打開那扇門。

好好聆聽真理：我們每個人當下的處境都有其意義。我們必須學會某個珍貴的課題，才能往前邁進。某件重要的事正在我們身上發生，也正在我們周遭的人身上發生。當下我們可能無法知道是什麼事，但我們知道這件事很重要，也知道其立意良善。

不要用蠻力征服，而是用順服的心態克服。我們的內心就是戰場，這場仗不但要打，也要贏。我們必須經歷整個過程，直到我們學會、直到我們接納、直到我們感激、直到我們自由為止。

今天，我會敞開心胸學習當下處境的課題。我不必急著去標明、認清或理解自己正在學習的課題是什麼。等到時機成熟，我自然會看清。今天，信任和感激就已足夠。

6月18日 脆弱

療癒的其中一環是學會和他人分享。我們學會承認自己的錯誤，坦露自己不完美的地方。坦承自己的不完美，並不是因為其他人可以解決我們的問題，或是可以拯救、同情我們，而是這樣我們才能愛自己也接納自己。

許多人害怕讓別人知道自己的不完美，因為這樣會讓人覺得軟弱。我們有些人過去曾經示弱，卻遭人掌控、操縱或剝削，甚至還讓我們感到丟臉。

有些人在療癒過程中因為示弱而傷害了自己。我們分享的對象，可能是不把我們信賴當一回事的人。或是在不當的時機和不對的人分享，卻把對方嚇跑。

我們要從錯誤中學習。儘管犯了這些錯，讓自己脆弱和誠實依舊是件好事。我們要學會選擇值得信任的人來分享；要學會適當地分享，不要把別人嚇跑或逼走。我們也要學會讓別人對我們展露脆弱的一面。

今天，我要學會適時顯露脆弱。我不會因為示弱而讓別人剝削我、或讓我感到羞愧，我也不會剝削我自己。

6月19日 讓人生好過點

人生不必走得那麼艱難。

的確，我們會有需要忍耐、掙扎和仰賴求生技巧的時候，但是人生、成長、改變自己的日常生活這些事情，不必弄得無時無刻都那麼艱難。

讓人生過得那麼痛苦，是我們烈士心態的餘毒，是舊有思維、情緒和信念的殘渣。我們有自己的價值。我們的價值不在於人生要掙扎得有多苦。

有位女士說，如果我們讓人生過得那麼艱難，可能只會讓人生比原本的更加痛苦。要學會順其自然；學會讓事件本身以及我們的參與，都能各安其位。現在可以放鬆了，不用像以前一樣綳得那麼緊。我們要隨波漂流，把整個世界的重擔從肩上卸下，讓上蒼帶領我們到該去的位置。

今天，我不會再如此拼命掙扎。我會放下錯誤的信念，不再以為人生和療癒一定得困難重重。我會用新的信念取而代之，相信自己能輕鬆平靜地走過這趟旅程。有時候，甚至還能找到樂趣。

6月20日 互動關係的烈士

許多人完全漠視、麻痺自己的情緒，以致於幾乎快忘了自己在人際關係中還有需求。

不管是朋友、生意夥伴、約會對象或是另一半，我們要學會分辨自己喜歡誰的陪伴。我們都需要和自己不喜歡的人互動，但不必強迫自己和這些人培養長久或親密的關係。

我們有選擇朋友、約會對象和另一半的自由。我們也有自由選擇要花多少時間和某些不常在一起的人相處，像是親戚。這是我們的人生，我們的自由。我們可以決定要怎麼分配自己的時間。我們不是奴隸，也不是囚犯，每個人都有選擇。我們也許無法清楚看見自己的選項。雖然可能會因為要掌控自身的力量而在羞愧感中掙扎，但我們要學會把寶貴的時間，花在自己喜愛、也是自己選擇的人身上。

今天我會重視自己的時間和人生。我會重視自己和某些人相處時的感受。我會給予自己嘗試、探索的自由。我會了解自己，也學習自己在人際關係中可以成為什麼樣的人。

6月21日 好情緒

讓自己也感受好情緒吧。

的確，有時候好情緒和痛苦、難熬的情緒一樣令人分神。的確，好情緒對於不習慣的人來說，可能會引發焦慮。不過無論如何，盡情去感受好情緒吧！

好好去感受和接納喜悅、愛、溫暖、興奮、愉悅、滿足、得意、親切和舒適。

讓自己感受勝利、感受快樂。

讓自己感受別人的關懷照顧。

讓自己感受尊重、感受自己的特別和重要。

這些都只是情緒，卻讓人開心。好情緒來臨時，我們值得好好體會。

我們不必壓抑，也不必說服自己漠視，連一秒鐘都不要！

如果我們好好感受，這種體會當下就是我們的。擁有它吧！如果是好的情緒，就享受吧！

今天，我要敞開心胸，好好體會喜悅和各種好情緒。

6月22日 職場工作

就像在情感關係中有當下要接受和處理的情況一樣，我們在職場上也有要接受和處理的情況。我們要在職場工作上培養出健康的態度。這樣的健康態度會幫助我們學習，也幫助我們往前邁進。

我從十一歲開始做過許多工作。我做過自己痛恨的工作，但卻得暫時仰賴來維生。我曾經因為害怕採取行動，不肯去找自己的下一步在哪，而困在其中停滯不前。

我曾經做過某些工作來培養技能。有時候，我不知道自己做的工作讓我培養出這些技能。後來這些技能在職涯選擇中派上用場，我才明白。

有的工作教會我分辨什麼是自己絕對不想要的；有的則在我內心激起火花，讓我明白什麼是自己在職場上真正想要、真正應得的。有的工作幫助我塑造了自己的性格；有的工作幫助我微調自己的技能。

就像處理情感關係中的情緒和訊息一樣，我也必須處理自己在職場中的情緒和訊息，也要爭取自己認為在職場中應得回報。

我曾經歷兩次重大的職涯轉變，明白了沒有任何轉變是錯誤，沒有一份工作是浪費時間。每份工作都教會了我一些道理，也幫助我成為今天的自己。

我愈不想因為工作而失去靈魂，就愈不會覺得自己是受害者。我不是因為薪水而工作，而是因為想做而努力，即使有的工作只有微薄的薪資，我也甘之如飴。我明白自己為什麼繼續做某份工作，也知道自己從中能學到哪些事。

我在工作中也曾對自己職場發展感到恐慌。我曾經看看周遭，質疑自己為何在這。有人覺得我應該在不同的位置，但是探究自己的內心之後，我明白自己是適得其所。

我曾經辭掉工作，轉身離開，只為了忠於自己。

我曾經無法靠自己微薄的薪水活下去。不過，我沒有把問題丟給老闆，怪罪錢給太少，而是學會自己處理。我學會了設立界限是自己的責任，獲得自己應得的一切也是自己的責任。我也學會了不必受困於工作，我有選擇。也許現在還看不太清楚，但我的確有選擇。我也學會了如果真的想要在職場上用某種方式照顧自己，我就會去做。

最重要的是，我學會接受和信任自己當下在職場的處境。這並不表示屈服，也不表示放棄自己的界限，而是在任何時候，都能盡全力信任、接受和照顧自己。

今天我會在職場上培養健康的態度。

6月23日 放下過往信念

再努力一點，做得更好一點，完美一點！

這些訊息是別人施加在我們身上的詭計。無論我們多努力，都還是覺得自己還得做得更好。我們永遠達不到完美，就算已經表現得很好也還是不開心。

追求完美主義是種愚蠢的行為。這些完美的念頭驅策著我們，讓我們不滿意自己，也不滿意自己的表現。除非我們改變這些訊息，告訴自己，我們已經表現得夠好，否則我們永遠也無法對自己滿意。

我們可以從認同和接納自己開始。我們當下的樣子很好；我們輝煌的昨天很好；我們燦爛的明天也很好。我們要做自己，就照本來的方式在當下做自己。這才是避開完美主義陷阱的關鍵。

我會放下逼得我快要發瘋的這些訊息。我會做自己，肯定自己的表現。

6月24日 切割

對許多人來說，切割不容易做到。不過，一旦明白這個療癒原則的價值，我們就知道切割有多重要。下面的故事說明了一位女士是如何了解切割的重要性。

「我第一次練習切割，是要學會放下自己的酒鬼丈夫。他酗酒七年了，從我嫁給他一開始就是這樣。多年來，我一直不願承認他有酗酒的問題，也試圖想要讓他不再喝酒。」

「我做了許多事想讓他不再酗酒。我想讓他看見光明，讓他明白他傷我傷得有多深。我真的以為自己試圖控制他是為了他好。」

「有天晚上，我看清了一切。我意識到，試圖控制他永遠解決不了問題。我也明白自己的人生已經難以收拾。我無法逼他做任何他不想做的事。即使喝酒的不是我，我卻被他的酗酒問題牢牢控制著。」

「我讓他自由，讓他去做自己選擇要做的事。事實上，他一直都是為所欲為。從我切割的那一晚，事情開始改變。他感受到了，我也感受到了。我讓他自由，也等於讓我自己自由，去過我自己的人生。」

「從那時開始，我練習切割的原則很多次。我把健康和不健康的人切割開來。切割的原則從來沒失敗過，真的很有用。」

切割原則是份禮物。我們準備好時，禮物就會到來。只要我們讓他人自由，也就等於讓自己自由。

今天，我會盡可能地在愛中切割。

6月25日 疏離保留

有時候，為了保護自己，我們在彼此關係中會疏離對方。我們的身體可能在現場，但心卻不在。我們無法真正參與彼此關係的互動。

我們關上了心門。

有時候，在相互關係中疏離是適當且健康的。我們可能需要一些獨處的時間。有時候，在相互關係中關上心門卻會招致自我挫敗。

不再向對方表現軟弱，不肯誠實，也不肯支持對方，這些都會導致關係的結束。一段關係中，只要有一方不肯付出，另一方也無能為力。關上心門會讓我們無法對感情付出。

關係中暫時的疏離很常見。不過一直持續疏離卻很不健康。這樣的疏離可能會破壞相互的關係。

在關上心門前，我們必須問問自己想要藉由這樣的疏離來獲得什麼？我們需要一些時間去處理問題嗎？為的是去療傷？去成長？去釐清事情？我們需要暫時抽離這段關係嗎？還是我們又回到了過往的行為模式，只因為害怕無法用任何其他方式照顧自己，所以就躲避、逃跑或終結關係？只因為對方真的不值得信任、試圖玩弄我們、對我們說謊，我們就必須關上心門？因為對方疏離冷淡，我們不想要再付出，所以也關上心門？

關上心門、對一切漠不關心、屏除關係中的一切情緒……這些做法是強而有力的工具。我們必須小心且負責任地使用。為了在相互關係中培養出親近和親密感，我們必須要去感受情緒。我們必須付出。

今天我要在彼此關係中感受情緒。我選擇參與其中。

6月26日 情緒蕭條期

萎靡的情緒會持續好幾天。我們覺得懶散、注意力不集中，有時候還會被無法釐清的情緒給淹沒。我們可能不明白自己到底怎麼了。我們會覺得自己情緒、心理和精神的狀態都不太好。

在情緒萎頓時，即使知道不該如此，我們可能還是會發現自己本能地回到了舊時的思維、感受和行為模式中。即使知道自己在偏執，也知道這樣做沒有用，但我們可能還是會繼續偏執。

明明知道自己的幸福快樂不在他人身上，但我們卻可能瘋狂地尋求他人協助，想要讓自己好過一點。明明不是我們的問題，卻可能認為很多事是針對我們而來，而且還用早就知道沒有用的方式去回應。

我們身處情緒的蕭條期，這樣的情況不會永久持續。這些週期是常態，甚至有必要。在這段期間，我們要努力通過考驗；不管會不會立刻就有回報，都要專注於療癒行為。有時候，在這樣的日子裡，我們要盡情做自己，也要盡可能寵愛自己。

努力撐過情緒蕭條期吧！這樣的蕭條期會結束的。有時候，蕭條期可能持續好幾天，然後在一個小時內，我們卻發現自己跳了出來，情緒恢復很多。有時候，蕭條期可能會持續得久一點。

選擇一個小領域練習一項療癒行為，然後開始往上爬。蕭條期很快就會消失不見。永遠不要以現在的位置來判斷自己明天會到哪裡。

今天，我會在自己的問題上，專注練習一項療癒行為，全心相信這樣的練習會幫助我往前邁進。我會記得自己可以從接納、感激和切割開始練習。

6月27日 臻於和諧

鋼琴家學會一首新的曲目時，並不是立刻就能完美演奏出來。通常得先單手分開練習，來熟悉整首曲子的旋律。等到雙手各自都學會了，熟悉了旋律、感覺、節拍和音調，才能一起合奏。

練習的時候，這首曲目可能聽起來不怎麼樣，斷斷續續，並不特別優美。不過，一旦雙手準備好合奏，一整首曲子就和諧又優美地流瀉而出。

開始療癒時，可能會覺得自己花了好幾個月、甚至幾年的時間，練習個別的行為，這些行為好像在人生的各個層面彼此無關。

我們把新技巧帶進自己的各種關係中，跌跌撞撞地練習新的行為。

我們努力愛自己。我們努力相信自己值得最好的。我們努力處理自己的財務問題，努力為自己找快樂。有時候，我們努力改善自己的外表；有時候，我們努力讓自己的家庭關係更美好。

我們努力處理情緒、想法和行為。我們努力、努力、再努力。我們練習，我們跌跌撞撞。我們從一個極端到另一個極端，有時候又故態復萌。我們有了一點進步，又退後一點，接著又往前進。

這些過程也許看起來都斷斷續續，可能聽起來一點也不和諧、不優美，就像是個別分開的音符一般。之後有一天，事情就這樣發生了。我們準備好用雙手合奏，完整呈現出整首曲子。

我們一直努力練習單一音符，最後組成了一首曲子。這首曲子是完整無缺的人生，也是和諧的人生。

今天我會在人生中，練習各個部分的療癒行為。我相信有一天，一切會組合成一首圓滿、完整的曲子。

6月28日 事情無法解決時

面對問題時，我們往往試圖用特定的方式解決。就算沒有用，可能還是會繼續用同樣的方式解決。我們可能遭逢挫敗了之後更努力，但卻變得更挫敗，接著就花費更多精力、運用更多影響力，想強制執行這個之前就已經無效的解決方法。

這種方式讓人抓狂，也很容易深陷其中無法動彈。這就是我們之所以無法駕馭自己人生的主要原因。在情感關係、工作或任何人生的領域中，我們不斷重複同樣的模式。我們開始做某件事，事情無法解決，又進行得不順利，感覺很糟，就更努力地用同樣的方式嘗試，即使根本沒有用，還是一直這樣下去。

有時候，永不放棄、更加努力是適當的態度。有時候，放手、切割、不要再這麼拼命，也許更適當。

如果怎麼試都沒用、怎麼樣都不順利，也許人生在試圖讓你明白某件事。人生是位溫柔的老師，她不會總是用霓虹路燈來指引我們。有時候，這些暗示很細微。無論怎麼試都沒用也許就是一個暗示！放手吧！如果一直努力卻遭受挫敗，無法得到自己想要的結果，也許就表示我們在強迫自己走一條錯的道路。有時候，或許該試試別的解決方法。有時候，不同的道路自會開啟。往往，答案會在放手的寧靜中，清楚地浮現。在匆促、挫敗和逼迫的絕望中，是不會產生答案的。

事情無法解決或不順利時，要學會辨識。往後退一步，等候清楚的指引。

今天，我不會一直嘗試已經證明無用的解決方法，讓自己抓狂。如果事情無法解決，我會退一步等候指引。

6月29日 上天的旨意

上天的旨意不是因我們而生，而是不管我們怎麼樣，祂都會為我們做好安排。

我們可能想要猜測，祂到底為我們做了什麼安排；我們可能不斷留意，時時警戒，想要尋求祂的旨意。我們以為上天的旨意是深埋的寶藏，隱藏在我們無法觸及之地。如果找到了，我們就贏得了大獎；如果不小心，我們可能就會錯過。

事實並非如此。我們可能認為自己必須如履薄冰，注意言行思考，感受到正確的事，強迫自己在正確的時間和正確的地點找到上天的旨意，但其實這樣做並不對。

上天為我們做的安排並不是深埋的寶藏。我們不必為了讓旨意發生而去控制或強迫，也不必如履薄冰。上天的旨意就在我們內心或周遭。有時候，祂的旨意平靜又不起波瀾，含括了責任感和照顧自己。有時候，我們身處引發舊日悲傷和未解決難題的困境時，祂的旨意會療癒我們。

我們的確扮演了其中一部分的角色。我們有責任要照顧自己，但是我們不必控制上天為我們做的安排。祂會照顧、保護我們。

如果風平浪靜，就相信這股寧靜。如果行動不斷，就相信這股動力。如果該等待，就相信這樣的暫停。如果是時候獲得自己等待許久的事物，就相信事情會清楚明確地發生，用愉悅的心接受禮物。

今天，我會相信上天的旨意正在我生命中發生。我不會讓自己焦慮沮喪，拼命尋求上天的旨意，也不會採取不必要的行動去控制命運的安排，或是質疑自己是否已經錯過上天的旨意。

6月30日 接受改變

有一天，母親和我正在花園工作。我們要移植某些植物，而且是第三次移植。這些植物發芽時是養在小盆裡，後來移到了比較大的花盆裡，接著又移到花園裡。現在，因為我要搬家，我們又得移植一次。

因為沒什麼種植物的經驗，我就請教了園藝技術高超的母親。「這樣移植不會對植物不好嗎？」我們一邊挖植物、一邊拍掉根部的泥土時，我這樣問道。「這樣連根拔起，移植這麼多次，難道不會傷害到這些植物嗎？」

「喔，不會的。」母親回答：「移植不會傷害植物，反而對存活下來的植物有好處喔。根部會因為移植變得更強韌，更能往下紮根，植物本身也因此更加茁壯。」

往往，我覺得自己就像這些小植物，頭上腳下遭人連根拔起。有時候，我樂意承受改變；有時候我是心不甘情不願，但通常我的反應是兩者兼之。

這樣會不會讓我很痛苦？我問道。如果事情維持原狀，會不會好一點？這時我就會想起母親說過的話：植物就是這樣才能紮根和茁壯。

今天，我會記住，經過了轉變的過渡期，我的信念和自己都會變得更加堅強。

七月

讓自己自在地接受別人的付出。

接受・誰知道怎樣做最好？・直接・慶祝・倖存者的內疚感・順其自然・盡情發洩・隨波漂流・過度花費和過度節省・結束關係・把一切需求交給上帝・放下被拋棄的恐懼・我們所知的神・我們值得愛・家人地雷・堅持最好的對待・愛要言行一致・感到憤怒・向自己證明・放下抵抗・這樣就已足夠・學會再次相信・強求・拒絕承認・努力持續・掌控自身的力量・放手・恐懼・找點樂趣・接受無能為力・放下自己的渴望

7月1日 接受

來做個練習。

今天，讓某個人對你付出。讓某個人為你做件開心的事。讓某個人稱讚你，或是告訴你關於你的某個優點。讓某個人幫助你。

接著，站在那兒接受吧。好好接受一下，感受一下。

你要知道自己值得這樣的對待。不必抱歉，也不用說：「你太客氣了。」不必感到內疚、害怕、羞愧或驚慌。不必立刻就試圖要回報。

只要說：「謝謝你。」

今天，我會讓自己接受別人的付出，讓自己很自在地接受別人付出。

7月2日 誰知道怎樣做最好？

別人不知道怎樣做對我們最好。

我們也不知道怎樣做對別人最好。

我們的職責是決定怎樣做對自己最好。

「我知道你需要什麼」、「我知道你應該做什麼」、「聽著，這是我認為你現在應該要做的事」。這些言論和看法不但魯莽，也讓我們遠離人生的精神層面。我們每個人每天都有能力去分辨和察覺自己的道路。這並不容易，我們可能得跌跌撞撞才能抵達那塊靜謐之地。

提供意見、為別人做決定、為別人安排策略等，並不是我們的職責；同樣，別人也沒有義務要指導我們。即使有合約規定別人要幫助我們，像是贊助商的關係等，我們還是不能認為別人一定知道怎樣做對我們最好。我們有責任聆聽各方的資訊，也有責任要求指引和詢問方向。不過，我們的責任還包括了過濾和篩選訊息，聆聽自己的心聲，做出對自己最好的選擇。只有我們知道怎樣做對自己最好，別人不會知道。

我們能給予別人的美好禮物就是全心相信。我們要相信他們有自己指引和智慧的源頭，相信他們有能力分辨怎樣做對自己最好，也要相信他們有權利去犯錯和學習，在過程中他們會找到自己的道路。

我們能給予自己的美好禮物，就是相信自己在不完美的過程中，經歷嘗試和犯錯之後，能夠有所體悟。

今天，我會記住上帝賦予了每個人一份禮物和天份，讓我們去發現怎樣做對自己最好。

7月3日 直接

我們大部分的溝通都反映出了自己想控制的需求。我們說自己認為別人想要聽的話。我們努力讓別人不生氣、不害怕、不離開，或是讓他們喜歡我們；但是控制的需求卻像陷阱一樣困住我們，讓我們覺得像受害者和烈士。

自由距離我們，不過幾句話之遙。這些話就是我們想要說的實情，我們可以說自己想要說的話。我們可以溫和但堅定地表達自己的心聲。

放下自己控制的需求吧！表達心聲時不必用批判、責備、大刺刺或是殘酷的態度。我們也不必隱藏自己的光芒。

放手，盡情做自己吧！

今天，我會對自己、對別人誠實；我明白如果不這樣做，我的心聲會用別的方式找到出口。

7月4日 慶祝

找時間慶祝一下吧！

慶祝你的成功、成長和成就。慶祝你的存在、慶祝你能做自己。

長久以來你都對自己太嚴苛了。別人把他們的負面能量、態度、想法和痛苦都加諸在你身上。這跟你一點關係也沒有！一直以來，對你自己和整個宇宙來說，你的存在本身就是一份禮物。

你是美好、充滿喜悅又快樂的。你不必更努力、更優秀、更完美，或是做任何不是你原本個性該做的事。你的美就在你本身，每個片刻都美。

慶祝這樣的你吧！

成功達成目標或完成某件事時，好好沉浸其中吧！暫停一下，好好省思，快樂地慶祝。「不要因為自己的成就而得意，免得因傲慢而一敗塗地」，這樣的告誡你已經聽夠多了。

慶祝是讚揚的崇高形式，是對造物主創造之美的感激。享受和慶祝美好的事物並不代表這些成就會被奪走。慶祝是在表達有這份禮物的喜悅，也是在表達感激。

慶祝過往學到的課題，也慶祝今日的愛與溫暖。享受別人與你的美好關係。

慶祝人生中的一切。慶祝美好的事物。慶祝你的存在！

今天，我會沉浸在慶祝的喜悅中。

7月5日 倖存者的內疚感

我們開始療癒，開始照顧自己。療癒課程開始在我們人生中產生效果，我們也開始對自己有點信心。

接著，內疚感來襲。

當我們開始感受到人生的圓滿和喜悅，我們可能會對於自己拋下的人感到內疚。我們會想著那些還沒復元、那些還在痛苦的人。

我們可能會想著自己離婚的丈夫還在酗酒。我們可能老是掛念還在痛苦的已成年孩子。我們可能會接到父母的電話，聽他們把自己的悲慘怪罪在我們身上。我們會覺得自己被拉進他們的痛苦中。

我們深愛的人還在痛苦，我們怎麼能這麼快樂、過得這麼好？我們真的能夠不管他們的處境，與之切割，過著令人滿意的生活嗎？是的，我們能。

的確，要拋下所愛的人很令人痛苦，但是無論如何我們都要繼續往前走。要有耐心。其他人的療癒不是我們的職責。我們無法讓他們療癒，也無法讓他們快樂。

我們可能會問，為什麼是我們過比較圓滿的人生？我們可能永遠也不知道答案。有些人可能會用自己的腳步趕上，但是他們的療癒不是我們該管的事。我們真正的職責是自己的療癒。

我們要用愛放下他人，毫無內疚地愛自己。

今天，我願意解決自己的悲傷和內疚。即使我愛的某個人沒有選擇同樣的道路，我也會讓自己健康快樂。

7月6日 順其自然

在六月和七月的療癒過程中，我們學習放下自己的性格缺點，例如行為、舊情緒、未解決的悲傷和妨礙我們獲得快樂的想法等等。接著，我們要去除這些缺點。

是不是很簡單？我們不必扭曲自己來改變，也不必強迫改變發生。我們唯一要做的就是努力培養樂意和謙遜的態度，請求上天給予我們想要和需要的事物。

我們不必屏氣凝神觀察自己會如何改變、何時改變。這並不是一個自助課程。我們只要一步步練習就能開始蛻變。

今天，我會遵從療癒課程，也順服於改變的過程。我會專注在自己需要的步驟上。我要盡本分、放鬆、一切順其自然。

7月7日 盡情發洩

發洩吧！盡情發洩。一旦開始療癒，我們可能會覺得自己好像不應該抱怨和發牢騷。我們可能會告訴自己如果療癒情況良好，就不會有抱怨的需要。

這是什麼意思？是指我們不會有情緒？我們不會有極度低潮的時候？我們不會有需要出氣、需要面對不那麼愉快、不那麼完美、不那麼美好的人生處境？

我們可以發洩情緒，可以去冒險，也可以向別人示弱。我們不必無時無刻都那麼振作，一直逼自己堅強。盡情發洩並不表示我們得當受害者，也不表示我們得沉迷在自己的悲慘遭遇中，為自己在忠烈祠中找個牌位。盡情發洩並不表示我們無法設立界限，也不表示我們無法照顧自己。

有時候，盡情發洩是照顧自己必要的一環。我們要先順服才能往前邁進。

自我揭露並不只是靜靜訴說自己的情緒，而是偶爾冒險去分享自己人性的一面，分享恐懼、悲哀、受傷、憤怒、不合理的怒氣、消沉或缺乏信心等等。

我們要展露自己的人性面。在這過程中，我們也讓其他人展現他們的人性面。「時時振作」的人也有無法振作的片刻。有時候，崩潰、盡情發洩，才是我們再次振作起來的方法。

今天，如果我需要情緒釋放，我會盡情發洩。

7月8日 隨波漂流

隨波漂流吧！

放下恐懼和掌控的需求。放下焦慮。縱身躍入當下的時光，跳入人生之河，進入你在宇宙中的位置，讓焦慮溜走吧！

不要試圖掌控方向；除非是為了求生存，否則不要逆流而行。如果你一直是攀附著河邊的樹枝，現在放手吧！

讓自己往前移動，讓自己隨波往前漂流。

盡可能避開急流。如果無法做到，就放輕鬆。放鬆可以讓你安全渡過湍流。如果你往下沉了一會兒，讓自己自然浮上水面。你一定可以浮上來的。

欣賞沿途的美景。用充滿生氣、嶄新的眼光看待事物。今天，同樣的美景你可能永遠不會再經過！

不要把事情看得太嚴重。浪來了就是要讓你體驗的。在浪裡面照顧好自己。你就是浪的一部分，是重要的一環。隨波漂流，在波浪裡細細體會。不必拼命拍打水面，就讓浪潮幫助你照顧自己。讓這股浪潮幫助你建立界限、做決定，也讓你在適當的時機抵達你該去的地方。

你要相信這股浪潮，也要相信自己在其中扮演的角色。

今天，我會隨波漂流。

7月9日 過度花費和過度節省

我以前曾經用信用卡債把先生逼入絕境。這樣讓我覺得自己好像有掌控權，是某種我用來報復他的方式。——未具名

過去十年來，我都在舊貨拍賣市場買自己需要的東西，我甚至連一雙新鞋都沒買給自己。一直以來，我都在剝奪自己的權利。我先生喜歡投機，從事風險買賣，隨心所欲運用金錢。我學到了一旦明白自己值得擁有渴望的東西，也決定要買下渴望的事物時，其實是有足夠的錢。這和節省無關，我之前是在剝奪自己的快樂。——未具名

瘋狂購物或過度花費，可能暫時可以讓我們有權力感或滿足感，但是就如同其他失控的行為，這樣的舉止會帶來可預期的負面後果。

過度節省可能也會讓我們覺得自己像個受害者。

負責任地花費和帶著烈士犧牲的心情剝奪自己的權利，這兩者之間是有差異的。在財務上對自己好和過度花費之間也是有差異的。我們要學會分辨不同處，也要培養出有自信和愛自己的花費習慣。

今天，我會努力在花費習慣上追求平衡。如果我過度花費，我會停下來處理自己內在的問題。如果我過度節省，或是在剝奪自己的權利，我會問自己這樣是否有必要，也會問自己想要什麼。

7月10日 結束關係

要有勇氣和誠實的態度，才能結束一段關係，不管是和朋友、戀人或是同事的關係，皆是如此。

有時候，讓關係因為缺乏關注而漸漸消逝，似乎比冒險去結束容易得多。有時候，讓對方負起結束關係的責任，似乎比較容易。

我們可能會想要採取消極的方法。我們不說出自己的感受，不說自己想要什麼或不想要什麼，也不肯說自己打算怎麼做。我們可能會開始破壞這段關係，希望可以迫使對方處理難題。

這些都是結束關係的方法，但是卻不是最乾淨或是最簡單的方法。

走在這條自我照顧的路上，我們會學會在結束一段關係時，最簡單的方法就是誠實和直接。如果知道事實真相卻逃避不說，我們並不會因為這樣而成為慈愛、溫柔和寬容的人。

如果我們不知道該怎麼辦，如果我們猶豫不決，說出口還比較誠實、也比較溫柔。

如果我們知道結束關係的時候到了，就說出口吧。

結束從來就不是件容易的事，但是破壞、迂迴、對自己的渴望和需求說謊，並不會讓結束容易一點。

時機到的時候，用愛和誠實表達必須說出口的話。如果相信自己、聆聽自己，會知道在什麼時機該說什麼話。

今天，我會記得誠實和直接會提高自信。我會放下恐懼，不要害怕掌控自身的力量，在所有關係中好好照顧自己。

7月11日 把一切需求交給上帝

把一切需求交給上帝吧！

沒有任何需求是太大、太小或是毫無意義。

我們需要幫助讓我們保持平衡嗎？需要幫助以便度過這一天嗎？

我們在某段特定的關係中需要幫助嗎？想要獲得幫助，好讓我們去除某個人格缺陷嗎？想要獲得幫助，培養出某個個性上的優點嗎？

在某個挑戰中，我們需要幫助以求有所進步嗎？我們需要幫助來處理情緒嗎？我們需要幫助來改變一直困擾我們的自我挫敗想法嗎？我們需要資訊、需要洞察力嗎？需要支持、需要朋友嗎？

我們可以開口請求。我們可以向上帝懇求一切自己渴望的事物。把需求放到上帝手中，相信祂會細細聆聽，然後放下。讓上帝去做決定。

開口請求自己渴望和需要的事物，這樣就是在照顧自己。我們相信人生與這股信仰的力量，也相信上帝真的在乎我們，在乎我們的渴望和需求。

今天，我會向上帝懇求一切自己渴望和需要的事物。我不會要求，而是請求，接著我會放手。

7月12日　放下被拋棄的恐懼

許多人已經離開我們了，我們可能覺得非常孤單。在一路跌跌撞撞、課題不斷的旅途中，我們甚至可能會懷疑神是否也離開了。

有時候，我們會感受到神不可思議的保護和存在，指引著我們的每一步和每件事。有時候，我們會懷疑自己的人生沒有任何指引或安排，精神感到無比匱乏，灰暗又乾枯；我們懷疑是否有人了解我們的情況，也懷疑是否有人在乎。

在灰暗的日子裡，要尋求寧靜的時刻。要強迫自己維持紀律和順從，直到答案出現為止。因為，答案一定會出現。

「孩子，我從沒有離開。我在這兒，一直都在。在我懷裡充滿信心地歇息吧！我會指引和安排你人生的每個細節。我知道，我也在乎。事情會盡快以你的最佳利益解決。全心相信，充滿感激。我就在這兒。很快你就會看見，也會明白。」

今天，我會記得上帝沒有拋棄我。我要相信上帝用愛帶領我，指引我，為我人生的每個細節做好安排。

7月13日 我們所知的神

上帝既奇妙又不可思議，但祂絕不會心懷惡意。——亞伯特・愛因斯坦

療癒是一種密集的精神過程，讓我們對神的理解能逐漸增長。我們可能會懷疑神是否像人一樣令人羞愧或令人害怕。我們可能會覺得自己像個受害者，被過往的人或是被神拋棄。

無論如何，我們要學會相信神。

我在對祂的理解中學會成長和改變。我對神的理解並不是因為智慧而增長，而是因為我把人生和意志交付給神後所體會到的一切經歷。

神是真實、慈愛、善良又有愛心的。神想要把我們能接受的一切美善都給我們。

我們愈感謝神、愈感謝自己的存在、愈感謝當下處境的狀態，神就愈會替我們發聲。

神是造物者，也是力量的來源。

今天，我會敞開心胸增加對神的理解。我會敞開心胸放下以往對神有限和負面的想法。

7月14日 我們值得愛

即使你世界中最重要的人拒絕了你，你還是真實地存在，你也可以活得好好的。——《超然獨立的愛》

你有沒有曾經這樣想：怎麼可能有人愛我？對許多人來說，這個根深蒂固的想法，到最後就會成真。覺得自己不值得愛，可能會破壞我們和同事、朋友、家人與其他我們所愛之人的關係。這種不對的想法，會讓我們覺得自己不值得更好的對待，反倒去選擇或待在沒那麼適合的關係裡。我們可能會很絕望地依附著某個特定的人，彷彿這個人是我們最後一次戀愛的機會。或者我們可能會防衛心很重地推開別人。我們可能會退縮，或是不斷反應過度。

在成長的過程中，許多人並沒有獲得應得的、無條件的愛。許多人在人生中遭到拋棄或是忽略。我們沒有被愛，我們可能認為原因是自己不值得被人愛。這種自責的反應或許可以理解，但真的很不好。如果其他人不愛我們，或是沒有用有效的方式來愛我們，這些都不是我們的錯。在療癒的過程中，我們學會要切割自己和別人的行為。不管周遭的人怎麼做，我們要學會為自己負責。

我們要相信自己是值得被愛的。這個新想法會增進我們關係的品質，也會改善我們生命中最重要的關係：我們和自己的關係。我們會讓別人愛我們，也會敞開心胸接受自己應得的愛與友誼。

今天，我會意識到、釋放掉任何自我挫敗的想法，不再認為自己不值得愛。我在今天開始告訴自己我值得愛。我會練習這個想法，直到這個想法根深蒂固，也在我的人際關係中顯現為止。

7月15日 家人地雷

我到三十五歲，才第一次對母親說出真話，拒絕接受她的操縱和控制。——未具名

誰能比家人更懂得踩我們的痛處？無論療癒多久，和家人的相處，還是很有可能會令我們情緒一觸即發。一通電話，就可能會讓我們的情緒和心裡持續混亂好幾個小時或好幾天。

有時候，開始療癒後，因為我們更察覺到自己的反應和不安，所以情況反而更糟。這樣的確會讓我們不太舒服，但卻是好事。惟有當我們開始了自覺和接受的過程，我們才能改變、成長和痊癒。

在愛中和家人切割，這個過程可能得花上好幾年；學會如何用更有效率的方式回應也是如此。不要再試圖想讓他們改變行為或是改變對待我們的方式。擺脫掉想改變或影響他們的念頭。他們的行為模式是他們的問題，尤其是他們對待我們的行為模式更是如此。我們如何回應，或是如何讓這些模式影響自己，則是我們的問題。我們要如何照顧自己，也是我們的問題。

我們可以在愛自己家人的同時，拒絕處理他們的問題。我們可以愛自己的家人，但拒絕受他們操控。和家人相處時，我們要學會態度堅定，但不要好鬥挑釁。和家人之間，要設立需要和想要的界限，不必覺得這樣是對家人不忠誠。我們要學會愛家人，但不要失去對自己的愛與尊重。

今天，和家人相處時，我開始練習自我照顧。我明白，我不必讓他們的問題控制自己的人生、日子或情緒。我明白，對家人我可以抒發所有情緒，不必因此感到內疚或羞愧。

7月16日 堅持最好的對待

我們值得過最好的人生，也值得獲得最棒的愛；但是我們每個人都面臨到挑戰，就是要學會分辨何謂最好的人生和最棒的愛。我們必須先釐清我們認為自己值得什麼、想要什麼，以及我們是否已經獲得了自己渴望的事物。

起點只有一個，那就是我們在當下情況中所處的位置。先從我們自身開始。

什麼會讓我們受傷？什麼會讓我們憤怒？我們會發什麼牢騷？會抱怨什麼？我們是否太過低估某個傷害自己的行為？我們是否在為對方找藉口，告訴自己是我們「要求太多」？

我們是否用各種理由，不去面對、甚至是害怕去處理在人情關係中可能會傷害我們的問題？我們知道讓自己痛苦的是什麼嗎？我們知道如果願意的話，自己有權利不再痛苦嗎？

我們要開始這趟旅程，學會從被剝奪權利變成明白自己值得。我們可以從今天開始。在旅途中，我們要耐心、溫柔地對待自己，慢慢累積重要的智慧，從屈就到全心相信自己值得最好的，也為此負起責任。

今天，我會注意別人對我的態度、注意自己的感受。我也會注意自己對別人的態度。我不會把別人的問題看得太嚴重，或是當成是自己的問題而反應過度。我不會對某些不恰當又無法接受的行為裝作不在乎。

7月17日 愛要言行一致

許多人對愛與關心的概念感到很困惑。

許多人獲得的愛與關心，是來自言行不一的人。

有些父母可能會說「我愛你」，但後來卻拋棄或忽略了子女，讓子女對愛產生了困惑，以為這就是愛。

有些人照顧我們的方式是供應我們所需，也會說愛我們，但同時卻虐待我們。接著，這樣的方式就成了我們對愛的解讀。有些人可能生活在情感匱乏的環境中，別人會說他們愛我們，但我們卻沒有獲得任何體諒或關懷。這也可能成為我們認定的愛。

我們可能學會用別人愛我們的方式，去愛別人或愛自己；或者，不管這樣的感受好不好，我們可能會讓別人用以往自己被愛的方式來愛我們。此刻，我們該用真正有效的方式，來滿足我們的需求。不健康的愛可能可以滿足一些表面的需求，但是卻無法滿足我們渴望被愛的需求。

我們要學會要求別人言行一致。在適當的時機，我們要鼓起勇氣，正視言行間的差異，這樣做不是要羞辱、責怪或挑剔對方，而是要幫助我們不脫離現實，也明白自己的需求。

當一個人的言行一致時，我們就能付出愛，也能獲得愛。

今天，我會敞開心胸，盡可能付出和給予最健康的愛。我會注意讓我困惑或抓狂的言行差異。一旦有這樣的情形，我會明白並不是我不講道理，而是對方真的言行不一致。

7月18日 感到憤怒

你也差不多該感到憤怒了。沒錯，想多生氣就多生氣！

憤怒是非常強而有力、又令人害怕的情緒。憤怒也是可以指引我們做出重要決定的情緒，有時候甚至是困難的決定。憤怒可以點出別人的問題、我們自身的問題，或是我們需要解決的問題。

我們為了各式各樣的理由否認憤怒的存在。剛開始時，我們不讓自己意識到憤怒。我們明白憤怒並沒有消失，而是潛藏在表面下的深層裡，等我們準備好，夠有把握、夠堅強時再來處理。

我們不去面對自己的憤怒，不願聆聽憤怒想要告訴我們自我照顧的訊息；相反地，我們覺得受傷、受困、像個受害者，既內疚又不確定該如何照顧自己。我們可能有好一陣子會退縮、否認、找藉口和自欺欺人。

我們可能會懲罰對方、想要報復、不斷發牢騷和質疑。

我們可能會反覆原諒對方傷害我們的行為。我們可能害怕如果處理自己對對方的憤怒，某人可能就會離我們而去。我們可能害怕如果處理自己的憤怒，我們就必須離開。

我們可能純粹是害怕自己憤怒，也害怕憤怒的力量。我們可能不知道我們對自己有權利，甚至有責任，要讓自己感受憤怒，從憤怒中學習。

今天我會讓潛藏和壓抑的憤怒情緒浮現。我會鼓起勇氣面對憤怒。我明白，當我與那些令我憤怒的人相處時，我該如何照顧自己。有人讓我覺得像受害者，當我又對這樣的行為感到憤怒時，我不要再認為錯的是自己。我要相信自己的情緒可以點出我需要注意的問題。

7月19日 向自己證明

我花了好幾個月的時間，想向一位我正在約會的男士證明自己有多負責、心態有多健康。後來我才明白自己不該這樣做。他並不需要明白我有多負責、心態有多健康。需要明白的是我。——未具名

努力想要證明自己有多好，努力想證明自己夠好，努力想告訴別人他們傷害了我們，努力想告訴別人我們都了解……這些都是警告標誌，在在顯示我們可能掉入了自我挫敗行為的陷阱。

這些行為可能顯示出我們意圖控制某人。這些行為可能顯示我們不相信自己有多好，不相信自己夠好，也不相信某人傷害了我們。這些行為可能是我們願意進入不健全環境的徵兆。這些行為可能暗示了我們困在拒絕承認的迷霧中，正在做對自己有害的事。

過度拼命想讓另一個人了解某件事，就表示自己並未了解。一旦我們自己了解了，就會知道該怎麼做。

問題的重心不在於別人能否了解，或是別人是否把我們當一回事。問題不在於別人是否相信我們很好或夠好，不在於別人是否看見和相信我們是多負責、多溫柔或多有能力的人，也不在於別人是否明白我們正深刻地感受到某種情緒。我們才是需要領悟明白這些的人。

今天，我不要再藉由影響別人的想法來掌控結果。我會專注於接納自己，而不是試圖證明自己。如果發現自己試圖想向別人強調自己的某一點，我會先問自己是否已經明白我想證明的這一點。

7月20日 放下抵抗

不必急著展開新生活。

放輕鬆、深呼吸。今天靜下心來。

敞開心胸。今天我們周遭和內心都充滿了美。今天的存在有其目的和意義。

今天的存在有其重要性，發生在我們身上的事情不重要，重要的是我們如何回應。

讓今天發生吧！我們要學會自己的課題、解決問題，用簡單的方式改變：好好過今天。

不必擔心明天的情緒、問題。不必擔心明天我們是否相信自己、相信人生。

今天我們所需的一切都會獲得滿足。這是上天和宇宙對我們的承諾。

感受今天的情緒，解決今天的問題，享受今天的禮物。在今天，相信自己、相信人生。

學會好好過今天的藝術。吸收今天的各種課題、療癒、美好和愛。

不必急著展開新生活，時間還很充裕。我們無法逃跑，不過是延後而已。讓情緒散去，平靜地呼吸和療癒。

不必急著展開新生活。

今天，我不會逃離自己、逃離處境或逃離自己的情緒。對自己、對別人、對人生，我會敞開心胸。我會相信盡全力過好今天，就能獲得面對明天所需要的技巧。

7月21日 這樣就已足夠

我們未必永遠清楚自己在經歷些什麼，或是為什麼會經歷這些。

在悲傷、改變、轉換、學習、療癒或訓練的時候，很難有洞察力。

原因是，我們還沒學會課題，我們還身處於課題之中。這份清澈思緒的禮物還未抵達。

我們之所以會有「想要控制」的需求，其實就是想確切知道事情發展的需求。我們不可能永遠都知道。有時候，我們不必特別做什麼，相信之後回顧時一切都會清楚明白。

如果我們感到困惑，那是必然的。這不過是暫時的困惑，我們會明白的。時機到來時，課題和目的會以自己的步調現身。

之後，一切都會有其意義。

今天，我不會拼命想去知道自己不知道的事，去看見自己無法看見的事，去了解自己還未了解的事。我會相信現在這樣就已足夠，也會放下想要釐清事情的念頭。

7月22日 學會再次相信

我們許多人都有信任方面的問題。

有些人長久以來努力信任不值得相信的人。我們一而再、再而三相信謊言和無法遵守的承諾。有些人努力相信不可能會發生的事；舉例來說，相信酒鬼可以不再酗酒。

大多數人都有不當的觀念，認為不能相信自己。

在療癒的過程中，我們要治療自己的信任問題。我們要學會再次相信。相信的第一堂課是：要學會相信自己。我們值得相信。如果其他人告訴我們不能相信自己，那麼他們是在說謊。成癮症或是不健全的環境會讓人們說謊。

我們要學會，不是要讓別人照我們的方式做事，而是要幫助我們照顧好自己，在人生的最佳時機，塑造出最佳的環境。

我們要相信人生和療癒的過程。我們不必控制、執著或過度警戒。我們也不必都得明白自己要去哪兒，或是內在正在發生什麼改變，但是我們要相信美好的事正在發生。

我們學會這樣做的時候，就是已經做好準備學會相信他人。我們相信自己時，就會知道誰能相信，也會知道哪些事該相信對方。

也許我們一直都知道。我們只是沒有仔細聆聽自己，或是不肯相信我們所聽到的一切。

今天，我會堅信自己可以學會適當地相信。我要相信自己。我也要學會適當地相信別人。

7月23日 強求

不要再拼命強求了！

如果做這麼多已經筋疲力盡，或是沒有達到想要的結果，就不要做這麼多了。不要再想這麼多，不要再擔心了。不要再強迫、操縱、威逼，或是強求了。

強求就是控制。我們要採取積極的行動幫助事情發生，我們要盡本份，但是許多人卻做得超過自己的本份。我們越過了界限，從關心和盡本份變成控制、照顧別人和逼迫。

控制是自我挫敗的行為，也無法達到想要的結果。我們過分擴張自我、強求某事發生，反倒可能妨礙事情的發生。

用輕鬆、平靜、和諧的態度盡本份後，放下一切。就把手放開。必要的話，強迫自己放手。「假裝練習」。用盡力氣放手，就像你拼命想要掌控一般。放手，你會獲得更美好的結果。

事情可能不會發生，或是照我們想要或希望的方式發生。不過，我們的控制也同樣不會讓事情發生。學會順其自然吧！因為不管如何，事情都還是會發生。此外，這樣做的話，我們等著看事情發展時會更快樂，周遭的人也會更開心。

今天，我不會再強求。相反地，我會讓事情順其自然地發生。如果我發現自己試圖強迫事件發生，或是想要控制別人，我會停下來想方法切割。

7月24日 拒絕承認

拒絕承認是個強而有力的工具。永遠別低估這個工具遮蔽你洞察力的力道。我們要意識到，自己出於各式各樣的原因，已經非常擅長運用這項工具，來讓現實變得較能忍受。我們已經很懂得要如何停止現實所引發的痛楚，不是靠改變我們的情況，而是靠假裝身處的情況不是原本的那麼一回事。

不要對自己太嚴苛。部分的你正忙著創造幻想中的現實，另一部分你的則在努力接受事實真相。現在，該鼓起勇氣了。面對真相，讓事實慢慢進入腦海。

一旦能做到這點，我們就能往前邁進。

今天我有勇氣和力量看清現實。

7月25日 努力持續

有時候，得花上好幾年的時間，才能讓療癒的概念從腦海轉移到心靈裡。我們得像之前那麼頻繁、用力、又反覆實踐錯誤的行為一般，持續練習正面的行為。即使有些事不太習慣，也不太懂，我們還是得強迫自己去做。我們必須持續、持續、再持續。日復一日，年復一年。

希望新的生活方式在一夜之間成形是不合理的期盼。我們可能必須「假裝練習」好幾個月、好幾年，才能讓療癒行為變得自然而然，又深植於心裡。

即使過了幾年後，可能還是會發現自己在感到壓力或受到逼迫時，又恢復到過往的思維、情緒和行為。我們可能得療癒好幾年後，才能做好準備，承認自己的層層情緒。沒關係！時機到了，我們自然會做到。不要放棄！我們需要時間，才能讓自我關愛成為內心的一部分，也需要反覆練習，更需要經驗以及課題、課題，更多的課題。然後，就在我們以為已經完成目標時，才發現自己還有更多要學習的地方。

無論如何，都要持續照顧自己。持續埋頭努力練習。即使好像需要很久的時間，只要有必要，就持續練習假裝。

直到有一天，改變就會發生。你會覺醒，發現自己拚命努力適應、強迫自己學習的一切，終於變得那麼自然。這些已經成為你靈魂的一部分。接著，你會繼續學習更新、更好的事物。

今天，即使不習慣，我也會埋頭努力練習療癒行為。即使不自在，我也會做做樣子，進行假裝練習。我會努力愛自己，直到真的做到為止。

7月26日 掌控自身的力量

還不明白嗎？不論是人生、別人、遭遇、工作、朋友、戀愛關係、家人、自己、自己的情緒、自己的想法或自身的處境，都不能讓我們成為受害者。

我們不是受害者。我們不必成為受害者。這才是重點！

的確，承認和接受自己軟弱很重要。不過，這只是第一步，是整個療癒課程的序曲。之後，我們要學會掌控自身的力量。改變自己能改變的地方。這和承認、接受自己無能為力一樣重要。

不管我們現在在哪兒、要去哪兒，或是和誰一起，我們都要掌控自身的力量。我們不必雙手被縛，呆站在原地，不必無助地卑躬屈膝，不管敵人是誰都舉旗投降。我們還有可以努力的地方。我們可以暢所欲言，可以解決問題。我們可以把眼前的難題當成動機，去做對自己好的事。

我們可以讓自己快樂；我們可以離開；我們可以有條件地回來；我們可以為自己挺身而出；我們可以拒絕讓他人控制和操縱自己。

如果對環境無能為力，我們可以改變自己的態度。我們可以從內在做起：勇敢面對自己的問題，這樣才不會成為受害者。除非我們想成為受害者，否則我們再也不會受害。

我們一路努力的代價，就是獲得並且感受到自由與喜悅。

今天，我要時常提醒自己不是受害者。無論發生什麼事，我都不要受害。不管是否需要建立界限、離開、處理自己的情緒或滿足自己的需求，我都會努力不成為受害者。我會放下自己的受害者心態。

7月27日 放手

不要再拼命試圖掌控。控制別人、結果、環境和人生，都不是我們的職責。也許以往我們無法信任，也無法順其自然。不過，現在我們可以。人生展開的方式是美好的，就任其展開吧！

不要再拼命想做得更好，或成為更好、更優秀的人。對今天來說，我們現在的樣子以及現在做事的方式，已經夠好了。

對過去來說，我們當時的樣子和當時做事的方式，也已經夠好了。

讓自己放鬆點。放下吧！不要再這麼拼命了。

今天，我會放下。我不會再拼命想掌控一切。我不會想要逼自己改變或做得更好，我會做自己。

7月28日 恐懼

有一天，我決定要嘗試新玩意兒。我帶了十歲大的兒子去玩水上摩托車。

我們穿上救生背心，展開了一段令人興奮又害怕的體驗。我興奮地享受這段體驗，不一會兒卻擔心可能發生什麼不測，我感到害怕了。

騎到一半的時候，我的擔憂果然應驗了。我們翻車了，在九公尺深的水中掙扎。

「不要慌。」我兒子冷靜地說。「萬一我們溺水怎麼辦？」我反駁道。

「我們不會溺水。」他說。「我們穿了救生背心啊。你看！我們漂在水面上啊。」

「摩托車翻過去了。」我說。「我們要怎麼把它翻回來啊？」

「就像那個人說的啊。」我兒子回答。「箭頭指這個方向。」

不過輕輕一推，我們就從右邊把摩托車推起。「萬一我們爬不上去怎麼辦？」我問。

「我們可以的。」我兒子答道：「水上摩托車的設計，本來就是要讓我們在水中可以爬上去啊！」

我放鬆下來，在駛回去的途中，我一直納悶自己為何那麼害怕。我想也許是因為我不信任自己解決問題的能力；也許是因為有一次我沒穿救生背心，差點溺斃。

不要驚慌。問題是拿來解決的，人生是拿來好好過的。有時也許問題超出我們解決的能力。的確，我們可能會往下沉一陣子，還嗆了好幾口水，但是我們不會溺斃的。我們有穿救生背心，而且是一直都穿著。

今天，我會記得照顧自己。當問題超出我的解決能力時，上帝會支持著我。

7月29日 找點樂趣

我們不必一直鬱鬱寡歡，也不必如此嚴肅。我們不必時時反省、批判，讓內心如此拘束。這是人生，不是一場葬禮。找點樂趣，全心參與吧。隨興一點。不要總在擔心自己是否做對做錯。不要總是擔心別人會怎麼想、會怎麼說。他們怎麼想、怎麼說是他們的事，不是我們的。不要那麼害怕犯錯。不要總是小心謹慎、循規蹈矩。不要給自己太多限制。

上天並不希望我們如此壓抑。這些壓抑的限制是別人加諸在我們身上，也是我們讓別人如此做的。

我們都有情緒、渴求、希望、夢想和感受。我們內心某處都存在著一個有活力、興奮又愛玩樂的孩子。讓這一面展現吧！讓這一面活過來吧！讓這個孩子找點樂趣吧！把這孩子帶在身邊，讓他幫助我們享受這份充滿活力的禮物，讓他幫助我們充分體會人性，讓他幫助我們做自己！

我們一直活在眾多規範和種種羞愧感中，根本沒有必要。我們被洗腦了。該解放自己、讓自己自由了。不必擔心。必要時，我們會學會自己的課題，學會紀律。我們會開始享受人生，開始享受和體驗全部的自己。我們會相信自己。

找點樂趣吧！放鬆一點，打破些規則吧！我們不必讓別人懲罰自己，我們也要停止懲罰自己。朝氣蓬勃地活著吧，開始好好過生活吧！

今天，我會讓自己在人生中找點樂趣。我會放鬆一點，明白自己不會因此失序或崩潰。我要放下自己的壓抑和限制，不再要求自己循規蹈矩。我要有活力、朝氣蓬勃地活著。

7月30日 接受無能為力

從童年時期開始，我就一直和自己情感上的某部分作對：我的情緒。我一直不斷試圖忽略、壓抑或強迫自己的情緒消失。我一直努力創造出不合常理的感受，或是強迫已出現的情緒消失。

其實我已經非常憤怒，但我不肯承認自己生氣。即便憤怒是對當下情況合理又必然的反應，我還是會告訴自己，我一定是出了什麼問題才會生氣。

我非常受傷的時候，會告訴自己一點兒也不痛。我會對自己說謊，像是「那個人不是故意要傷害我」、「我需要更體諒他人一點」等等。問題就在於我已經太過體貼對方，反而對自己一點也不夠體貼和同情。

我所對抗的大部分情緒並不只這些；我一直在對抗自己整個的情緒。我努力運用精神和心靈的力量，甚至是體力，來阻止自己去感受健康的人生必須體會的情緒。

我試圖掌控情緒並沒有成功。控制情緒對我來說一直是種求生存的行為。我要感謝這種行為幫我撐過許多年，也幫我度過許多不知如何是好的情況。但我已經學會了更健康的行為，也就是接受自己的情緒。

我們本來就是要體會感受。我們不健全心態的其中一部分，就是試圖否認或是改變這點。療癒的其中一環，就是要學會順應自己的情緒，聆聽情緒試圖告訴我們的話語。

我們要對自己的行為負責，但是不必掌控自己的情緒。我們要讓情緒發生。我們要學會擁抱、享受和體驗情緒，體驗自己情緒的部分。

今天，我不會再試圖強迫和掌控自己的情緒。相反地，我會讓自己情緒的部分獲得力量和自由。

7月31日 放下自己的渴望

在療癒的過程中，我們學會了確認自己的渴望和需求很重要。這個概念讓我們得到了什麼？一個巨大的包裹，裡頭清楚列出了現在所有未滿足的渴望和需求。我們不再拒絕承認，開始接受自己的渴望和需求。問題是渴望和需求懸宕在那兒，沒有獲得滿足。這真是令人挫敗、痛苦又煩惱的處境。

確認自己的需求後，還有下一步。這一步是療癒過程的矛盾之一，也就是在辛苦確認自己的渴望和需求後，要放下一切。這意味著我們必須放棄。要做到這點並不容易，但是必須得做到。

我常常不承認自己的渴望或需求。往往，好不容易終於確認了自己的需求，沒想到卻換來煩惱、挫敗和無能為力的感受，只因需求沒有得到滿足，也不知道該如何滿足需求。如果我接著採取計畫，想要去控制或影響那些滿足我的需求的方式，只會讓事情變得更糟。到處搜尋或試圖掌控過程並沒有用。我從以往讓人氣餒的經驗中，學會了自己必須放手。

有時候甚至到了一個地步，必須說出這些話：「我一點也不想要。我明白這對我很重要，但是我在人生中就是無法獲得。現在，我再也不在乎是否能得到了。事實上，就算得不到自己渴望的事物，我也可以過得非常開心。因為想要獲得的渴望會把人逼瘋。我愈希望、愈想要得到，就會因為得不到而愈感到挫敗。」

我不知道為什麼事情的道理是這樣。我只知道，這個道理對我有用。我發現放手的概念就是這樣。我們往往能夠獲得自己真正渴望或需要的事物。想要獲得，放手就是其中一步。

今天，我會努力放下讓我感到挫敗的渴望和需求。我會把這些列入自己的目標清單，然後努力放下。

八月

開口說謝謝，直到真心相信為止。

感激・過渡時期・在相互關係中掌握自身的力量・示弱・對於金錢的態度・解決問題・開口說不・開口說好・開口要求・放下完美主義・療癒・直接坦率・朋友・掌握自身的力量・給情緒留點空間・拯救自己・療癒的想法・重視當下・放下羞愧感・在彼此關係中誠實・切割彼此關係・對家人的責任・自我照顧・清單・願意補償・補償・拖延・在職場上照顧自己・掌控自身的能量・接受自己的最佳表現・否認

8月1日 感激

我們學會了神奇的一課，讓自己所擁有的大部分事物變得更豐足。——《超然獨立的愛》

開口說謝謝，直到真心相信為止。

感激上天、人生和宇宙，讓自己和周遭的每個人相遇，讓自己體會每件事。

感激會讓人生變得圓滿，讓我們所擁有的事物變得更完滿、更豐足。感激讓否認變為接受、讓混亂變為秩序、讓困惑變為明瞭。感激讓普通的一餐變成盛宴、讓房子變成家、讓陌生人變成朋友。感激讓問題變為禮物、讓失敗變為成功、讓意外變成完美的時機、讓錯誤變成重要的事件。感激讓生命從單純的存在變成真正的人生，讓片段的情境變成重要而有益的課題。感激讓我們的過去產生意義，為今日帶來平靜，也創造出未來的遠景。

感激讓一切都變成對的事。

感激讓負面的能量變為正面的力量。無論是任何情況，無論是輕是重，都可以運用感激的力量。我們可以從感激自己及感激自己今天所擁有的開始練習，讓感激發揮魔力。

開口說謝謝，直到你真心相信為止。如果練習的時間夠長，你就會相信。

今天，我會讓感激所帶來的轉變光芒，照亮我人生的所有境遇。

8月2日 過渡時期

有時候，要從出發地到達目的地，我們得願意經歷中間的歷程。療癒最困難的一個部分，就是放下過往熟悉的觀念。情緒也是如此。我們可能一直都充滿了受傷和憤怒的情緒。可能你對這些情緒都已經熟悉到覺得沒什麼。當終於面對和捨棄自己的悲傷時，可能有一陣子覺得內心空虛。這時候就處於一個過渡時期，有時候仍覺痛苦，有時又有平靜、接受所帶來的喜悅。

情感關係也有過渡時期。為了讓自己準備好迎接新的關係，我們首先必須放掉舊的關係。我們可能有好一陣子會感到害怕、空虛和失落。我們可能會覺得好孤獨，質疑自己到底是出了什麼問題。

人生和療癒有許多部分也適用過渡時期的觀念。我們可能身處工作、職場、家庭或目標的過渡時期。我們也可能身處於行為的過渡期：舊的行為拋下了，卻不知道要用哪種新行為來取代。這裡所說的舊行為，包括了那些已經保護我們一輩子的舊行為：例如照顧別人或控制別人。

身處過渡時期，我們可能會有許多情緒感受：對於自己捨棄或失去的事物，感到突如其來的悲傷，或者對於未來感到焦慮、恐懼和擔憂等。這些都是過渡時期會有的正常情緒。你要接受、體會、釋放這些情緒。

處於過渡時期一點也不好玩，但卻有必要。我們不會永遠都在過渡。在這段時期，我們可能覺得自己好像靜止不動，但實際並不是如此。我們是站在一個過渡地點，這是我們可以再往前出發的起點。

今天，我會接受自己目前所處的位置是適得其所。如果身處過渡時期，我會努力相信目前的處境一定有其意義，這段經歷會帶我前往更美好的地方。

8月3日 在相互關係中掌握自己的力量

無論什麼時候，我們還是可能會在和他人相處時，放棄自身的力量，順服對方，不管對方是地位比你高的人、新的戀情對象或是孩子。

出現這種情況的時候，我們可能會覺得生氣、內疚、害怕、困惑和執著。我們可能會覺得依賴和缺乏什麼，或變得頑固，更想控制他人。我們可能會在感到壓力的時候，又恢復了以往熟悉的行為模式。人情關係有時真的就是壓力。

我們不必困在這裡。我們不必對於自己的狀況感到羞愧，或是責怪自己、責怪他人。我們只需要記得掌握自己的力量。

練習、再練習。無論你面對誰、身處何地，或是正在做什麼，都要練習運用自身的力量來照顧自己，這就是療癒真正的意涵。這不代表我們試圖控制別人，也不代表我們就得傷害或虐待別人，而是指我們掌握了自身的力量來照顧自己。

一想到要這樣做，你可能會感到害怕。這很正常！無論如何都要照顧自己。該如何做到，其中的答案和力量，現在都已經存在你的內心。

從今天開始，從你現在的處境開始，從盡全力照顧當下的自己開始吧！

今天，我會專注於掌握自身的力量，不讓恐懼或不當的羞愧和內疚感妨礙我照顧自己。

8月4日 示弱

我發現愈讓自己顯現出軟弱，我就愈能真正控制自己。——未具名

許多人認為我們只能顯露出自己堅強、自信的一面。我們相信面對世人，應該要無時無刻都彬彬有禮、完美無缺、冷靜自持和堅強自制。

自制、冷靜、堅強當然好，也往往是合宜的舉止，但是每個人都有另一面，我們都有需要慰藉、感到害怕、懷疑和憤怒的時候。這一部分的我們需要關懷、愛和再三保證，讓我們相信一切都會沒事。表達這些需求讓我們顯得脆弱又不那麼完美，但是其實這一面也需要我們的接納認同。

讓自己顯露出脆弱會幫助我們打造持久的相互關係。分享自己脆弱的地方，讓我們可以和別人培養親近感，也幫助別人親近我們。示弱幫助我們在自我關愛和自我接受中成長。對別人來說，示弱讓我們變得完整，也變得容易親近。

今天，只要在安全又合宜的情況下，我會願意對別人示弱。

8月5日 對於金錢的態度

有時候，我們的人生和過往充滿了太多痛苦，讓我們覺得自己不但必須成長，同時還得對自己的財務負責，真是太不公平。

我很能理解這種感受，這樣的態度也並非不健康。許多人可能認為，在自己經歷這麼多痛苦後，某些人和整個人生都欠他們一個公道。

為了要好好過人生、為了能找到情緒的平靜和自由，我們的金錢概念需要健康的界限——不管是我們給別人的，還是我們讓自己從別人那獲得的金錢皆然。

因為無法照顧自己，所以我們就覺得別人應該要給我們錢嗎？因為我們的錢沒有別人多，我們就認為別人應該要給我們嗎？因為在彼此關係中遭受痛苦，我們就有意識或潛意識地認為，對方「欠」我們錢嗎？法庭上有懲罰性賠償，但在療癒中可沒有。

我們想從他人那兒獲得自己渴望的事物的界限若不健康，就無法和別人或自己培養出健康的關係。

觀察自己的內心，測試一下。關鍵在於我們的態度，要審視自己在何種情況下接受金錢。你要願意面對挑戰，為自己負責。

今天，對於從別人那兒獲得金錢，這方面我會努力建立清楚、健康的界限。我會仔細檢視自己過往的財務狀況，看看是否反應出不健康的金錢往來，把這當成療癒自己的一個環節。如果我發現有些事情反映出不妥當、不負責的態度，我會願意改進，制定合理的計畫來解決。

8月6日 解決問題

問題是要來解決的！有些人在情緒反應上所花費的時間，比解決問題的時間還多。「為什麼這件事會發生在我身上？」、「人生真是糟透了！」、「為什麼會發生這種事？」

問題無法避免。有些問題可以事先預測，有些則是意料之外。不過，我們都知道問題會常常出現。好消息是每個問題都有解決的方法。有時候，立刻就會有解答；有時候，得花一陣子才能發現解答；有時候，解答和放手有關；有時候，要解決問題的是我們；有時候是別人；有時候，我們可以採取明確的行動來解決問題；有時候，我們必須躊躇、掙扎，做了自己能做的事情，最後只能倚靠上天的力量。

有時候，問題只是人生的一部分。有時候，因為我們正透過問題和其解答學習某個課題，所以問題很重要。有時候，解決問題能帶來更美好的人生，讓我們走上一條比原本更平坦的道路。

有時候，問題就只是問題；有時候，問題是警告我們走錯路的訊號。

我們要學會接受問題是人生中無可避免的一部分。我們要學會解決問題。我們要學會相信自己有解決問題的能力。我們要學會分辨哪些問題是要引領我們前往新方向，哪些則是純粹需要解決而已。

我們要學會專注在解答，而不是專注在問題上。對於人生和無可避免的問題與解答，態度要保持積極。

今天，我會學著相信有解答，不要因為問題而成為受害者。我不會利用問題來顯示自己的無助、不幸或犧牲。我不會利用問題來證明人生有多糟。我會解決今天我能解決的問題，放下其他無法解決的問題。我相信自己有能力處裡和解決問題。我相信問題的出現自有其意義。每個問題都有解答。

8月7日 開口說不

對許多人來說，最難說出口的字，就是這最短也最簡單的字：不。試試看，大聲說出來：不！

「不」這個字，唸出來很容易，說出口卻很難。我們會感到內疚，或是害怕別人會因此而不喜歡我們。我們可能認為「好」員工、「好」小孩、「好」父母、「好」伴侶，永遠都不該說不。

問題是，如果我們不學會說不，就無法喜歡自己，也無法喜歡我們試圖取悅的人。甚至可能因為出於憎恨，而懲罰他人。

什麼時候要說不？當你真的不願意的時候。

一旦學會說不，我們就不會再繼續說謊。別人可以信任我們，我們也能信任自己。當我們開始心口合一時，各種好事都會發生

如果害怕說不，我們要給自己一點時間。我們可以休息一下、排練幾次，再回頭說不。我們不必講一大堆理由解釋自己的決定。

我們可以拒絕自己不願意做的事，也可以答應自己樂意做的好事。這樣別人會開始認真看待我們的應允與拒絕。我們因此也獲得了自我掌控的力量，而且學到了一個秘訣：「不」沒有那麼難說出口。

今天，如果真的不願意，我會說不。

8月8日 開口說好

昨天，我們談到學會說不的議題。今天，讓我們來討論另一個重要的字：「好」。

為了自己、也為了別人，對於讓自己感覺愉快、自己渴望的事物，我們要學會說「好」。

我們要對樂趣說好。對聚會、對打電話給朋友或請求幫忙說「好」。

對健康的關係、對自己有益的其他人和活動，我們要學會說「好」。

對自己、對自己的渴望和需求、對自己的本能，我們要學會說「好」。

覺得幫助某人是對的時候，我們要學會說「好」。我們要對自己的情緒說「好」。我們要學會分辨自己何時想要散步、睡個午覺、按摩一下，或是買花給自己。

我們要學會對於適合自己的工作說「好」。

我們要學會對所有的關懷和鼓勵說「好」。我們要學會對最棒的人生和最美好的愛說「好」。

今天，我會對一切讓我感到快樂和恰當的事說「好」。

8月9日 開口要求

想清楚自己的渴望和需求是什麼，然後去向有能力給予的人開口要求。

有時候，滿足自己的渴望和需求是件耗時費力的事。我們必須經歷確認自己渴望的痛苦，還得不斷掙扎才能相信自己值得。接著，我們可能會遭遇開口要求卻遭拒絕的失望，這時可以再慢慢想下一步該怎麼做。

有時候在人生中，獲得自己渴望和需求的事物並沒有那麼難。有時候，我們只需要開口要求。

但有時真的很難獲得我們想要的事物，我們可能因此陷入一種心態，認為這件事永遠都會這麼困難。有時候，不想經歷麻煩、害怕掙扎或是出於恐懼，我們可能讓滿足渴望和需求這件事變得更困難。

我們可能在還沒開口要求前就先生氣，認為自己的渴望永遠無法獲得滿足，或是預期自己得經歷一番「苦戰」。等到向某人說起自己的渴望時，我們的語氣可能已經氣到是在逼對方給，而不是請求了。因此，我們的憤怒會引發一場根本不存在的權力角力，只有自己看得見。

或者也許我們太生氣，以致於不想開口要求；又或者我們浪費太多不必要的精力和自己對抗，卻發現對方根本就很樂意滿足我們的渴望。

有時候，我們必須奮鬥、努力，等待自己的渴望和需求實現。有時候，我們只需要開口，或是講出自己想要的事物。開口要求吧！如果答案是否定的，或者不是我們想要的，那麼到時再決定下一步怎麼走。

今天，對於自己的渴望和需求，我不會設想根本不存在的困境，認為他人不會滿足我。如果我有需要別人給予的事物，我會在痛苦掙扎之前，先開口要求。

8月10日 放下完美主義

不要再要求自己和周遭的人追求完美。

追求完美時，我們等於是對自己和別人做了一件糟糕又討人厭的事。我們創造了讓自己、讓別人都不舒服的情境。有時候，追求完美讓人焦躁，因為緊張又擔心犯錯，以致於我們和別人都會比平常犯更多的錯。

這並不表示我們就得容忍以「沒有人是完美的」為藉口的不當行為；這並不表示我們沒有底限，或對他人、對自己沒有合理的期待。不過，我們的期待必須合理，而期待完美並不合理。

人都會犯錯。只要不那麼追求完美，他們的焦慮、膽怯或壓抑就會減少，也會表現得更好。

追求完美會造就窒礙難行的氛圍，產生負面和恐懼感，讓人無法努力追求卓越和富有創造力、協調的表現，也無法發揮全力。

設立界限吧！對別人和自己要有合理期待。盡全力做到最好，也鼓勵他人這樣做。不過，我們知道人都會犯錯，也知道透過經歷的一切，我們和別人都能學到經驗。

有時候，缺點和不完美造就了我們的獨特性。我們要接受不完美，也接受自己。

鼓勵別人、也鼓勵自己盡全力表現。要關愛和鼓勵我們以及別人都能做自己。

今天，我會放下追求完美的念頭，不要不合理地堅持別人追求完美。我不會利用這點來容忍虐待或不當的行為，而是要追求適當、平衡的期望。我要在自己內心和周遭，創造出關愛、接納和鼓勵的健康氛圍。我相信這種態度會為別人和自己帶來最佳的表現。

8月11日　療癒

讓療癒的能量流遍你的全身。

上天、宇宙、人生和療癒的能量環繞在我們周遭，隨手可得，等著我們利用和汲取。我們的聚會或團體、低聲祈禱的話語、溫柔的碰觸、正面的言語或想法，在在都蘊藏了療癒的能量。陽光、微風、雨滴和一切美好的事物，也都存在著療癒的能量。

讓療癒的能量到來吧！吸收它、接受它，沉浸在能量中。吸入、呼出金黃的光芒。放下恐懼、憤怒、傷害和懷疑。讓療癒的能量流向你，流遍你的全身。

只要你開口要求、只要你相信，療癒的能量就唾手可得。

今天，我會開口要求和接納上天和宇宙的療癒能量。我會讓這股能量流向我，流遍我的全身，再往外流向他人。我要身處療癒的力量之中，我也是持續不斷療癒循環的一部分。

8月12日 直接坦率

和直率的人相處起來很愉快。

因為他們對自己的想法很誠實，也會開誠佈公地表達自己的感受，所以我們從來不必去猜測他們真正的想法或感受。

我們永遠不必質疑他們站在我們這邊，是因為自己願意，還是出於內疚或責任感。

因為直率的人通常會做能取悅自己的事情，所以他們為我們做了某件事時，我們不必擔心他們是否會因此憎恨我們。

因為只要我們開口問，他們就會告訴我們，所以我們不必對於自己和對方關係的狀況小題大作。

因為他們會坦率處理自己的憤怒，快速解決問題，所以我們不必擔心他們是否在生氣。

因為如果有話要說，他們會直接對我們說，所以我們不必擔心他們是否會在我們背後說嘴。

因為直率的人都值得信賴，所以我們不必質疑自己是否能仰賴他們。

如果我們都很直率，那不是很好嗎？

今天，我會放下過去的想法，不再認為迂迴是適當或值得追求的態度。相反地，我會在溝通時力求誠實、直接和清楚的態度。我會從自身做起，在人際關係中坦誠而直接。

8月13日 朋友

不要小看友誼的價值，也不要忽視朋友。

有朋友是一大樂事。對我們來說，成年人的友誼是能夠獲得樂趣的好地方，讓我們能夠體會和朋友在一起有多快樂。

朋友是很大的慰藉。誰能比好朋友更了解、更支持我們？友誼是讓我們能夠做自己的舒適之所。往往，我們選擇的朋友會反映出自己正在努力解決的問題。給予和獲得支持會幫助雙方一起成長。

有些友誼來來去去，在多年來歷經了一個又一個的循環。當其中一人成長得比另一人快時，有些友誼就漸漸消失了。當然，友誼會有考驗和測試；有時候，我們得練習自我痊癒。

不過，有些友誼會持續一輩子。有些友誼是特別的愛情關係，有些則是一般友誼。有時候，我們的友誼也會是特別的愛情關係。

今天，我會拓展友誼。我會讓自己享受友誼的慰藉、愉悅和持久的品質。

8月14日 掌控自身的力量

在一生中會有某個人出現，挑戰我們信任和照顧自己的能力。

我們聽到那個人的聲音，或是那人在場時，我們可能就忘了要掌握自身的力量，忘了要直接、忘了自己相信和明白的真理，也忘了自己有多重要。

我們在那個人面前放棄了自己的力量。我們內在的小孩深陷於愛、恐懼和憤怒等強而有力的混雜感受中。我們可能會覺得陷入困境、無助，或太過受到吸引而無法清楚思考。在憤怒的情緒和需要別人關愛與接納之間，可能會有一場激烈的拔河。我們的頭腦和心靈也可能會面臨天人交戰。

我們可能因為過於迷戀或膽怯，以致於回復過往的想法，認為自己無法對這個人採取不同的回應。

我們不必一直困在魔咒中。我們可以從意識到別人在迷惑自己開始，然後接受這個事實。

即使新的反應既不熟練又不自在，我們還是要強迫自己，對那個人採取不同反應。

尋找自己的動機。我們是不是想用某種方式掌控或影響對方？我們無法改變對方，但是我們可以不再參與遊戲。切割和放下任何想要掌控的念頭，是做到這點的好方法。

下一步是學會掌握自身的力量來照顧自己，不受別人影響，真正做自己。對於難相處的人，我們要學會掌握自身的力量。這並非一蹴可幾，但可以從今天開始，面對迷惑我們的人時，改變自己自我挫敗的反應。

今天我會確認在哪些人情關係中，我放棄了自己的力量。我會脫離迷惑，開始掌控自身的力量。

8月15日 給情緒留點空間

我們必須留給別人和自己足夠的空間，來感受和解決自己的情緒。

我們是人，不是機器。我們的個性、成長歷程、一路走來的生活方式等，都是內在很重要的一部分，也和我們的情緒中心連結在一起。我們都有情緒，有時候難熬、有時候崩潰、有時候暴躁，這些都需要解決。

透過面對和解決這些情緒，我們和別人都能成長。在各種關係中，不管是戀愛、友誼、家庭或密切往來的工作關係，人們都需要空間來面對和解決自己的情緒。

期望自己或他人不需要時間或空間就能解決情緒是不合理的。如果不在人生中留點這種時間和空間，我們的人際關係注定會失敗。

我們需要時間來處理情緒。我們需要空間來解決自己的情緒，這些方式可能很笨拙、也很令人不安，甚至很麻煩，但人都是這樣解決情緒的。

這就是人生，這就是成長。不用擔心！

我們要給情緒留點空間。我們要讓別人有時間去經歷自己的情緒。我們不必緊緊箝制住自己和別人。在解決自己的情緒時，我們不必耗費不必要的精力去回應每個自己或別人的感受。在解決情緒的過程時，我們不必太認真看待自己或別人的所有情緒。

讓情緒傾瀉，不管情緒想讓你體驗什麼，都要相信它。

我要設立合理的行為界限，也要為各種情緒留點空間。

8月16日 拯救自己

沒有人喜歡犧牲的烈士。

烈士給人的感覺是如何？他們會顯現出內疚、憤怒、受困又否定自我，而且還急著逃避。

出於某種原因，許多人養成了剝奪自己權利的觀念，認為不照顧自己、當個受害者、吃不必要的苦，就能獲得我們想要的事物。

注意到自己的能力和長處，持續培養，再以此來規範自己的行為、照顧自己，是我們的責任。

注意到自己的痛苦和消沉、適當地照顧自己，是我們的責任。

注意到自己的權利被剝奪，開始採取行動讓自己獲得滿足，也是我們的責任。一切都要從內心開始，我們要改變自己的想法，相信自己值得，放下犧牲的心態，用值得的方式來善待自己。

人生是很艱難，但是我們不必藉由忽略自己來讓人生變得更艱難。受苦沒有什麼值得驕傲的地方，就只是受苦。我們的痛苦不會因為拯救者的出現而停止，而要等我們開始為自己負責，停止自己的痛苦，痛苦才有真正結束的一天。

今天，我會拯救自己，我不會再等別人來釐清和解決我的問題。

8月17日 療癒的想法

多多思考療癒的想法吧！

當感到憤怒或憎恨時，請求上天幫助你感受這些情緒、從這些情緒中學習，然後放下一切。請求上天祝福那些讓你感到憤怒的人。也請求上天祝福你。

當感到恐懼時，請求上天去除你的恐懼。當感到不幸時，強迫自己感恩。當感到貧困時，你要明白其實一切不虞匱乏。

當感到羞愧時，要向自己再三保證你可以做自己。你的表現已經夠好了。

當懷疑自己的機運，或質疑在人生中當下的處境時，要向自己再三保證一切都會順利；你現在的位置是適得其所，其他人也是，要不斷告訴自己這一點。

當思考未來時，要告訴自己未來一定很美好。當你回顧過往時，要放下遺憾。

當注意到問題時，要堅信一定會及時出現解答，還會獲得伴隨問題而出現的禮物。

當抗拒情緒或想法時，要練習接受。當覺得不安時，要明白一切都會過去。當確認了自己的渴望或需求時，要告訴自己一切都會獲得滿足。

當擔心那些你愛的人時，請求上天保護和照顧他們。當擔心自己時，也請求上天保護和照顧你。

當想到別人時，要想到關愛。接著，就等著看你的想法成真。

今天，我會多思考療癒的想法。

8月18日 重視當下

我們往往浪費自己的時間和精力，希望自己可以變成其他人、做其他事、或是身處不同的情況。我們可能希望自己當下的處境可以有所不同。

認為自己當下的片刻是個錯誤，這種想法會帶給我們不必要的混亂，也分散了自己的精力。事實上，現在我們所在的地方是適得其所。我們情緒、想法、處境、挑戰和任務，在在都照著預定的時間出現。

老是想著自己可以做別的事情，只會破壞了當下片刻的美好。

回歸自己，回歸當下的片刻。我們無法藉由逃避或離開當下來改變事情。只有順服和接受當下的片刻，我們才能改變事情。

有些片刻比起其他的片刻容易接受。

相信這個過程，一點也不要沉溺過往或太過期盼未來而全心相信，這需要堅定的信念。如果感到憤怒，就生氣吧！如果悲傷，就哀悼吧！好好沉浸在情緒中，隨著直覺前進。如果在等待，就等吧！如果有任務，就全心投入。沉浸在當下的片刻，這個片刻是適合你的。

我們身處當下的情境，一切都很好。當下的處境是適當的；為了要讓我們前往明天要抵達的地方，才會有今天的際遇。今天身處的地方是很美好的。

今天，我不要再想著做別人。我會全心投入當下的片刻。我會接受和順服於自己當下的片刻；不管是艱難還是容易，我都會信任整個過程。我不會再試圖掌控過程；相反地，我會放鬆，讓自己細細體會。

8月19日 放下羞愧感

羞愧是種黑暗又強大的情緒，妨礙著我們向前。的確，羞愧可以讓我們不要舉止失當。不過，對於許多符合我們最佳利益的健康行為，許多人卻習慣把羞愧感加諸其上。

在不健全的家庭裡，羞愧會伴隨著健康的行為一起出現，像是談論情緒、做決定、照顧自己、找樂趣、成功，甚至是感到快樂等等。

開口要求滿足自己的渴望和需求、誠實而直接地溝通、付出和接受愛，這些行為可能都會帶著羞愧的陰影。

有時候，羞愧會偽裝成恐懼、憤怒、冷漠或是想要逃離躲藏的需求。不過，只要我們感到黑暗或不滿意自己，這種情緒很可能就是羞愧。

在療癒的過程中，我們學會辨識羞愧感。一旦能辨識，我們就能開始放手。我們能愛自己，也能接受自己。現在就開始吧！

我們有權利存在、有權利身處當下，也有權利做自己。我們不必讓羞愧感剝奪這一切。

今天，我會戰勝人生中的羞愧感。

8月20日 在彼此關係中誠實

在各種關係中，我們可以誠實直接地畫出自己的界限，也要清楚界定某段關係的範圍。

也許在人生中，人際關係最能反映出我們的獨特性和個體性。有些人處於一段忠貞堅定的關係中；有些人有約會對象；有些人沒有約會對象；有些人和某人同居；有些人希望自己有約會對象；有些人希望自己擁有一段穩定的關係；有些人繼續待在以前的那段關係裡。

我們還有其他人際關係。我們有友誼、親子之情、父母之愛，與大家庭延伸出去的關係。我們還有因工作接觸的職場關係。

在各種關係中，我們必須要誠實直接。其中一項我們可以做到的，就是界定彼此關係的範疇。我們要對他人清楚界定彼此的關係。我們可以要求對方誠實直接對我們說明他們對於這段關係的願景。

身處某種關係中，卻不明白自己的立場何在，是很令人困惑的一件事。不管是工作、友誼、和家人或是戀人的關係，都是如此。我們有權利直接表達自己是如何界定這段關係，表達自己的看法。不過，關係是兩個對等的人擁有對等的權利，所以對方也要能夠界定這段關係。我們有知道和詢問的權利；對方也是。

我們要設立界限。如果對方比我們更想要熱情地投入這段關係，我們要清楚誠實地表達自己的渴望，表達自己打算參與的程度。因為這是我們想要付出的程度，所以我們要告訴對方自己的合理期待。對方如何回應是他們的問題，而要不要告訴對方則是我們的問題。

關係產生混淆時，我們要設立界限，也要明確定義。

如果親子關係陷入膠著、超出設定的範疇，我們甚至要界定和孩子間的關係。我們要界定愛情關係，也要界定雙方對愛的定義。我們有權利詢問，也有權獲得清楚的回答。我們有權界定，也有權擁有自己的期待。對方也同樣如此。

誠實直接是唯一的選擇。有時候，我們並不知道在關係中自己想要什麼；有時候對方也不知道。不過，一旦我們能夠界定相互關係，藉由對方的幫助，我們很快就能為自己找出適當的行為準則。

我們愈能清楚定義關係，就愈能在關係中照顧自己。我們有權利表達自己的界限、渴望和需求；對方也是。如果對方不願意，我們無法強迫他們，或是按照我們的意願全心投入。

人與人的關係要一段時間才能成形，不過在某個時間點，我們可以合理要求此段關係的清楚界定及其界限。如果雙方的界定有所衝突，我們可以適當地依據彼此照顧自己的需求，重新定義。

今天，我會努力在各種關係中追求清楚和直接的態度。如果我現在有一些關係模糊不清，而且已經花了足夠的時間來釐清，我會開始採取行動界定這些關係。我要放下對於定義的害怕，也放下了解當前關係的恐懼。我要培養清楚、健康的思考方式。我明白即使無法從對方身上獲得滿足，我還是可以擁有自己的渴望，只不過現在無法達成而已。我要學會不放棄自己的渴望和需求，而是賦予自己力量，對於該如何獲得滿足，做出適當、健康的選擇。

8月21日 切割彼此關係

我們首次接觸到切割的概念時，常會有所反抗、諸多質疑。我們可能認為切割就意味著不在乎。我們可能相信藉由控制、擔憂，或是試圖強迫事情發生，才能顯示出自己有多在乎。

我們可能認為控制、擔憂和強迫，在某種程度上會產生影響，讓我們獲得自己想要的結果。控制、擔憂和強迫一點用也沒有。即使我們是對的，控制仍然沒有用。在某些案例中，控制可能反倒會妨礙我們想要的結果發生。

在人生中和別人相處時，練習切割的原則會讓我們慢慢開始學會真理。切割是對培養良好關係的一種有效行為；用愛來切割會更好。

我們也學會了另一個道理。切割就是放下自己想要掌控他人的需求；這樣的做法提高了我們所有關係的品質，也打開了最美好結果的那扇大門。切割降低了我們挫敗的程度，讓我們和別人都自由地生活在平靜與和諧中。

切割代表我們在乎，在乎自己，也在乎別人。切割讓我們擁有做最佳抉擇的自由，讓我們能夠設立和別人相處時所需的界限。切割讓我們能擁有自己的情緒、採取積極的行動，不再做無謂的回應。切割也鼓勵了其他人採取同樣的行為模式。

今天，我會相信用愛切割的過程。我會明白自己不只是單純放手；我是放手讓上天安排一切。我會愛其他人，也會愛自己。

8月22日 對家人的責任

我仍然記得母親手摀著胸口，語帶威脅說自己即將心臟病發作死亡，還把一切都怪罪在我身上。——未具名

對某些人來說，自己要對家人情緒負責任的這種想法，通常是源自於童年核心家庭的灌輸。有人可能會說，是我們害自己的爸爸或媽媽過得這麼悲慘，導致我們覺得自己有直接責任要讓他們快樂。認為自己對父母親的快樂或不幸有責任的想法，會在我們內心灌輸誇大的情緒力量和愧疚感。

我們對於父母親沒有這麼大的權力，我們不能決定他們的情緒，或是他們人生的軌跡。我們也不必給他們權力對我們做這些事。

父母盡全力養育我們；不過，我們不必因此接納他們所教導的不良觀念。他們是我們的父母，但並不表示他們永遠是對的；他們的觀念和行為不一定永遠健康，也不一定永遠為我們的最佳利益著想。

我們有權利審視和選擇自己想要相信的觀念。

放下愧疚感。放下對父母或其他家人過度與不適當的責任感。我們不必讓他們毀滅性的觀念控制我們，控制我們的情緒、行為或人生。

今天，我會展開讓自己自由的過程，擺脫父母親灌輸給我的自我挫敗觀念。對於和父母的關係，實際上該給對方多少權力，或我該負多少責任，我會努力追求適當的界限。

8月23日 自我照顧

我們常常對於滿足自己渴望和需求的概念感到困惑，尤其如果我們多年來不知道我們有權利照顧自己，那更是如此。不要把精力和焦點放在別人或別人的責任上，而是把這股精力導向我們和我們自己的責任，這是一種可以學習獲得的行為。我們可以藉由日常練習來學會。

我們先從放鬆、深呼吸開始，放下自己的恐懼，盡可能感受平靜。接著，我們問自己：今天或當下這個片刻，我要做些什麼才能照顧自己？

我需要什麼、想要做什麼？什麼可以顯示出愛和自我責任？

我是否認為別人有責任讓我開心、要為我負責？那麼，我要做的第一件事就是修正自己的想法：我才是要為自己負責的人。

我是否對於自己忽視的責任感到焦慮或擔憂？那麼也許我需要放下自己的恐懼，好好擔起這個責任。

我是否太拼命工作？也許我需要的是好好休息一下，做點有趣的事。

我是否忽視了自己的工作或日常的事務？那麼也許我需要恢復自己的慣例作息。

自我照顧沒有訣竅、沒有公式，也沒有指導手冊。每個人都有指引的力量，這股力量就在我們內心。我們得問自己：我要怎麼做，才能用充滿愛和負責的方式來照顧自己？接著，我們必須仔細聆聽答案。自我照顧並沒有那麼難。最困難的部分在於聽到答案後全心相信，並鼓起勇氣去經歷一切。

今天，我會專注於照顧自己。我會相信自己，也相信上天會在過程中指引我。

8月24日 清單

列清單並不是要懲罰我們，而是要讓我們從內疚、焦慮和爭吵中解脫。

我們要先列出一張清單，寫下自己一路上為了掙扎求生存而傷害過的人。我們也許傷自己傷得最重，所以可以先把自己列在清單上。

往往，我們傾向對於自己做過的任何事、接觸過的任何人，都感到內疚。這是不必要的內疚。寫下來會幫助我們釐清，看看我們是否毫無緣由地懲罰自己。不過，在遵循這個步驟時，我們要敞開心胸，把內心的一切吐露於紙上，這樣我們才能痊癒。

一旦列好清單，我們要努力讓自己願意去補償清單上的人；因為只有這樣做，我們才會療癒。補償並不表示要感到內疚或羞愧，也不是要懲罰自己，而是要吞下自己的驕傲和防衛，採取我們做得到的行動來照顧自己。我們要透過為自己的行為負責，來做好準備、提高自信。我們要願意修復和自己、和別人之間的關係。

今天，我會敞開心胸，誠實檢視自己過往傷害過的人。我會放下自己的驕傲和防衛。我願意去補償自己傷害過的人，這樣我才能改善我和自己、和他人的關係。

8月25日 願意補償

療癒的另一個重要步驟是在探討內心的改變。

這種態度會開啟一連串的修復與療癒，改善我們和自己、和他人的關係。這意味著我們願意放下自己的無情冷酷。無情冷酷是讓我們無法付出和接受愛的最大阻力之一。

我們可以列出清單，寫下自己傷害過的人，讓自己採取修復的態度面對這些人。

在這一步驟裡，我們不要一頭栽入，開始大喊：「對不起！」我們列出清單是要幫助療癒，不要覺得內疚。開始考慮適當的補償方式，或是實際補償之前，我們要先改變自己的態度。

改變態度就能改變能量，改變整個平衡關係；在我們開口說抱歉前，態度的改變就會開啟整個過程。態度的改變會開啟愛的大門，開啟愛的能量和療癒之門，讓我們釋放掉負面情緒和能量，開始接觸正面情緒和積極的能量。全世界都有這種能量，而且這種能量是源自我們內心。

我們是否常常在受傷害後，希望對方能夠意識到我們的痛苦，跟我們說「對不起」？我們是否希望對方能夠看到我們的存在、聆聽我們的需求，對我們付出愛的能量？我們是否渴望在情感關係中，心態能夠有些改變，注入一絲和解的希望，不要再因為未解決的問題和壞情緒而遭到破壞？往往答案都是肯定的。

療癒的能量是從內心開始。我們願意補償的態度，可能對對方有益，也可能無益。對方可能願意，也可能不願意。不過，我們會開始痊癒，也會有能力去愛。

今天，如果我有無情、防衛、內疚或痛苦的情緒，我會願意放下這些情緒，用愛的療癒能量取代。

8月26日 補償

我們補償他人時，必須清楚表達自己為何要補償，也要知道最佳的道歉方式為何。我們是透過補償為自己的行為負責。我們必須確保過程本身不會招致自我挫敗或造成傷害。

有時候，我們需要直接為自己做的某事道歉，或是為了自己在某個問題中扮演的角色而道歉。

有時候，我們不是要說「對不起」，而是在和對方相處時，努力改變自己的行為。

不過也有時候，提起自己做過的事並為此道歉，只會讓事情變得更糟。

我們要在補償過程中，相信時機和直覺。一旦願意開始採取行動，我們就能放手，用平靜、一致、和諧的方式來處理補償的事宜。如果感覺不對或不適當，或是要採取的行動會造成危機或破壞，我們要相信這種感覺。

態度、誠實、開放和願意的想法才是最重要的。我們要用平靜和諧的方式，好好清理自己的情感關係。

我們值得和自己、和他人和平相處。

今天，我會敞開心胸補償自己傷害過的人。我會放下恐懼去面對他人，為自己的行為負責。我明白這樣做並不會降低我的自尊；相反地，我是在提高自信。

8月27日 拖延

拖延是指時機對的時候，卻不採取行動；這是種招致自我挫敗的行為。拖延會產生焦慮、內疚與不和諧，心裡還會出現不斷碎碎念的聲音，叫我們趕快完成人生當下需要解決的任務。

我們晚一點才做某事，不代表就是拖延。有時候，在時機未到之前就採取行動，就如同等很久卻不行動一樣，都會招致自我挫敗。

我們要學會分辨兩者的差異。好好聆聽自己的聲音。有什麼事是期限已到，像針一般不斷扎著，讓你內心產生焦慮？

有沒有什麼事是因為你不想面對，所以一直逃避？你內心的焦慮有沒有因為拖延而不斷攀升？

有時候，憤怒、恐懼或無助的情緒會促使我們採取拖延的態度。有時候，拖延純粹是習慣使然。

相信自己，也聆聽自己的聲音。仔細注意徵兆和訊號。如果現在是時候做某件事，就馬上去做。如果時機未到，就等候適當的時機到來。

今天我學會不拖延、和諧地過人生。我會仔細聆聽、確定對的時機。

8月28日　在職場上照顧自己

我們有權利在職場上照顧自己；不但有權利，而且還有必要。

這意味著我們適當處理情緒、為自己負責。在需要切割的時候切割。有必要的話，我們會設立界限。

我們會協調衝突、試圖切割自己和他人的問題。我們不會對自己和他人要求完美。

我們放下自己無法掌控的事。相反地，我們努力追求平靜和處理問題的能力。

我們不必容忍虐待，也不必苛待任何人。我們努力放下自己的恐懼，培養出適切的信心。我們努力從錯誤中學習，但是在犯錯時也原諒自己。

我們不要接下無法解決或不適合我們的工作，否則等於是挖陷阱給自己跳。

我們要釐清自己的職責所在。不管是人生的高潮還是低潮，都要給自己留點空間。

我們和他人相處時，要盡可能地溫柔慈愛；不過，必要時也得堅定果決。我們接受、也努力培養自己的能力。我們接受自己的弱點和限制，也接受自己能力是有限的。

我們不要試圖掌控或改變和自己無關的事，我們要專心在自己的責任和自己能改變的事物上。

有時候，我們讓自己好好發頓牢騷，適當發洩，用意不是要傷害自己，而是要照顧自己、釋放掉情緒。

我們要努力避免惡意的八卦，以及其他自我挫敗的行為。

我們要避免競爭，努力追求合作和關愛的精神。我們明白自己可能喜歡或討厭某些一起工作的人，但會努力與每個人和諧共處。我們不會否認自己對某個人的感受，但會盡可能努力維持良好的工作關係。

我們不知道的時候，就說自己不知道。我們需要幫助的時候，就直接開口求助。我們感到恐慌時，就把恐慌當成個別的問題分開處理，努力不要讓自己的工作和行為受其控制。

我們要好好照顧自己，適當開口表達自己在工作上的需求。

每一天好好過，我們要努力享受美好的事物、解決自己的問題，全心投入職場工作。

今天，我會注意有什麼行為能改善自己的職場生涯，也會好好練習。我會在職場上照顧自己，我會放下自己在職場上的受害者心態，我要敞開心胸接受因為工作而來的一切美好。

8月29日 掌控自身的能量

要學會維持住內心的能量。——夏綠蒂・凱瑟（Charlotte Davis Kasl）博士

出於各種理由，我們可能很懂得把能量發洩出去。可能因為小時候自己的情緒太令自己喘不過氣，也不知道該如何處理，我們才學會這種方式。

我們的執著、對別人的密切關注，會讓我們更容易「發洩於外」。我們執著、喋喋不休又焦慮。我們試圖掌控、照顧他人，對別人小題大作。我們把能量發洩在周遭的人身上。

我們的能量就是我們的能量。我們的情緒、想法、問題、愛，都是我們的能量；我們的心理、生理、精神、情慾、創意和情緒的能量，也是我們自己的。

我們要學會對自己和自己的能量設立健康的界限。我們要學會維持住內心的能量，處理自己的問題。如果我們想要逃離自己的身體，或是自己的能量想用不健康的方式發洩出去，我們要問自己怎麼了、要問傷害我們的是什麼、問自己在躲避什麼、問自己得面對什麼，也要問自己該解決什麼。

接著，我們就能掌控自身的能量。我們能回歸自我，和自己共處。

今天我會維持住自己體內的能量。我會專心，不逾越自己的界限。我會放下想要逃離自己的想法。我會面對自己的問題，這樣我才能自在地和自己共處。

8月30日 接受自己的最佳表現

我們永遠不必要求自己做超越能力所及的事。

我們當下盡全力表現後，要放下一切。如果必須重做，我們會在之後的另一個時刻盡全力表現。

在當下，我們不可能做得更多、表現得更好。對當下的表現有超出自己能力所及的期待，只是在懲罰自己，讓自己焦頭爛額。

努力追求卓越是種積極的特質。

努力追求完美則是自我挫敗的行為。

有人叫我們付出多一點嗎？有人期待我們做多一點嗎？有人總是不認同我們嗎？

有時候，我們會覺得自己已經盡全力了，一旦這種時刻來臨，我們要放手。

有時候就算盡了全力，表現也不如自己預期。我們要放下這些時刻，明天重新開始。把問題解決，直到自己的最佳表現變得更好為止。

有時候批評也會有建設性；不過如果只給自己批評，我們很快就會放棄。

讚美、賦予自己力量，並不會讓我們懈怠，反而會鼓舞我們，讓我們去付出，讓我們採取行動，也盡全力表現。

今天，盡全力後，我會放手。我不要再批評自己，這樣我才能開始肯定自己一路以來的成長。

8月31日 否認

我曾經多次否認問題的存在。否認是一種防衛機制、生存手段、應付行為。否認的心態是我們的朋友，同時也是敵人。

小時候，我用這樣的心態來保護自己和家人。我對太過痛苦的事情視而不見，也拒絕感受太過強烈的情緒。當我沒有其他資源能求生存時，否認讓我安然度過多次創痛。

結果，我變成了虐待自己的劊子手之一。

否認的心態讓我免於痛苦，但也讓我忽視自己、忽視自己的情緒和需求。這樣的心態就像一條包覆著我的厚毛毯，令人窒息。

不過最後，當我開始療癒時，我意識到自己的痛苦、情緒和行為，看見了自己和世界以往的模樣。以前我認為，萬一撕開包覆自己的那條否認毛毯，我就會死於暴露於外的衝擊。我需要溫和、緩慢地接受療癒的方法，培養出洞察力和問題意識。

在過程中，人生這位溫柔的老師也和我一同參與。我經歷了必要的事件，或遇見必要的人，以提醒自己尚在否認的問題；這些人、事、物也在我能夠理解這些智慧時，告訴我過往還有哪些地方需要療癒。

必要時我還是會否認，但之後會打破這樣的心態。改變的風吹起、攪亂熟悉的環境，要我做好準備迎接新挑戰時，我會拿起自己的毛毯躲一陣子。有時候，某個我愛的人有問題時，我會暫時躲在毛毯下。和我們否認事物有關的回憶會一一浮現，我們要記得、感受和接受這些回憶，才能繼續變得堅強又健康。

有時候，我感到很羞愧，因為自己要花這麼久的時間，一路跌跌撞撞才能接受現實。發現自己又再次籠罩在否認的陰影下時，我感到很不好意思。

接著，某件事發生了，我發現自己又繼續往前邁進。這個經驗是必要的，是環環相扣的，並不是一個錯誤，而是療癒重要的一環。

這趟療癒的旅程是個令人興奮的過程，但是我明白自己可能有時候會用否認的心態，來幫助自己度過痛苦的時刻。我也意識到否認的心態亦敵亦友。我時時注意危險的徵兆：那些讓人陰暗又困惑的情緒……遲緩的能量……衝動的感受……衝得太快或太賣力……逃避支援團體等等。

天氣太嚴寒的時候，我已經有自信可以用否認毛毯包裹住自己。我的職責不是到處把別人的毛毯扒開，或是羞辱包著毛毯的人。羞辱只會讓他們更寒冷，把毛毯裹得更緊。扯掉他們的毛毯是很危險的動作，因為他們可能會因為暴露於外而死亡，就跟我之前的想法一樣。

對於包著毛毯的人，我學到最好的應對方式，是讓他們感到溫暖又安全。他們愈覺得溫暖安全，就愈能夠放下毛毯。我不必支持或鼓勵他們的否認心態，我可以坦白直接。如果別人對某件事有否認的心態，而且他們的行為傷害到我，我不必和這些人相處。我可以祝對方一切順利，轉而照顧好自己。想想，如果一直站在傷害我的人身旁，最後我一定會再次拿起自己的毛毯。

我喜歡和溫暖的人相處，當我和溫暖的人在一起，就不必用到毛毯。

我要敞開心胸，信任這個療癒的過程，我會擺脱過往所有否認的事物。我會努力意識到和接受否認心態的存在，也知道在自己的否認心態出現時，會練習對自己、對他人溫柔、有同情心。

九月

要有耐心，放鬆、全心相信。內在問題都會解決，內心的阻礙也會移除。

耐心・用愛與孩子切割・話語的力量・找到方向・持續自我檢討・步驟的美好之處・對他人無能為力・讓自己不再痛苦・洞察力・自我認同・衝突和切割・療癒・重寫改寫的時機・對我有益嗎？・度過艱難時刻・報復・建立新關係的行為模式・讓好事發生・道歉・隨興・放下急迫的心態・相信自己・容忍・我們可以有需求・與過去和解・安全防護罩・暫時的挫折・祈禱・金錢的重要性・不是受害者

9月1日 耐心

有時候，我們立刻就能獲得自己渴望的事物。有時候，我們會質疑自己是否永遠都無法得到想要的。我們會以最美好的方式、最短的時間，來獲得滿足。不過，有些事需要時間蘊釀。有時候，我們得先學會某些課題，這些課題是要讓我們做好準備，才能接受自己值得的美好。我們和他人的內在問題都會解決，內心的阻礙也會移除，打下紮實的根基。

要有耐心，放鬆、全心相信。接著，手再放開一些。上天為我們安排了美好的事物，我們會在可獲得的第一時間內，收到這份自己全心企盼的禮物。

要放鬆，且全心相信。

今天，我會確認自己的渴望和需求；接著，我會願意放下一切。我會全心過好今天的生活，這樣才能盡快學會自己的課題。我會相信自己的渴望和需求都會獲得滿足。我會放下想要掌控細節的想法。

9月2日 用愛與孩子切割

對於小孩，我們的確有不同於成人的責任。我們要為自己孩子的財務負責；我們要滿足他們生理的需求。我們要教孩子如何幫助自己，從綁鞋帶的小事，到制定自己的計劃等，都是我們該教導孩子的事。他們需要我們的愛和指引。孩子需要一個支持、鼓勵的環境，才能成長。他們需要幫助，才能學會種種價值觀。

不過，掌控孩子卻不是我們的責任。這和一般大眾的認知剛好相反，掌控其實對孩子沒有用，有用的是紀律和鼓勵兩相結合的方式。羞愧感和內疚感會妨礙孩子的學習，也和我們的教養互相牴觸。我們要用負責任的方式回應自己的孩子，讓他們以適合其年齡的方式，為自己的行為負責。我們只要盡全力就好。

我們可以讓孩子有自己過生活的程序；我們也可以有自己的程序。此外，我們要在這個過程中照顧自己。追求平衡和智慧，不要試圖掌控，而是要掌握身為父母的自身力量。

今天，我會找到對孩子責任的適當平衡點。我要透過鼓勵和紀律的方式教養孩子，不要試圖掌控。

9月3日 話語的力量

每次我打算要離開他、想放下一切，他都知道該說什麼話來讓我回頭。——未具名

有些人特別容易受到話語的影響。及時的一句「我愛你」或「對不起」、溫柔語調的藉口、輕柔地摸摸頭、幾打玫瑰、一張卡片、幾句還未實現的愛的承諾，都會讓我們天旋地轉，不願面對現實。有時這些舉動會讓我們否認對方的謊言、否認對方沒有善待自己，甚或是虐待自己。

有些人光用嘴巴說，就可以掌控、操縱我們，讓我們動搖！他們知道、也完全明白幾句及時出現的話語，有多容易影響我們！我們不必讓話語擁有如此強大的力量。即使有些話可能正是我們想聽、也需要聽的話；即使聽起來如此美好；即使這些話語好像可以止痛，我們也不該輕易受到話語的影響。

遲早我們會明白，如果一個人的言行不一，我們就會受到掌控、操縱和欺騙。遲早我們會明白，光出一張嘴是沒有用的，除非對方採取行動，兌現了他的口頭支票。

對於光說不練、懂得及時說幾句好聽話的人，我們不必受他們控制。即使對方說出口的話語，就是我們渴望聽到以緩解痛苦的話，我們也不能受其影響。

今天，我會放下自己對話語的脆弱。我知道，即使在受到欺騙時，也要相信自己有能力明白真相。我會珍惜言行一致的朋友。我相信，我值得自己在乎的人，用言行一致和真誠來對待我。

9月4日 找到方向

以往，我大部分的時間都花在回應別人的需求，結果我人生根本沒有方向。別人的人生、問題和渴望就決定了我人生的方向。一旦我明白自己有權利思考和確認自己的渴望，神奇的事就開始在我的人生中發生。

——未具名

我們每個人都有自己的人生要過，有自己的目的和意義。我們要透過設立目標，找到我們人生的目的。我們在遇到危機時，可以每年、每月或每天設立自己的目標。目標會創造出方向和步調；目標幫助我們達成自我掌控的人生，指引著我們走在自己選擇的道路上。

我們要透過設立目標，幫助自己的人生找到方向。

今天，我會注意為自己的人生設立行動方針，不要讓別人控制我的人生和我一切的事務。

9月5日 持續自我檢討

持續自我檢討這個步驟，我們要時常練習，以維持並提高自己的自信。

我們在執行這個步驟時，不是要懲罰自己，或是無時無刻用吹毛求疵的放大鏡貶損自己；而是要在對自己、對他人的關係中，維持自信以及和諧。我們執行這個步驟，是為了要維持在正軌上。

當問題浮現或需要我們的關注時，我們要確認問題的存在。找一個安全對象，開誠佈公地討論。要調整心態，讓自己願意放下。改變心態，願意做必要的補償，也要採取必要的行動照顧自己。要採取適當的行動來解決問題；接著，放下內疚和羞愧感。

這是一個照顧自己的簡單公式，是我們改變的方式，也是我們轉變的程序。這個過程是要讓我們達成對自己負責和贏得自信。

下次我們做了某件讓自己困擾的事、覺得自己偏離軌道或方向，我們不必浪費時間或精力感到羞愧，我們可以遵循這個步驟，讓這個過程發生，然後繼續往前邁進。

今天我會讓這個步驟和其他步驟，成為我回應人生和問題的習慣。我明白，我有好好生活的自由，讓自己充分實驗和體驗人生。如果我偏離軌道，或是有問題浮現，需要我的關注，我會用這個步驟來處理。

9月6日 步驟的美好之處

昨天所談的「持續自我檢討」，不是說我們要忽略自己在人生中處事得當之處，而是要持續自我檢討，把焦點放在自己身上。

自我檢討時，我們會想從很多面向找起。我們會搜尋需要自己關注的情緒；我們會搜尋慢慢滲透進來的低自信；我們會搜尋過往的思維模式、情緒和行為；我們會搜尋需要改正的錯誤。

不過，自我檢討很重要的一環，是著重在自己處事得當之處，以及關注自身周遭的美好。

我們常常總執著於自己做錯及可能會做錯的地方；不管這些是真的或是出於想像，我們都一樣執著。

我們學會把重心放在自己做對的地方。用慈愛、正向的雙眼，無畏地檢視自己：你今天做對了什麼事？你今天的行為和一年以前的你，有沒有不一樣？你有沒有向某人示弱？你可以讚許自己做到的這些事。

你是否有難熬的一天，卻用有效率的方法度過？你有練習感恩和接納嗎？你有用以前可能不會用的方式，為自己負責嗎？

即使是在自己最糟糕的時刻，我們也能找到一件自己做對的事。我們要找到讓自己抱持希望、讓自己期盼的某件事。我們要實際地把目光放在可以達成的事上。

我不要再沉浸於負面思考中。我要把自己的能量和環境，從負面改為正面。我會堅信美好的存在，直到這樣的想法滲透進我的內心，感覺真實為止。我也會在對我重要的某個人身上，努力找到一個自己喜歡的特質，冒險告訴對方這件事。

9月7日 對他人無能為力

不要再為他人找藉口。

不要再為自己找藉口。

我們的目標是培養同情心，讓自己願意原諒、接納和愛；接受現實、讓別人為自己的行為負責，也是我們的目標。我們要為自己的行為負責，同時也要諒解和同情自己。

我們承認自己的無能為力，並不表示我們不負責。我們無法控制別人，無法控制他們現在、過去或將來可能有的行為。我們宣告自己願意結束無效的人生，不再以意志力和控制做為人生的根基。此外，我們展開了一趟精神、心靈和情緒之旅，為自己負起責任。

我們不是受害者，也並不無助。在適當的時候，接受自己的無能為力，這樣我們才能開始掌控自身的真實力量來照顧自己。

今天，我會避免為自己或別人的行為找藉口。我會讓自己和別人，承擔該負的責任和該有的後果。

9月8日 讓自己不再痛苦

我們的人生中有各種痛苦的來源。療癒的人當中，經常有像滿滿污水坑般未解決的過往痛苦。我們有種種情緒，有時候是來自童年或是現在；這些情緒有的太過傷人，我們無法承受；有的則是得不到支持，或不知道自己有權利處理。

人生中還有其他無可避免的痛苦來源。我們經歷改變時，會有悲哀和傷痛，甚至連好的改變也會如此，因為我們放下了自己人生中的一部分，展開了新的旅程。

療癒的過程也會有痛苦，因為我們卸下否認的保護盾牌，開始讓自己去感受情緒。有的痛苦會帶領、指引我們選擇更好的未來。

我們有很多的選擇方式，讓自己不再痛苦。

我們可能會無法克制地不斷說話，或強迫自己把重心放在別人和他們的需求上，當作是逃避或讓自己不再痛苦的方法。

我們可能會恢復否認心態，拒絕承認自己的情緒，只為了讓自己不痛苦。

我們可能會拼命忙碌，這樣才不會有時間感受情緒。我們可能會用金錢、運動或食物來減緩自己的痛苦。

我們有許多的選擇。為了要生存，我們可能會利用這些選擇，但卻發現這些不過是暫時止痛的ＯＫ繃而已，根本沒有解決問題。這些方法並沒有讓我們的痛苦消失，只是延後而已。

對於讓自己不再痛苦，我們有更好的選擇。我們要面對、感受痛苦。等到我們做好準備，我們就能鼓起勇氣感受痛苦、放下痛苦，讓痛苦帶著我們往前走，做出全新的決定，迎向更美好的人生。

我們要在適當的時機，停止自己引發痛苦的行為。我們要下定決心，讓自己脫離造成反覆、相似痛苦的情境。我們要學會這些痛苦試著教導我們的課題。

如果我們受到痛苦的攻擊，其中一定存在著課題。要相信這個觀念，我們內在的某個問題會得到解決。解答不會來自於成癮或其他強迫行為；我們會在感受自己的情緒時獲得解答。

願意站在原地不動、好好感受自己的情緒，需要很大的勇氣。有時候，我們內在似乎有永無止盡、層層疊疊的痛苦。痛苦、悲痛和哀傷都令人疼痛，一點也不好受。不過，否認已經存在的事實也不好受；一輩子不斷打包、儲存、堆疊新舊傷，更是讓人難受。

要治癒自己，會疼痛一陣子，這過程是必要的。我們要相信療癒的其中一部分就是一定要感受痛苦，而且立意良善。我們要願意順服和接受無可避免的痛苦情緒，這些是療癒過程中對我們有益的一環。

順流而行吧，即使我們將穿越令人不安的情緒，也要隨波漂流。釋放、自由、療癒和美好的情緒，就在河的對岸。

今天，我會敞開心胸，願意感受自己需要感受的情緒。我願意停止自己的強迫行為，放下自己的否認心態，感受必須感受的情緒，以求獲得療癒，恢復成健康、健全的自己。

9月9日 洞察力

我們往往想在時機未到之前，清楚地洞察先機。這樣做只會讓我們心力交瘁。

我們不一定總是知道為何事情會這樣發生；我們不一定總是知道某段關係該如何才會成功；我們不一定總是明白自己的情緒從何而來、自己為何走向某條道路、自己內心正在解決什麼問題、自己正在學習什麼、為何需要等待、為何需要經歷循環，或為何那扇門緊閉著。當下的處境，要如何成為整體計畫中的一部分，我們不一定永遠清楚。一切本該如此。

洞察力會在回顧的時候出現。

我們今天可能花了好幾個小時，拼命想要理解某件事的意義，而隔年我們突然間就明白了這意義。

放下吧！我們要放下自己想要釐清一切的需求，放下想要控制的執念。

現在是時候這樣做了。去感受、去經歷一切。讓事情發生吧！讓自己學習；讓一切我們內心正在解決的問題，順其自然發展。

事情過後，我們會明白的。一切都會變得明朗。對今天來說，存在就已足夠。即使無法看出今天發生的事件會如何成為整體計畫中的一小部分，我們還是要相信一切自有安排。

今天，我會讓事情發生，放下自己想要釐清一切的執念。如果今天我無法清楚理解，我相信自己之後回顧時就會明白。我會全心相信一切都會有美好的結果，事情會按其必要發展；我人生中所有的經歷都是立意良善，結果會比我所能想像的還要好。

9月10日 自我認同

大多數的人都想要受人歡迎。我們想要別人認為自己有教養、友善、和藹又討人喜歡。大多數的人渴望別人的認同。

從童年開始，有些人就一直想要獲得認同，努力讓別人喜歡、看重自己。我們可能害怕如果別人不認同我們的行為，就會離開我們。我們可能向無法付出的人尋求認同。我們可能不知道自己現在是討人喜歡的；其實我們要學會認同自己。

為了要活得快樂，我們要放下自己對於認同的極端想法。這些過往對於認同和愛未獲得滿足的需求，會賦予別人現在控制我們的力量。這些需求會讓我們無法以自己的最佳利益採取行動，也無法真實面對自己。

我們要認同自己。到頭來，這才是最重要的認同。

今天，我會放下追求認同和受人歡迎的執念，我會用喜歡和認同自己的心態取而代之，我會享受自己這樣做的時候所產生的驚喜。那些我在乎的人，會因為我對自己誠實而尊重我，包括我自己在內。

9月11日 衝突和切割

在一段關係中，對雙方來說，美好的時光就是一切都進行得很順利，彼此都不必放太多心力在切割的概念上。不過，萬一其中一方身陷危機或產生改變，這種面臨挑戰的時期，我們就需要切割。

在相互的關係中，當雙方都在經歷劇烈的問題衝擊時，則會出現壓力循環。雙方都很渴求依賴，但卻沒人有能力付出。

在這些時刻，要切割和照顧自己非常困難。

在這種時候，確認問題很有幫助。雙方都可能沒有多餘的能力付出，至少在當下沒有，而彼此都感覺特別需要對方。

這就是問題所在。該怎麼解決呢？

這個問題可能沒有完美的解決方法。

切割仍舊是其中的關鍵；不過當我們自己都需要支持時，要這樣做可能很困難。事實上，對方可能是在要求你的支持，而不是提供支持。

我們還是可以慢慢朝切割的目標邁進。我們要解決自己的情緒，接受這只不過是雙方關係中的短暫循環，不要指望對方在當下，給予你對方自己無法付出的東西。

我們不要期望自己當下也能付出。

溝通會有幫助。首先要找出問題，不責備、不帶有羞愧感地討論。

即使身處彼此關係中最美好的階段，我們還是要負起照顧自己的責任。在最健康、最充滿愛的關係中，我們還是要合理預期彼此需求會有分歧，也可能會有衝突的發生。

如果這是段健康的關係，危機不會永無止盡地持續。我們會再次找回自己的平衡，對方也是。我們不必一直在對方失去平衡時，期待他或她能維持平衡，這樣只會造成自己心力交瘁。

把話說開、解決事情。讓我們對自己的期待、對他人的期待，以及對自己這段關係的期待，都能健康而合理。

良好的關係禁得起考驗，也能夠從低潮中存活下來。有時候，我們需要這樣的低潮，彼此才能成長和各自有所學習。

有時候，一直在身邊支持我們的人，無法繼續支持我們。我們要找到另外一個照顧自己的方式。

今天，我會記得即便自己最棒的關係，也有低潮的時候。如果低潮是常態，我可能要好好考慮是否還要繼續這段關係。如果低潮是暫時的，我會努力諒解自己和對方。我會記得，我渴望和需要的幫助與支援，不一定只來自於一個人。

9月12日 療癒

我們應該要學會對緩慢的療癒過程有耐心。我們應該要訓練自己意識到，從悲傷恢復到再次開朗，一路上有很多步驟要做……。我們應該要預期自己的情緒恢復期會有下列各種階段：無法承受的痛苦、深刻的悲傷、空虛的日子、拒絕安慰、覺得人生了無生趣。慢慢地……轉變成新的模式，對人生難以抗拒的挑戰，不但會採取行動，也願意接受。——約書亞・羅斯・里普曼（Joshua Loth Liebman），美國猶太教祭司

療癒是個逐漸痊癒的過程，也是精神改變的過程；療癒與其說是終點，不如說是一趟旅程。

療癒過程就和共同依存症一樣，有自己的生命進程。事件的發生一環扣一環，我們也是如此，都在逐漸痊癒。

我們要放鬆、盡本分，讓剩下的一切順其自然發生。

今天，我會相信這個過程，也相信自己踏上的這趟旅程。

9月13日 重新改寫的時機

療癒不一定總是令人疲憊，也不是沒有任何回報的苦差事。我們自在地練習所學行為時，就是療癒中喜悅和休息的時刻。我們跌跌撞撞地學習新事物，或是解決某個問題時，就是療癒中改變的時刻。

在這些時期裡，我們所練習的一切，會開始在人生裡顯現出效果。這些改變很劇烈，但皆有其目的。從更深的層次來看，療癒中還有「重新改寫」的時期。我們開始放下自己的想法、行為。在這段期間，我們可能會感到害怕或困惑。我們舊有的行為模式也許根本不管用，但卻讓我們感到自在又熟悉。

在這段期間，我們可能會感到脆弱、寂寞又特別想依賴，彷彿自己沒帶地圖或手電筒就踏上旅程一般，我們會覺得自己好像進入了從未有人到過的陌生之地。

我們可能無法了解自己內心發生了什麼變化；我們可能無法知道自己要往哪兒去。但其實上天一直指引著我們，我們並不孤單，我們的心會做好準備，以承載最大的喜悅和愛。

療癒是個痊癒的過程。即使我們不了解，也要相信這個過程。在這個過程中，我們現在身處的位置是適得其所；我們所經歷的一切，都是必須的體驗；我們即將前往的下一站，會比以往去過的任何地方都還美好。

今天，我要相信，我所經歷的一切，對我都有助益。我相信，我正在行走的這條道路，會帶我前往充滿光明、愛和喜悅的地方。

9月14日 對我有益嗎？

自我反省時，不管決定是大是小，我們都要學會問：「這對我有益嗎？」、「這真的是我想要的嗎？」、「這是我需要的嗎？」、「我覺得朝這方向走是正確的嗎？」，或是「有時候，我是否屈服於別人對我的控制和影響呢？」

詢問某件事對我們是否有益，並不是不健康的自私心態。這是一種古老的思維模式。問問某件事對自己是否有益，是一種健康的行為，不必感到羞愧；這樣的做法，很可能也可以為對方謀求最大利益。

雖然要問做某件事對自己是否有益，但我們不該偏離正軌，走上自我放縱的自私道路。透過問自己這個簡單的問題，我們也扮演了指引自己的角色，讓自己的人生朝至善和最終目標邁進。

今天，我會開始以自己的最佳利益來採取行動。我明白自己這樣做，有時候並不能取悅周遭所有的人。我明白詢問做某事對自己是否有益，最終會幫助我為自己的人生和選擇負起真正的責任。

9月15日　度過艱難時刻

人生不是只有艱難、充滿壓力的時候，這些時期不過是人生、成長和往前邁進的一部分。

我們要怎樣面對艱難的時刻，或是怎麼面對令人痛苦的能量，是我們自己的選擇。

我們可以運用艱難時期的能量，來釐清、解決自己的問題；我們可以運用這時期來微調自己的技巧；或者，我們選擇經歷這些痛苦的情境，把悲傷儲存起來，拒絕成長和改變。

艱難時刻能夠激勵、形塑我們，讓我們發揮最佳表現。我們要運用這些時期來往前邁進，讓自己的生活、愛與成長，提升到更高的層次。

要怎麼面對是我們的選擇。我們是否願意讓自己感受？我們面對事件時是否從心態著手，比方說感激？我們是否質疑人生，問自己到底應該要學什麼、做什麼？還是，我們會用這些事件來證明過往的負面思考是對的？我們會不會說：「在我身上，從來就不會有好事發生。」、「我只是個受害者。」、「別人都不值得相信。」、或「人生沒什麼樂趣可言。」？

我們不一定非得要負面的能量或壓力，才能激勵自己成長和改變。我們不必創造、尋找或吸引壓力。不過，如果有壓力，我們要學會疏導，讓壓力成為成長的力量，也要運用壓力來達成人生中的一切美好。

今天，讓我的艱難時刻成為自己的療癒期。

9月16日 報復

無論心靈的根基打得有多穩固，有時候我們還是會有無法抑制的慾望，想要懲罰、報復別人。

我們想報復。

我們想看對方像我們一樣受傷，我們想看見人生給對方應得的懲罰。事實上，我們還想幫人生一把。

這些都是正常的情緒，但是我們不必受其影響而採取行動。這些情緒是我們憤怒的其中一部分；不過，伸張正義並不是我們的職責。

我們可以讓自己感受這些憤怒；進一步讓自己感受其他情緒會很有幫助，像是傷害、痛苦和悲哀等等。不過，我們的目標是要釋放掉這些情緒，不再記掛於心。

我們可以要對方解釋，也可以要對方負責。不過，當法官和陪審團不是我們的職責。處心積慮想要報復，對我們並沒有幫助，只會妨礙我們向前。

轉身離開吧！不要再參與這個遊戲，就此脫鉤，學會你自己的課題。要感謝對方給了你一堂珍貴的教訓，別再掛懷。其他都拋在腦後，只要保留學到的教訓。

接受的心態對我們有幫助，原諒也是。這種原諒不是要讓對方再次利用自己，而是讓對方自由，走向不同的道路；同時也釋放掉自己的憤怒和憎恨，讓自己自由，走自己的路。

今天，我會以不再掛懷為目標，盡情表達自己的憤怒。一旦釋放了自己的受傷和憤怒，我會努力追求健康的原諒心態，讓自己原諒。我明白帶有原諒和同情心態的界限，會幫助我往前邁進。

9月17日 建立新關係的行為模式

我們談論了許多建立新關係的行為模式：讓別人做自己、不要過度反應、不要為別人承擔一切，以及掌控自身的力量來照顧自己。我們談過放下掌控的慾望，專心在自我責任上；不要只關注別人、忽略自己，設陷阱給自己跳，讓自己成為受害者。我們也討論過要擁有和建立健康的界限、直接坦白的溝通，以及為自己的渴望和需求負責。

這些行為模式對於應付有成癮症的人一定有幫助；不過，不是只有我們所謂的「不健全關係」，才能運用這些行為模式。

這些行為是我們建立新關係的行為，不但在壓力重重的關係中派得上用場，也能在健康的關係中，幫助我們度過艱難的壓力時刻。

這些健康的關係技巧，能夠幫助我們改善所有關係的品質。

療癒是指自我照顧，也就是和別人相處時，學會照顧自己和愛自己。我們愈健康，我們的關係也會愈健康。我們永遠都會需要健康的行為模式。

今天，我會記住要在自己所有的關係中，運用新的行為模式，不管是對朋友、同事，以及特殊的愛情關係，都是如此。我會努力在棘手的關係中照顧自己，釐清有哪些技巧可妥善利用。我也會好好思考自己健康的關係，可以從新的技巧中獲得哪些益處。

9月18日 讓好事發生

我希望自己後半生的精彩程度，能與前半生的悲慘相當。有時候，我害怕事情發展無法如我所願。有時候，我害怕自己的期盼可能成真。

好事發生可能會讓人恐懼。改變會令人害怕，連好的改變也是如此。就某些方面來說，好的改變比艱難的處境還令人膽戰心驚。

過往的一切對我們來說，可能是自在又熟悉。我們知道自己的情感關係是什麼樣子，一切都可預期，只是不斷重複相同的模式。這些可能不是我們想要的，但至少我們知道會發生什麼事。

我們改變模式時，一切就會不一樣。

療癒前，每年的生活幾乎都和前一年差不多。有時候情況糟一點，有時候好一點。

療癒後，一切開始轉變。事態開始好轉，我們開始在戀愛、工作和人生中達陣。每天都有好事發生，不幸開始消散。

我們不再想當人生的受害者，我們學會避免不必要的危機和創傷。人生開始好轉。

「我要如何面對好事的發生？」某位女士問，「這比痛苦和悲劇還要陌生又難以應付。」

「就和我們應付艱難痛苦的經驗一樣。」我回答，「每次以一天為單位，專心過好每一天。」

今天，我放下想要承受痛苦和危機的執念。我會盡快度過悲傷的情緒，開始解決問題。我會在平靜、喜悅和感激中，找回自己的根基和平衡。我要努力接受好事的發生，就像以往我努力接受痛苦和艱難的挑戰一樣。

9月19日 道歉

有時候，我們會對自己的舉止感到不太自在，這是人性，也是為什麼我們會說「對不起」，這表示道歉有療癒的功能，還能修補彼此裂痕。不過，如果沒有做錯任何事，我們不必說「對不起」。羞愧感會讓我們對自己做的每一件事情、說的每一句話都感到抱歉，甚至連自己的存在和做自己，都感到對不起他人。

我們不必為了照顧自己而道歉，也不必為了處理情緒、建立界限或尋找快樂而愧疚。

如果為了追求自己的最佳利益，我們永遠不必改變自己的既有路線；但有時候一句對不起，就表示你感受到其他情緒的存在，這在相互關係中或當下的問題還不明朗時，很有幫助。我們可能會說：「對於彼此間的爭吵，我感到很抱歉。如果我為了照顧自己而採取什麼行動傷害了你，我很抱歉，我的本意不是如此。」

一旦道歉了，我們就不必一直重複。如果某人一直想要我們為了相同的事道歉，那是對方的問題，我們不必一起攪和。

我們要學會認真看待自己的道歉，沒有必要就不要隨意說出口。我們心態健康、有自信時，就會知道什麼時候該或不該道歉。

今天，我會努力清楚、健康地表達自己的歉意，為自己的行為負責，別人的行為是他們的責任。我會釐清自己需要為了什麼而道歉，也明白自己的責任是什麼。

9月20日 隨興

在療癒的過程中，我們學會讓自己放手去試！我們要學會隨興。

隨興可能會讓某些人覺得害怕。我們可能害怕隨興會讓自己失去控制權。我們不准自己興之所至，而要舉止得宜、正確恰當、追求完美、堅強、不准找樂趣，而且凡事都要在掌控之中。

我們可能把隨興和負面的行為聯想在一起，認為隨興就是隨便、強迫、自我毀滅或是不負責任。

這並不是我們在療癒過程中所談論的觀念。積極的隨興是指自由表達自己的想法，用一種充滿樂趣、健康的方式表達，不會對我們造成傷害，也不會侵犯他人的權益。

當我們的自我意識和自信提高時，就能學會隨興和自在。我們的信心和信任增加時，隨興心態就會跟著出現，我們會對自己維持健康界限的能力更有把握。

隨興的心態，和我們能否放鬆玩樂、培養親近感有關。想要達成這些行為，我們必須能夠放下想要控制自己和別人的執念，充分、自由融入當下的情境。

拋開勒住自己的韁繩吧！就算犯錯又怎樣？就算錯了又怎樣？好好品味自己的不完美。讓自己多一點依賴、多一點脆弱，冒個險吧！

在不傷害自己和別人的前提下，我們要培養隨興的心態。事實上，每個人都會因我們的隨興而受惠。

今天，我會拋開束縛，享受做自己的感覺。我會運用人生、自己和別人的禮物，好好找點樂趣。

9月21日 放下急迫的心態

一次處理一件事。

這就是我們唯一要做的事。不要一次處理兩件事，而是要平靜地把一件事做完。

一次應付一個任務；一次感受一種情緒；一次以一天為單位；一次解決一個問題；一次採取一個步驟。

一次享受一種樂趣。

放鬆吧！放下急迫的心態，平靜地開始，一次處理一件事情就好。

看，一切不都順利解決了嗎？

今天，我會以平靜的心態，一次處理一個問題。有疑問時，我會優先處理最需要解決的問題。

9月22日 相信自己

許多人認為聽從信仰的教導，就意味著得遵守嚴格的教條，或是按照書上的指示過生活。

許多人現在的觀念不一樣了。嚴格的教條、永無止盡的訓示、追求完美的規勸等，都不是神要對我們說的話語。

神的話語，往往是那些指引我們向前的平靜、細微語句，我們稱為直覺或本能。

我們有權利做自己，有權利聆聽自己和相信自己。我們有權利聆聽神溫柔、慈愛的話語，聆聽這些穿透內心、對著我們訴說的低語。

今天，我放下引發羞愧感的嚴格教條。我有權利選擇慈愛、聆聽和相信的生活方式。

9月23日 容忍

練習容忍。

容忍我們的癖好、情緒、反應、古怪和人性。容忍我們人生的起伏、我們對改變的抵抗、我們的跌跌撞撞以及偶爾出現的笨拙特質。

容忍我們的恐懼和錯誤；容忍我們想要逃避問題和痛苦的天性；容忍我們對於親密感、袒露祕密和示弱的遲疑。

容忍我們偶爾想要感到優越的需求；容忍我們偶爾會感到羞愧、偶爾會想要以對等的身份分享愛。容忍我們進步的方式：一次只往前幾步，有時還會往後退。

容忍我們本能想要控制的慾望，也容忍我們不願意練習切割的想法。容忍我們表達自己渴望愛的方式，有時侯還因此把別人逼走。容忍我們偏執的念頭，容忍我們偶爾還因此深陷泥淖。

但有些事情我們不能容忍：不要容忍對別人、對自己的虐待或毀滅性的行為。

要練習健康、慈愛地容忍自己。一旦做到了，我們就能學會容忍別人。接著，再更進一步，讓我們學到：雖然我們正在學習容忍人性，但正是因為這些人性，才讓我們與別人變得更加美好。

今天，我會容忍自己。以這為出發點，我會學習適當容忍他人。

9月24日 我們可以有需求

我們要接受自己是有需求的人。我們需要安慰、愛、理解、友誼，以及健康的接觸。我們需要正面的強化，需要某人的聆聽，某人的付出。我們並不會因為需要這些事物而脆弱，這些需求顯示出我們的人性和健康。需求獲得滿足、相信自己值得獲得滿足，都會讓我們感到快樂。

有時候，除了一般的需求外，我們會變得特別依賴。在這些時候，我們需要的事物比自己能夠付出的還要多。這種情況很正常。

我們要接受自己的需求，把這些需求以及自己依賴的那一面，融合成完整的自己。我們要為自己的需求負責，這樣做並不會讓我們脆弱或是有所不足，也不表示我們不好，或是不健康地依賴。為自己的需求負責，讓我們可以處理自己的需求以及依賴的那一面。我們不再受自己的需求控制，重新拿回了主控權。

此外，我們的需求也會開始獲得滿足。

今天，我會接受自己的需求，以及自己依賴的那一面。我相信我的需求值得獲得滿足，我也會讓這件事發生。

9月25日　與過去和解

即使神也無法改變過去。——古希臘悲劇詩人阿加松（Agathon）

不管是透過內疚、渴望、否認，還是憎恨的方式，抓著過去不放，都是在浪費珍貴的能量。我們應當利用這些能量來改變自己的當下和未來。

「我以前一直活在過去。」一位女士說，「我要不就是想著改變過去，要不就是揮不去過往的陰影，通常兩者皆是。」

「我對於過往發生的事一直很內疚，不管是自己做過的事，還是別人對我做過的事，都是如此。即使我對大部分的事做了彌補，內心的愧疚依然無法消散，每件事好像多少都是我的錯，我就是無法放下。」

「多年來，我緊抓著憤怒的情緒不放，告訴自己這樣做一點都沒錯。我對許多事情抱持否認的心態。有時候，我拼命想要忘記過去，但卻從未真正停下來好好想清楚。我想我可能是害怕放手、害怕當下，也害怕未來。」

「我花了多年的時間，才能重新正確看待自己的過往。我發現我不可能忘記過去，而是要從過去的傷口中癒合。我需要去感受和放下自己仍懷有的種種情緒，尤其是憤怒。」

「我不應該再為了已經發生的痛苦而責怪自己，而是要相信所有事情的發生自有其時程，一切都會沒事。我學會了不再後悔、開始感激。」

「當我想起過往時，我感謝上天，也感謝這些回憶。如果某件發生的事需要做彌補，我補償後就不會再記掛。」

「我已經從某些最令我傷痛的事情中痊癒。在這些問題上，我和自己達成和解。這些最令我傷痛的事情塑造了我的個性，也培養出我更美好的一些特質。」

「我甚至感激過往失敗的關係，因為沒有這些關係，就無法成就今日的我。」

「我學會了接受，不帶有任何的內疚、憤怒、責怪或羞愧。」

我們無法控制過去，但我們可以對過往改觀，用對自己和對別人的愛，讓自己從過往中療癒。我知道，因為那個女士就是我。

今天，我會開始感激自己的過去。我無法改變已經發生的事，但可以藉由掌控自身的力量、接受以及從中學習，對過往改觀。

9月26日 安全防護罩

我們的任務不是只要培養安全感這麼單純，也不是在一個烏托邦的世界裡生活和相愛。我們的任務是在一個不安全的世界裡，讓自己有安全感，同時還要學會如何過生活、如何去愛。

我們不想一直擔憂著危險，因為這樣只會讓負面思考的力量更強大。不過，我們也不想忽視或假裝危險不存在。

如果要去做日光浴，我們不會天真地以為陽光不會造成任何危害。我們知道太過炙熱的陽光會讓人曬傷；我們知道要做些什麼來保護自己，才能享受曬太陽的美好。

想像自己正受到高效能防曬乳的保護，也要確保這層防護罩會讓美好的事物滲透進來。有時候，你的防曬乳塗太厚，讓你裹足不前，不敢追求自己渴求的事物。現在，改變一下，讓美好的事物進來吧！

這是你對人生和世界的防護罩。仔細看看，想像這層防護罩無時無刻圍繞著你，用愛和安慰層層圍住你，保護著你。沒有任何傷害進得來，也沒有任何負面能量能穿透這層保護膜。

平靜、安心地往前走。走吧！你知道你有一層防護罩，可以去自己得去的任何地方。所有的邪惡都會受到阻擋，善意會源源流入。不必拼了命保護自己，你可以放鬆享受人生，相信自己很安全。無所畏懼地往前走吧！因為你受到愛的包圍和保護，而且這層防護罩會一直存在。

今天，我會想像自己包裹在一層防護罩裡，不受世界上負面和有害的光線傷害，不過這層防護罩會讓美好的事物滲透進來。

9月27日 暫時的挫折

有時候，人生中的各種事情似乎暫時變得更糟。我們的財務、人際關係或健康，可能看起來都會惡化。這些都是暫時的現象，也是療癒裡正常的一環。可能有一段時間都會這樣，不過不會持續太久。

繼續在療癒的過程中往前進，很快情況就會反轉了。沒多久，我們和一切事情都會變得比以前更好。這一次，你的根基會扎得很穩。

今天我即使在遇到挫折時，也要相信療癒的過程。我會記住問題都是暫時的，一旦解決了，我的立足之地會更穩固。

9月28日 祈禱

以下是一些我最喜歡的祈禱文：

幫助、懇求、不要發生。

告訴我、指引我、改變我。

神祢在嗎？

祢為什麼這樣做？

喔。

感謝祢。

今天，我會告訴神自己想對祂說的話，也聆聽祂的回答。我會記得自己要相信。

9月29日 金錢的重要性

不要讓自己的人生只專注於金錢上，這樣做並不會讓我們獲得自己想要的更多財富。一般來說，這種態度會讓人甚至連財務穩定都辦不到。

金錢很重要。我們付出的努力的確值得獲得回報。我們相信自己值得的時候，付出努力就會獲得回報。不過，當我們的首要考量是金錢時，往往計畫就會失敗。

我們真的想要做的事是什麼？我們的直覺想要告訴我們的是什麼？我們做什麼事會感到興奮？找個方法去做吧，不要擔心錢。

考量財務的各個面向，對自己要付的費用設立界限，理智一點。要預期自己從谷底做起，再慢慢往上爬。不過，如果你對某個工作有熱情，就去做吧！

有沒有什麼事是我們真的不想做、又違背自己的天性，但卻「為了錢」而逼自己去做呢？通常這樣的行為會產生反效果，沒有用的。我們過得痛苦，財務通常也會出問題。

我發現，當我在工作上誠實做自己，也做自己該做的事時，金錢自然會隨之而來。有時候不如我想像得多；有時候卻是令人愉悅的驚喜，但我很滿足，而且我擁有的已經足夠。

如果我們想追求精神上的安全感，以及心靈的平靜，金錢是要納入考量，但卻不是首要之務。

今天，我會把金錢納入考量，但不會列為首要之務。我要誠實做自己，也相信這樣做，金錢自會隨之而來。

9月30日 不是受害者

我們自認為是受害者的心態有多麼根深蒂固啊！我們是多麼習慣自己悲慘和無助的情緒啊！受害者的心態就像一件包裹住我們的大衣，不但會吸引讓我們痛苦的人事物，也會讓我們產生受害的感覺。

我們可能太習慣被害者的心態，甚至連發生好事，我們也覺得自己是在犧牲！

買新車了？是啊，我們嘆著氣說，只是性能不如預期的好，畢竟花了這麼多錢……

你的家人都好棒喔！是啊，我們嘆著氣說，不過還是有問題啊，而且也會有難熬的時候……

你的事業真是成功啊！哎呀，我們嘆著氣說，但是成功要付出代價啊，你看我要做這麼多的工作……

如果硬是要鑽牛角尖，我們就會有不可思議、甚至是驚人的能力，在任何情況都能挑出悲慘的地方。

不要再這樣了。脫掉絕望、負面和受害者的灰色大衣吧！我們可能以前受過傷害；我們可能會尋找讓自己受害的情境，甚至一再製造出這樣的情境。但我們不是受害者。

我們要靠自己的力量站起來。不管是在悲慘或是幸運的情境中，我們都不必刻意尋找不幸。

設立界限！處理憤怒！對某人說「不」，或是說「夠了」！離開某段關係！表達需求！自己做決定，為這些決定負責；探索各種可能；滿足自己的需求！抬頭挺胸，拿回自己的力量。為你自己負責！

今天，我不要再當受害者，不再以這樣的心態思考、表達或採取行動。反之，我會快樂地為自己負起責任，專心享受人生中美好和正確的事物。

十月

卸下生存偽裝，努力做自己。

做自己・處理家庭問題・克服不適・信念和金錢・知識・照顧自己・別再天真・學會等待・展露自我・毀滅性關係中的賄賂・復元・悲傷的時候，要對自己溫柔・本質比形式重要・控制與信任・放下混亂不安的心態・對自己誠實・情緒和順服・丟掉指導手冊・我們的優點・用愛切割・財務責任・堅持自己的真理・晨間訊息・敞開心胸去愛・放下過往・清明的思緒・賜予的力量・冥想和禱告・接受・自我價值・我們一切的需求

10月1日 做自己

在療癒的過程中，我們學會了新的行為，這行為就是「做自己」。

對某些人來說，做自己可能是件令人害怕的事。萬一我們認真感受自己的情緒、表達自己的渴望、對自己的信念堅定，又重視自己的需求，會發生什麼事呢？如果我們卸下自己的生存偽裝，會如何呢？如果我們掌控自身的力量，努力做自己，又會如何呢？

別人還會喜歡我們嗎？他們會不會離開？會不會生氣？

時機到來的時候，我們會願意冒險，也做好了冒險的準備。為了要持續成長、和自己共處，我們明白必須解放自己。是時候別再受他人及他們的期待控制了；不管別人的反應為何，我們都要做自己。

要不了多久，我們就會開始明白，有些人可能會離開，但這段關係就算你不這樣做，遲早也會結束；有些人會留下來，也會因為我們願意冒險做自己，而更愛、更尊重我們。我們開始培養出親密感，也會建立成功的關係。

我們會發現原本的自己就已經夠好了。這樣的我們，就是自己本來想要追求的目標。

今天，我會掌控自身的力量，努力做自己。

10月2日 處理家庭問題

面對家庭問題時，要照顧自己，我們有許多條路可走。有些人選擇和家人保持聯繫，學會不一樣的行為；有些人一度切斷連繫，後來又基於不同的考量，慢慢和家人重新有所接觸。

要處理家庭的問題，沒有單一或是完美的方法。每個人在不同的時程點，都有權選擇適合自己、符合自己需求的道路。

「有權選擇」對我們來說，是新的概念。我們可以對家人建立必要的界限；我們可以選擇適合自己的方式，不必覺得內疚或是有義務，也不必受到任何來源的不當影響（包含來自專業療癒人士的影響）。

我們的目標是要在愛中和家人切割。我們的目標是要能夠照顧自己、愛自己，過健康的生活，這些目標與家人的行為都無關。為了達到這些目標，我們也必須判斷，要採用哪些必要的策略，建立哪些必要的界限。

如果內心想要說「不」，我們有權拒絕家人的要求。如果覺得自己想答應，我們有權接受家人的提議。我們有權喊「中場暫停」，也有權以不一樣的面貌再回到場上。

我在面對家庭問題時，會選擇適合自己的道路。我明瞭這個過程沒有對錯。我會盡可能努力用愛去原諒、學會切割。我明白自己不必為了整體著想，放棄自我照顧和自己的健康。

10月3日 克服不適

順服於痛苦；接著，學會順服於美好的事物。沿路會有更多美好等著你。——《超越共同依存症》

在療癒中，我們的目標是要讓自己感到舒適、平靜、滿足和快樂。我們想與自己以及周遭環境和解。有時候，要做到這一點，我們必須願意面對、感受和克服種種不適。

我在這裡講的不是對悲慘或痛苦的成癮，也不是說要創造不必要的痛苦。我的意思是在療癒的過程中，有時我們需要感受到合理的不適。

如果我們動手術，手術後隔天是最痛的時候。我們在復元過程中面對這類的問題時，就等於是在接受情緒、心理和精神上的手術。我們要處理自己身上受到感染發炎的部位。

有時候這個過程很痛。

我們很堅強，可以從不適和暫時的情緒疼痛中存活下來。一旦願意面對和感受自己的不適與疼痛，我們就離解脫不遠了。

今天，我願意面對自己的不適，相信復元和解脫就在對岸不遠處。為了療癒和維持健康，我會敞開心胸，感受需要感受的情緒。這樣做的時候，我相信自己、朋友和宇宙都在照顧、保護著我。

10月4日 信念和金錢

有時候，我們入不敷出，更別提奢侈的享受。

別人可能會叫我們要編列預算，我們一笑置之。我們生活所需要的費用可能遠超過收入。

我們看著眼前的情況，搖搖頭說：「怎麼會這樣？！」

許多人都曾經經歷過這種情況。這時候不該驚慌，也不該絕望。

驚慌和絕望只會讓人判斷錯誤，做出狗急跳牆的舉止。這時候要以信念代替恐懼。

以天為單位，一次解決一個問題，積極運用你的求生技巧。你要明白，你的潛力不受過去或現在的情況所限。

檢視你人生中所有金錢來源的可能阻礙。是否有需要改變的態度、要學習的課題，或要解決的問題？

在經濟有困難的時候，如果列出預算，錢還是不夠來支付應付的費用，那麼盡全力後就放下一切。

盡本份。在想法和行動上，要努力追求對金錢負責任的態度。放下自己的恐懼和想要控制的慾望。

今天就讓我內心和金錢有關的種種阻礙浮現。我會在財務方面照顧自己。如果手頭很緊，我會消除恐懼。我不會用這種態度為自己的不負責任開脫。我會盡本份，然後放下恐懼。

10月5日 知識

要學會讓自己接受指引、明瞭真理。

時機來到的時候，我們會知道自己需要明瞭的智慧。我們不必因為按照自己的步調來培養洞察力而感到羞愧。我們不必在時機未到之前，強迫自己察覺或意識到一切。

沒錯！也許全世界在我們的人生中都已經看到了一個特定的真理，我們卻在還沒做好準備前，予以否認。這不關別人的事，這是我們自己的權利！我們的過程屬於我們自己；等到時機適當、做好準備、學習經驗也完整時，我們就會發現自己的真理。

自己體會整個過程，最能激發我們的成長。經歷這個過程時，我們要付出和接受支持與鼓勵；我們要聆聽他人的意見，表達自己的想法；我們要建立界限，在必要的時候照顧自己。不過，我們和別人還是有權利按照自己的步調來成長，不帶任何批判，要全心相信一切都會順利，而且自有其時程。

等我們做好準備，等時機到來時，我們就會知道自己需要明瞭的智慧。

今天，我會讓自己和其他人，按照各自的步調和時間表來成長與改變。我相信在適當的時機，我會得到洞察力來明瞭這些智慧。

10月6日 照顧自己

體貼、回應別人的情緒和需求，是種健康、聰明又充滿愛的行為。這和照顧別人、忽視自己不一樣。照顧別人、忽視自己是種自我挫敗的行為，而且一定會破壞關係。這種行為會造成反效果，不但會讓人心有不甘，還會覺得自己像個受害者。畢竟，我們最終還是會有自己的情緒、渴望和需求。

有些人似乎會希望別人來照顧他們的情緒，我們要學會拒絕這種邀請。我們可以盡可能關心、關愛他人，但也要重視自己的需求和情緒。要學會注意、重視自己的情緒、渴望和需求，因為我們會開始明白，一旦不重視自己，結果通常都可預期，大概不會有好下場。

在學習的過程中，要對自己溫柔、有耐心。如果一不小心又回復過往的舊習，只顧著他人情緒、忽略自我時，要對自己多點諒解。

不過，在今天就停止這樣的循環吧！我們不必覺得對他人有責任，也不必因為有這樣的想法而感到內疚。我們甚至要學會引以為傲，很開心我們能夠為自己的需求和情緒負責。

今天，我會評估自己是否又回復過往的舊習，忙著為他人的情緒和需求負責，卻忽略了自己。我會掌控自身的力量、權利和責任，好好重視自己。

10月7日 別再天真

我們可以關愛、信任他人，但不要受人利用或虐待。我們不必讓人為所欲為，不是所有要求都合理！不是所有要求都得點頭答應！

人生可能會有很多考驗，別人可能會尋找我們的弱點。我們可能會發現別人不斷在測試我們人生某個面向的極限。如果我們在某個部分有弱點，家人、朋友、同事和鄰居可能就會不斷測試我們的底限。人生、別人和上天可能是努力想要教導我們某個特定的智慧。

一旦學會了這個課題，我們會發現這個部分的問題逐漸減少。我們建立了界限，也掌控了自身的力量。現在，我們已經學會了這個課題。有些人已經把我們的忍耐逼到極限，我們可能得暫時對他們表達自己的憤怒。沒關係！很快我們就會放下憤怒，以感激的心態取而代之。這些人是要來幫助我們明白什麼是自己不想要的、不能容忍的，他們也會幫助我們掌控自身的力量。

我們要感謝他們讓我們學會了這麼多智慧。

我們願意容忍到什麼程度？我們對別人的底限何在？我們要忽視自己的憤怒和直覺到什麼地步？我們的界限在哪？我們有界限嗎？如果沒有，麻煩可大了。

有些時候，我們不該相信其他人，而是要相信自己，對周遭的人建立界限。

今天，我會敞開心胸，意識到自己有哪些地方需要建立更健康的界限。我會放下自己天真的假設，不再認為別人永遠是對的。我會用相信自己的心態取而代之，仔細聆聽自己的需求，建立、擁有健康的界限。

10月8日 學會等待

我開始意識到等待是門藝術，等待才能達成目標。等待是種非常、非常強大的力量；時間是珍貴的資產。有時候，無論你現在多努力、投入多少金錢、碰壁多少次，都無法達成目標。如果你可以等兩年，有時就能達成這個目標。——丹妮斯・霍莉（Dennis Wholey）《改變的勇氣》

最懂得愛、最會過生活的人，是那些成功學會等待的人。很多人不喜歡等待，也學不會有耐心。不過，等待會是幫助我們達成許多目標的有力方法。

我們無法永遠滿足自己的渴望。不管原因為何，我們想做、想擁有、想成為、想實現的事或物，現在無法達成。不過，有些我們現在無法做到或擁有的事物，不管是什麼，將來會擁有。在當下，一直想要獲得將來自然會輕鬆到來的事物，只會讓我們心力交瘁。

等待時，我們不必停滯不前。我們要把注意力放在別的地方，練習接納和感激。我們要相信等待時期的人生也可以很有趣，然後放手去享受人生。

好好處理挫敗和不耐煩。我們可以在人生中達成渴望的目標，尤其那些真心的渴望，前提是要學會等待。

今天，我願意學習忍耐這門藝術。如果我等待某事發生，卻無法掌控發生的時機而因此感到無能為力，我會藉由學會等待，專注於自己可以掌控的力量。

10月9日 展露自我

在彼此關係中，學會慢慢表達自己真正的一面，是我們敞開心胸去愛和培養親密感的方式。

許多人把自己藏在保護殼底下，這層外殼讓別人看不見、也傷害不了我們。我們不想那麼脆弱，不想向別人透露自己的想法、情緒、恐懼、弱點，有時候也不想讓別人知道自己的實力。

我們不希望別人看見自己真實的樣貌。

我們可能害怕別人評斷、離開或是不喜歡我們。我們可能不確定自己真實的樣貌是否符合期待，也不知該如何向別人展示自己真實的一面。

展現自己脆弱的一面可能會很令人害怕；假使和會虐待、操縱或不欣賞我們的人在一起的話，情況更是如此。

不過漸漸地，我們學會承擔展現自我的風險。我們向別人揭露內心真正的自我，我們挑選安全的對象，開始一點一滴訴說自己。

有時候，我們可能會因為出於害怕而有所隱瞞，覺得這樣做對自己有益，或是可以讓別人更喜歡我們。這不過是個假象。隱瞞自己真實的一面對我們、對方和這段關係，都沒有幫助。隱瞞是會產生反效果的行為。想要培養真正的親密感，想在彼此關係中愛自己和獲得滿足，我們就得透露自己真實的樣貌。

這並不表示我們要一次就告訴別人一切的真相，這同樣也是自我挫敗的行為。我們要學會相信自己，相信自己有能力選擇何時、何地向何人透露，也知道自己該吐露的程度。

展露自己的真實樣貌，人們會愛我們、喜歡我們。要我們相信這種觀念，的確有點嚇人。不過，這是我們在相互關係中，唯一能達成自己渴求目標的方式。其中的關鍵，就是放下自己想要控制別人的慾望，不要想去控制別人的意見、對我們的情緒反應，或是這段關係的走向。

慢慢地，像朵花一般，我們要學會綻放。我們會像花一樣，在溫暖陽光下，恣意綻放。

今天，我會鼓起勇氣，開始向某個我覺得安全的人，透露自己真實的樣貌。我會卸下自己部分的保護殼，冒險向他人示弱。即使以往的觀念告訴我不該這樣做，即使我內心也不想這樣做，我還是會努力去嘗試。我會以自我負責、自我關愛、直接和誠實的態度，展露真實的自己。我要放下自己的恐懼，不要害怕向別人展現自己真實的一面。我會接受自己真實的樣貌，不要再為別人的期待而活。

10月10日 毀滅性關係中的賄賂

有時候，我們可能正從造成痛苦的關係中收取賄賂，如果意識到原來自己有這樣的行為，會對我們會有幫助。

這段關係可能正在餵養我們的無助，也強化了自我犧牲的角色。

也許這段關係讓我們依賴的需求更加強烈，藉由讓我們有掌控感、或是比對方在道德上更有優越感，來提升自己的自信。

有些人覺得待在某一段關係中，好像減輕了自己的財務或其他責任。

「我父親在我小時候對我性侵。」一位女士說，「接下來的二十年裡，我不斷拿這件事在情緒和金錢上恐嚇他。只要我想要，就可以從他那兒拿到錢，我從來就不必為我自己的財務負責。」

意識到自己從關係中獲得賄賂，並沒有什麼好羞愧，這表示我們找到了內心妨礙自己成長的障礙物。

會成為受害者，我們也要負部分的責任。一旦願意誠實、無懼地看著獲得的賄賂，然後放開自己的手，我們也就已經做好準備，接受相互關係中正面、健康的回報。這些回報才是我們真正的渴望和需求。

今天，我會敞開心胸看看，自己待在某段不健康的關係中，到底獲得了什麼賄賂。我會做好準備放下不健康的關係；我會準備好面對自己。

10月11日 復元

把自己的問題怪罪到別人身上有多容易啊！「看看他做了什麼！」、「你看我等了多久！」、「她為什麼不打來？」、「如果他能改變，我就能快樂了。」……

往往，我們的指控都是其來有自。我們可能覺得挫敗又受傷。在這些時候，我們可能會開始相信，要解決自己的痛苦和挫敗，就是要讓對方按照我們的方式來做，或凡事都要達到自己期望的結果。不過，這些自我挫敗的幻象，只是讓我們把自己人生的力量和掌控權，放在他人手裡。

不管造成我們痛苦和挫敗的理由多麼站得住腳，要想解決，就得承認自己的情緒。我們感受憤怒、悲傷後，要放下這些情緒，找到內心的平靜。即使我們可能說服自己，控制別人才能得到快樂，但我們知道事實不是如此。這種態度，我們稱之為「接受」。

接著，我們心想，即使希望自己的情況有所不同，但也許我們的人生會這樣是有原因的。也許有個更重要的目的和計畫正在進行，這個計畫比我們所能精心安排的還要好。這種想法，我們稱之為「信念」。

然後，我們決定自己要採取哪些行動，在能力範圍內照顧自己。這就叫做「療癒」。

把手指向別人很容易，但是慢慢把手指向自己，我們會獲得更多回報。

今天，我會處理自己的情緒，感受自己的痛苦和挫敗。

10月12日 悲傷的時候，要對自己溫柔

適應改變和失去的過程，需要很多能量。悲傷不但耗費心神，有時還令人筋疲力盡。用心理學博士派崔克・卡諾斯（Pat Carnes）的話來說，有些人經歷悲傷時，需要「先包覆自己，才能破繭而出」。

我們可能會覺得比平常還累。我們原本發揮很好的能力，可能會暫時失常。我們可能會想躲在自己安全的臥室裡，不想出門。

悲傷不但沉重，也會消磨我們的鬥志。

在經歷改變和悲傷時，我們可以對自己溫柔一點。沒錯，我們想要維持復元期的紀律。不過，我們要對自己有同情心。在這段期間，做不到的事就不必強求。我們甚至不該用以往能做到的合理期待，來要求自己。

我們可能需要更多休息、更多睡眠，以及更多的安慰。我們可能會更依賴，能付出的卻變少。經歷悲傷、壓力和改變時，我們要接受自己的需求改變，也要接受這樣的自己。

在轉變的期間，我們可以讓自己躲在繭裡。我們要順服於這個過程，相信一個嶄新、刺激的能量正在我們內心醞釀。

要不了多久，我們就會展翅高飛。

今天，我會在悲傷、改變和失去的時期，接受自己改變的需求。

10月13日 本質比形式重要

我之所以會變成這樣，是有很多原因的。我大半輩子的重心都放在形式，而不是本質上。我在意自己的髮型是否完美、穿著是否得體、妝容是否精巧。我要住在對的地方、用對的傢俱裝潢、找對的工作、找對的另一半。形式控制了我人生許多行為。現在，我終於明白了真理。真正重要的是本質。——未具名

想要呈現自己最好的一面並沒有什麼不好。不管我們想要努力創造的是自己，人際關係還是人生，我們都得先有些明確的概念，知道自己真正渴求的事物是什麼樣貌。

形式讓我們有了起始點。不過，對許多人來說，形式成了本質的替代品。我們可能會專注於形式，以彌補自己害怕或不如人的地方。我們可能會專注於形式，只因為我們不知道該如何專注於本質。

形式是輪廓，本質則是把輪廓填滿的內容。我們藉由做真正的自己，來填滿我們這個輪廓；我們藉由好好過人生、全力投入，來填滿我們人生的輪廓。

現在，在療癒的過程中，我們學會專注於事情運作的方式，也專注於感受，不要只看外觀。

今天，我會專注於人生的本質。我會用真正的自我，把我這個輪廓填滿。我會在人際關係中，專注於本質，不要只看外觀。我會專注於人生中事物的真正運轉，不要只看表面。

10月14日 控制與信任

控制是我們對害怕、驚慌和無助感的直接反應，也是對於不知所措和不信任的本能回應。

我們可能不信任自己、不信任別人，也不信任整個人生。我們沒有選擇相信，反而轉向控制。

我們可以透過處理自己的恐懼，來解決想要控制的慾望。要處理恐懼，就要先信任。我們要相信自己。

我們要相信事情的發展不如自己預期時，上天一定自有安排。

我們要相信自己真的想採取行動、真的做好準備、時機真的到來時，我們就能抵達自己必須去的地方、表達自己必須說的話、做自己必須做的事，也能展露真實的樣貌，成就真正的自我。

我們要相信自己在這趟旅程所需的一切，自會出現在我們眼前。我們不會馬上就獲得整趟旅程所需的一切裝備。我們今天會獲得今天的補給，明天會獲得明天的補給。我們本來就不是要扛著所有補給品，走完整趟旅程。這樣負擔會太重，而這趟路途的本意是要輕裝便捷。

相信自己。我們不必計畫、控制或安排好所有事情。時程和計劃表早就已經寫好，我們唯一要做的就是現身參與。

這條道路會愈來愈清晰，你也會得到用途明確、充足的補給，一次給足一天的份。

各位朋友，在今天全心相信吧！

今天，我相信自己會獲得度過今天所需的一切。我相信明天也會是如此。

10月15日 放下混亂不安的心態

心懷不安不會有好的表現。

不安、恐懼、憤怒或悲傷，也許可以激勵我們。這些情緒有時候是要促使我們採取行動。不過，用平靜取代這些情緒之後，我們才會有最佳的表現。

用急促、恐懼、憤怒或悲傷的心態來採取行動，並不會讓我們的課題完成得更快、更好。放下不安的心態，讓平靜填滿內心的空白。我們不必為了做今天自己該做的事，而失去自己的力量。我們不該失去上天賜予的個人力量，或是內心的平靜。時機到來的時候，上天會賜予我們所需的力量，來完成我們該做的事。

要先平靜下來，才能往前進。我們會完成該學會的課題，按時程自然而然完成。

今天，我會先平靜下來，讓我的工作和人生以此為根基展開。

10月16日 對自己誠實

我們與自己的關係，是我們最需要維持的重要關係。這段關係的品質，會決定我們人生其他關係的品質。

如果能對自己訴說我們的感受，也接受自己的情緒，我們就能告訴別人。

如果能接受自己的渴望和需求，我們就能做好準備，讓自己的渴望和需求得到滿足。

如果能接受自己的想法和信念，也接受對我們重要的事物，我們就能把這些觀念傳達給別人。

如果能學會認真看待自己，別人也會認真看待我們。

如果學會對自己一笑置之，我們就能做好準備，和他人一起歡笑。

如果學會信任自己，我們就會成為值得信賴的人，也能做好信任他人的準備。

如果能感激自己的一切，我們就能愛自己。

如果能愛自己，也接受自己的渴望和需求，我們就能做好準備，付出愛與接受愛。

如果學會自食其力，我們就能做好和某人一起生活的準備。

今天，我會專心和自己培養良好的關係。

10月17日 情緒和順服

順服是一種高度個人以及精神上的體驗。

順服不是我們用想就能達成的心態，也不是靠意志力就能強迫或控制。順服是我們要去經歷的過程。

接受或順服，不是一個只有美好事物的包裹。往往，這個包裹裡裝滿了難熬的情緒。我們會先感受到生氣、憤怒和悲傷，後來才是釋放和舒緩。順服的時候，不管是對上天、對別人、對自己還是對人生，我們都會感受到自己的挫敗和憤怒。接著，我們會來到痛苦和悲傷的核心。我們要先釋放掉內在沉重的情緒負擔，才會覺得快樂。往往，就更深入的層次來看，這些情緒與療癒及釋放都有關聯。

順服讓滾輪開始轉動。我們對未來的恐懼和憂慮在順服時，得到釋放。

我們受到上天的保護和指引。美好的事情都已計劃好，下一步也已正在進行。順服是讓我們往前進的過程。

在掙扎著度過這次的精神體驗時，要相信時間的安排，以及彼端的自由。

我會對人生中順服的過程敞開心胸。我會讓自己感受必須釋放掉的棘手與強烈情緒。

10月18日 丟掉指導手冊

許多人覺得自己要有指導手冊、顯微鏡和保證，才能過人生。我們感到害怕、不確定。我們要知道會發生什麼事、該如何回應，才會有安全感。

我們不信任自己，也不信任人生。我們想要一切都在自己的控制之中。

許多人已經走到了谷底，考量到以往的遭遇，我們害怕再度受創的心態是可以理解的。我們不必害怕。我們要相信自己、相信自己的道路，也相信自己的直覺。

的確，我們想要避免再次犯同樣的錯誤。比起昨天或去年的自己，我們已經有所改變。我們已經學習、成長，也不一樣了。我們在當時做了自己該做的事。如果以前犯了錯，不要讓這些錯誤妨礙自己過生活，也不要因此讓自己無法充分體驗當下的人生。

我們明白自己需要這些經驗，才能成就今天的自己。即使是錯誤，也是必要的體驗。我們是否知道，要讓人生順其自然展開，才能找到自我，也找到人生的新方式？或者，我們依舊認為自己的過往是個錯誤？

現在，我們要放下自己的過往，相信自己。我們不必用過往來懲罰自己。我們不需要指導手冊，我們真正需要的是一面鏡子。我們要看著鏡子說：「我相信你。無論發生什麼事，你都能照顧自己。一切都會有好結果，而且比你想像的還要好。」

今天，我不會再緊抓著過去痛苦的經驗不放。我會敞開心胸接受今天和明天的正面課題。我相信現在的我，有能力照顧自己。

10月19日 我們的優點

檢視自己時，我們不必只列出自己的缺點，只關注自己不好的那一面。

誠實、無畏地問自己：「我有什麼好的地方？我有什麼優點？」

「我是不是個慈愛的人？會關心、鼓勵別人嗎？」我們可能在照顧別人的過程中，忘記要愛自己，不過懂得鼓勵他人是我們的人格特質。

「我有沒有某件事做得特別好？」、「我的信念是否特別堅強？」、「我是否很擅長做別人的後盾？」、「我很懂得當團隊中的一份子，或是很擅長領導？」、「我是否很會說話，或是很會處理情緒？」「我有幽默感嗎？」、「我很會激勵大家的士氣嗎？」、「我很懂得安慰別人？」、「我有能力用有限的資源，創造出好的結果？」、「我是否很會看見別人的長處？」

這些都是人格特質的資產。我們在這些項目的表現可能很極端，不過沒關係，我們現在正在想辦法找到平衡。

我們不是要消除自己的性格。我們的目標是改變、接受、解決或轉變自己的負面問題，培養自己的正向積極面。我們都有特質；我們只需要專注於這些優點，賦予其力量，把優點表現出來。

現在，我們要學會把給予別人的關注和鼓勵，挪一些到自己身上。

今天，我會關注自己的優點。我會把給予別人的關心挪一些到自己身上。

10月20日 用愛切割

有時候，我們所愛的人，做了一些我們不喜歡或不認可的事。我們做出反應，他們也有所回應。沒多久，我們就發現彼此不斷你來我往，問題卻逐漸擴大。

我們什麼時候要切割？我們出現憤怒、害怕、內疚或羞愧的反應時，要切割。陷入權力角力，意圖控制或強迫別人做某件他們不願意做的事，這種時刻，我們要切割；我們的反應無法幫助對方或無法解決問題時，要切割；我們的反應傷害到自己時，要切割。

往往，當切割看起來是最不可能做到的事時，就是要切割的時候。

切割的第一步，是要明白反應和控制沒有用。下一步是平靜下來，集中精神，找回自己的平衡。散個步吧！離開住處，去參加聚會。洗個悠閒的熱水澡、打電話給朋友。深呼吸，找到內心的平靜。答案自會從平靜和專注中浮現。

今天，我會順服，也會相信答案就在不遠處。

10月21日 財務責任

「我開始戒除藥癮時，就得非常清醒地面對自己一團糟的財務情況，而且我的情況真是糟透了。」一位女士說道。

「一開始，我沒辦法賺太多錢，而且我得趕快補救現況。我有過期很久的帳單，還有現在要付的新帳單。回想起還未戒癮前，我的手頭還比現在更寬鬆。不過，漸漸地，我的財務狀況一點一滴好轉。我開了一個存款戶頭，還在裡面存了一些錢。」

「後來我嫁給一個酒鬼。我失去自己、失去情緒、失去理智，自己的錢也沒了。我和我先生合開一個帳戶，他不斷透支。我還讓他一直刷我的卡，他居然就把卡刷爆了。」

「我們不斷借貸，想讓這艘已經正在下沉的船還能浮在水面上；我們向我爸媽借了很多錢。」她說，「我非常憤怒，但是誰做了什麼並不重要。如果想再拿回人生財務的主控權，我就得面對這些嚴重的問題。」

「慢慢的、真的非常緩慢的，我開始從一團亂中理出一些頭緒。我覺得這真是個不可能的任務！我甚至不想面對，這些問題不但讓人無助，還壓得我喘不過氣。不過，我還是面對了，每天我都盡全力為自己負責。」

「我做的抉擇之一，是在離婚後和我先生做財務上的切割，盡全力保護自己。另外，我開始面對及重整自己人生中的財務問題。」

「這件事真的很難。我們欠了一百多萬，而我能賺的錢卻更少了。我很難過，我的自尊心降到最低，也沒什麼動力。我不知道如何才能從糾結的惡夢中清醒；不過，我還是辦到了。慢慢地、逐漸地，我一點一滴拿回主控權，財務不再一團混亂。」

「我從量入為出開始，也還了一些債，一次還一點。我無法做到的就先擱著，專注於自己能做到的事。」

「現在，八年過去了。我已經沒有任何債務，我從沒想過自己竟然有這麼一天。我現在過得很舒適，銀行裡也有存款。」

「我再也不想為了愛，把自己的財務搞得一團糟。我一定做得到。」

我們可以一次以一天為單位，慢慢恢復自己心理、情緒、精神、生理和財務的健康。因為我們終於開始面對現實，不再逃避，情況可能會在轉好之前變得更糟。不過，一旦下定決心為自己的財務負起責任，我們就已經成功上路了。

我會記住，即使我還看不到答案，但今天看起來無助的情況，往往明天就能解決。如果我讓別人的問題弄得自己的財務一團糟，我會努力修補、重建自己在金錢上的界限，也明確設立自己願意犧牲的底限。即使當下財務處境有些困難，我也會度過難關；我相信只要我願意償還、為自己負責，一切都會順利解決。

10月22日 堅持自己的真理

相信自己，相信你所明白的真理。

有時候，我們很難堅持己見，也很難相信自己所明白的真理，尤其別人都在努力說服我們事實不是如此時，更是困難。

這種時候，別人可能是在應付他們內疚和羞愧的問題。他們可能有自己的問題，可能還沉浸在否認的心態中，希望我們也否認自己已經明白的真理；他們希望我們不要相信自己，要我們相信他們的胡說八道。

我們不必放棄自己的真理，也不必把掌控權交給別人。

相信謊言很危險，會使我們會不再相信自己的真理、壓抑自己的直覺、告訴自己我們一定有問題，才會有某些情緒。一旦有這些想法，對自我和健康都是致命的打擊。

其實我們內心都相信自己所明白的真理，但如果忽略了這麼重要的事，就等於是失去方寸。我們會失去方向，陷入羞愧、恐懼和困惑的情緒中。如果讓人抽走墊在腳下的小地毯，我們就無法保持平衡。

這並不表示我們永遠都不會錯，也不表示我們永遠都是錯的。

敞開心胸、堅持己見，不要相信會讓你偏離軌道的否認心態、胡說八道、欺凌或脅迫。

讓自己能清楚明白真理。試圖操縱或說服你的人，不會告訴你真理；真理是來自於自己。

今天，我會相信自己的真理、直覺和認清現實的能力。我不會讓自己因為欺凌、操縱、不誠實而動搖，也不會受懷有特殊意圖的人影響。

10月23日 晨間訊息

每天一早，我們都會獲得一個重要的訊息。

往往，我們開始一天的忙碌後，就不會像在一早醒來的寧靜片刻，仔細聆聽自己內心和人生的聲音。

聆聽自己內心的理想時刻，就是在靜靜躺著的時候，這時候的我們最脆弱，會卸下所有防備，敞開心胸。

第一個湧上心頭的感受是什麼？這感受是不是我們在忙碌的一天裡試圖逃避的情緒？我們是否憤怒、挫敗、受傷或困惑？這就是我們需要專注面對，同時也得解決的問題。

醒來的時候，你心裡第一個念頭或想法是什麼？你有需要及時完成的計畫嗎？你是否需要找點樂趣，好好休息一下？

你是否覺得心煩意亂，需要鼓勵一下自己？你是否充滿了負面的想法？你是否需要解決和某人的問題？

你是否需要告訴某人某件事？你是否在煩惱某件事？是否有某事讓你特別愉快？

你有沒有什麼想法，去做什麼事或獲得某個東西會讓自己開心？

醒來的時候，腦海中第一個浮現的問題是什麼？你不必害怕，也不必倉促行動。你要靜靜躺著聆聽、接受這個訊息。

我們可以透過聆聽早晨的訊息，來確立自己當天的療癒目標。

今天，我不要再抗拒人生的和諧之流。我要學會隨波漂流，接受給予我的幫助和協助。

10月24日 敞開心胸去愛

我們要敞開心胸去接受所有可以獲得的愛。

我們不必限制自己愛的來源。

一旦敞開心胸去接受愛，我們就會開始獲得愛。愛也許會來自於最令人驚訝的地方，我們的內心就是其中一例。

我們會敞開心胸，意識到一路以來別人對我們付出的愛。我們會感受到和感激來自朋友的愛，也會注意到和享受來自家人的愛。

在戀愛關係中，我們也會做好接受愛的準備。不安全的人給的愛，我們不必接受。會剝削我們的人，或是我們不想和他們發展關係的人，都在不安全名單之列。

不過，周遭還是有很多美好的愛。這些愛可以療癒我們的心、滿足我們的需求，讓我們的心情快樂歌唱。

我們已經剝奪自己愛的權利太久了，也已經當了太久的犧牲烈士。我們付出太多，獲得的卻太少。我們該盡的義務都盡了。我們還是要持續付出和接受，但是時候讓自己獲得回報了。

今天，我會敞開心胸，接受宇宙給我的愛。我會接受愛，也會在愛來臨的時候，好好享受。

10月25日 放下過往

……你所定的日子，我尚未度一日，你都寫在你的冊上了。——《詩篇》一三九篇十六節

有些人相信，在我們出生前，上天已經安排好我們所有的日子。上天知道、也已經計劃好要發生的一切。有些人建議我們選擇，不管是事情、人物或將要發生的狀況，都要一同參與計畫自己的人生，這樣才能解決自己的問題，學會需要學習的課題。

不管是哪一種觀念，我們的詮釋都很類似：我們的過往不是意外，也不是錯誤。我們與必要的人，一起經歷必經的旅程。我們要擁抱自己的過去，接受其中的痛苦、不完美、錯誤，甚至包括悲劇。這是我們獨一無二的過往，也是只有我們能體會的過往。

今天，我們身處的位置是適得其所，當下的一切都是我們必須經歷的情況。

今天，我會放下對自己過往和當下情形的內疚和恐懼。我會相信自己過往和當下的一切，對我來說都是必要的體驗。

10月26日 清明的思緒

有時候，我們就只看得見今天。

如果我們只看了某個電視節目其中的兩分鐘，其實是看不懂的，一切看起來只是支離破碎的片段。如果我們只看了某位織匠縫製了幾分鐘的掛毯，因為只專注在掛毯的其中一小塊，所以看起來也不會有美感，不過像是幾條獨特的線條隨機排列而已。

我們往往用同樣侷限的眼光看待自己的人生，尤其在經歷痛苦的時候，更是如此。

經歷這些困惑、痛苦的學習階段時，我們要學會培養洞察力。事情不斷來襲，讓我們感受、思考和質疑時，就表示我們正在學習某個重要的課題。

即使事情很難解決，即使頓失重心，我們還是要相信，某個珍貴的東西正在為我們帶來改變。要等到學會自己的課題，我們才會獲得洞察力和清明的思緒。

信心就像肌肉，要一直鍛鍊才會強壯。反覆練習相信自己看不見的事物、反覆練習相信一切都會順利解決，這樣就能把我們信心的肌肉鍛鍊得更強壯。

今天，我會相信自己人生中的事件不是隨機發生。過往的經歷不是錯誤。我正在經歷一切必要的過程，才能學會某個珍貴的課題；這個課題會幫我做好準備，迎接我正在追求的愛與喜悅。

10月27日 賜予的力量

我們懇求神讓我們得知當天的計畫，讓我們能實踐旨意。這兩個請求神都會答應。我們不必要求別人告訴我們他們的計畫，我們問神；接著，我們相信神會賦予我們力量，來實踐一切。神絕對不會不賦予我們力量，就要求我們去做任何事。祂絕對不會要求我們做自己無法做到的事。如果我們得去完成，祂就會賜予我們力量。我們永遠不必做超過自己能力的事，也不必做任何自己無法做到的事。我們當然可以擔憂或質疑自己的能力，不過沒這必要。一切都是我們自己的選擇。

經歷了人生起伏的時刻，我發現這個方法可以幫助我度過難關。努力遵循這個步驟，我們就能前往靠自己無法抵達的地方。這個簡單的步驟，會帶領我們慢慢實踐祂為我們安排好的偉大計劃。

今天，我會專心懇求，讓我得知祂希望我去做的事情。我會懇求神賜予我實踐的力量；接著，我會勇往直前，做完自己該做的事。每一天，我會放下自己對人生的恐懼。我相信，當我以簡單和信任的態度過人生時，就能拼成一幅名為「我的人生」的美麗馬賽克圖畫。神會帶領、指引我。

10月28日 冥想和禱告

冥想和偏執、憂慮不一樣。偏執和憂慮都跟害怕有關，而冥想是指對神敞開自己的心胸。要和神接觸，我們必須先盡可能放鬆。

在繁忙的日子中，叫我們停下手邊正在做的事情，慢下來休息一下，好像是在浪費時間。其實這不是浪費時間，正如車子的油箱空了，我們會停下來把油加滿，兩者的道理是一樣的。這是必要且有益的行為，而且也會節省時間。事實上，比起花費的時間，冥想會創造出更多時間和能量。

冥想和禱告是力量強大的療癒行為，也很有效。我們要有耐心，立刻就想獲得答案、洞察力或是解決辦法，這樣的心態是不合理的。

不過，解答就快出現了。好好冥想和禱告，剩下的一切順其自然，很快我們就會看到即將出現的解答。

我們要在清早或是傍晚禱告冥想都可以，隨自己選擇。

我們會找到和神對話的管道，也繼續維持這樣的心靈溝通。

今天，我會花點時間冥想和禱告。我會自己決定要做多久，以及何時要做。懇求神幫助我放下恐懼，不再擔心神是否聽得見我的請求、是否在乎我。

10月29日 接受

今天我們有個奇妙的選擇，這個選擇叫做「接受」。

我們常得接受許多事物：我們自己的行為舉止、情緒、需求、慾望、選擇、現在的狀態；別人的行為舉止、我們和他們關係的狀態、問題、祝福、財務狀況、自己住的地方、自己的工作和挑戰，以及自己在這些事情上的表現。

抵抗並不能讓我們向前走，也無法消除不合心意的結果。不過就連抵抗本身，可能也是我們得要接受的事。若我們接受我們正在抵抗這個事實，我們也會改變抵抗和順服。

接受是讓改變成為可能的魔法。它不是持續一輩子，而是要使用在當下。

接受是讓我們當下處境轉好的魔法。這樣的心態會帶來平靜和滿足，也會打開成長、改變和往前邁進的大門。

接受會散發出正面能量的光芒，照耀在我們所擁有的東西和自己一切的行為舉止上。在接受的框架裡，我們會知道要採取什麼行動，才能照顧自己。

接受會讓正面的力量更強大。我們已經學會了今天的課題，也做好往前邁進的準備。

今天，我會接受。我不會再抵抗自己，也不再抵抗環境。我會順服。我會培養滿足和感激的心態。我會透過接受今天的自己，在喜悅中往前邁進。

10月30日 自我價值

我們的人生很精彩。沒錯，我們有精彩的人生。覺得每個人的人生都很精彩、很重要、很有價值，只有自己的人生不精彩，別人都過得比我們好，這種空虛的感覺，是過往的殘餘物，也是一種不正確的自我挫敗想法。

我們的存在很圓滿，人生也很精彩。盡情投入，我們就會看見。

今天，我會精彩過生活，也珍惜自己這樣的人生。

10月31日 我們一切的需求

我的神必照祂榮耀的豐富，在耶穌基督裡，使你們一切所需用的都充足。——腓立比書 四章十九節

這節話語幫助我度過許多次難關。當我質疑自己，擔心交不到朋友，不知道智慧、洞察力或下一餐在哪裡時，這段話幫助了我。

別人、工作，以及任何手邊可以立即運用的事物，都不是供應我們所需的來源。我們的任務是要拋下恐懼、負面思考、限制，以及擔心無法獲得滿足的想法。神會提供我們所需的一切。讓我們對所有情況及需求，都能抱持這樣的信念。拒絕恐懼、無法獲得滿足及限制的想法。敞開心胸接受。

神會滿足我們一切需求；我們內在的需求是神創造出來的，所以祂能夠滿足。沒有任何需求是太小或太大。如果我們在乎、也重視自己的需求，神也一樣。

我們要盡的責任是擁有需求。我們要在信心中放下一切，相信自己值得，讓神滿足我們的渴望和需求。我們要盡的責任是健康地付出，是出於和自己、別人的健康關係而付出，而不是出於照顧他人、內疚或義務。

今天，我會相信自己所有的需求都會獲得滿足。我也會明白自己的重要。

十一月

接受失去和改變。迷霧會散去，一切都清楚明白。

經由悲痛轉變・哀慟過程・否認・憤怒・談條件・享受人生・相互關係・對自己誠實・接受愛・對金錢的看法・紀律・時機・照顧自己・發洩憤怒・療癒的好處・受害者陷阱・悲傷和行動・接受他人的鼓勵・接受自己的情緒・渴望和需求・財務的恐懼・感激和接受的魔法・健康的性・順服・察覺・不再自我批評・我們要相信自己・回歸療癒的步驟・傳遞訊息・切割

11月1日 經由悲痛轉變

我們努力在療癒過程中學習接受，接受自己、過往、別人，以及自己當下的處境。接受會帶來平靜、療癒和照顧自己的自由。

接受不是一步到位的過程。在培養出接受的心態前，我們會經歷否認、憤怒、嘗試改變現狀和悲傷等階段。我們稱這些階段為「哀慟過程」。悲痛會令人挫敗，也讓人困惑。我們可能在悲傷和否認之間擺盪，行為也搖擺不定。別人可能無法了解我們。在哀傷自己失去的一切時，我們可能不了解自己，也不了解自己的行為。突然有一天，一切都變得清楚明白。迷霧散去，我們看見自己努力掙扎，想去面對和接受某個特定的現實。

不必擔心。如果按照步驟來照顧自己，我們會以分毫不差的正確步調經歷整個過程。對於自己和別人經歷轉變，我們要寬容體諒。

今天，我會接受自己經歷改變的方式。我會像人們接受失去和改變一樣，接受悲痛的進程，接受各個階段。

11月2日 哀慟過程

讓自己徹底為失去的一切哀慟，是我們順服於人生的方式。

我們會怎樣表達自己的哀慟？笨拙、不完美地表達。

通常我們會有強烈的抗拒情緒，往往還帶有憤怒和想要否認現狀的意圖。最後，我們會順服於痛苦。

伊莉莎白・庫柏勒・羅斯博士（Elisabeth Kubler-Ross）把哀慟過程分為五個階段：否認、憤怒、討價還價、悲傷，最後是接受。這就是我們表達哀傷的過程，也是我們接受、原諒和回應人生路上種種改變的方式。

雖然這五個階段看起來井然有序，但在現實中可不是如此。我們經歷這個過程時，並不是每個階段都劃分得清清楚楚。我們通常會費力掙扎、奮力抵抗、大聲尖叫，在過程中不斷反覆，直到我們稱為「接受」的平靜狀態為止。

所謂的「放不下過往」，常常是指自己還感到痛的那些失落，也就是困在哀慟過程中的某處。往往，會困住的階段是否認。哀慟要經歷的第一個、也是最危險的階段，就是否認；不過，這也是通往最終目標「接受」的第一步。

我們要了解哀慟的過程，也要知道如何運用在療癒上，學會幫助自己和別人。我們要學會對自己失去的一切徹底表達哀慟、感受自己的痛苦、接受和原諒，這樣才能感受喜悅和愛。

今天，我會敞開心胸，對自己失去的一切表達哀慟。我要讓自己順利經歷哀慟的過程，這樣我才能在人生中達到平靜和接受的狀態。在經歷這個將人性展露無遺的療癒過程時，我要學會對自己和別人溫柔。

11月3日 否認

否認的心態是培育某些行為的沃土，像是控制、只關注別人，卻忽略自己等等。疾病、強迫或成癮的行為，也會伴隨否認的心態中出現。

因為否認的心態和睡覺很像，常令人疑惑。在醒來之前，我們並不會真的意識到自己在睡覺。強迫自己或別人面對現實，通常不會有任何助益。除非做好準備，否則我們不會面對現實，其他人似乎也是如此。我們可能會暫時承認事實的存在，但是除非等到我們覺得安全、有把握，也做好足夠的準備去面對和處理，否則我們不會讓自己明白真理。

有些朋友明白我們的情況，他們愛我們、鼓勵、支持我們，又會讓我們信念堅定，和這些朋友談談會很有幫助。

對自己溫柔、關愛，再三堅定自己的信念，這樣做對我們有益。懇求自己及上天指引我們經歷與度過種種改變，這樣做也有助益。

要達成「接受」目標的第一步就是否認。要度過否認的第一步，就是接受自己的否認心態；接著，溫柔地讓自己慢慢度過。

今天，我會擁有足夠的安全感，接受自己需要接受的事。

11月4日 憤怒

當我們接受失去及改變時，有時會感到憤怒，或想責怪他人，這是可以理解的。從否認過渡到接受心態時，我們要允許自己和他人憤怒。

我們在努力接受失去和改變時，可能會責怪自己或別人。這個人可能和你失去的事物有關，又或者可能只是個無辜的旁觀者。我們可能會聽見自己說：「如果他可以……，如果我沒有……」但我們知道責怪沒有任何助益。在療癒的過程中，關鍵的字眼是自我負責和個人責任，而不是責怪。到頭來，只有順服和自我負責這兩個概念，能夠幫助我們向前邁進；不過，要培養這兩種心態，我們必須讓自己感受憤怒，偶爾也給自己一些指責的自由。

別人可能也需要經歷他們自己的憤怒階段，才能達到接受的境界。和他們相處時，記住這一點對我們很有助益。不讓別人或自己有憤怒和責怪的階段，可能會拖延哀慟過程的進展。

要相信自己，也相信整個哀慟過程。我們不會永遠憤怒；不過，在過往的懊悔中不斷搜索時，我們可能會先憤怒好一陣子，才終於能接受現實。

我要學會接受自己和別人的憤怒，明白這是達到接受與平靜狀態一定會經歷的一環。在這個框架內，我會努力承擔起個人的責任。

11月5日 談條件

我一直想，如果自己能更漂亮、更努力當個可愛的人，那他就會愛我。我拼命想要讓自己成為更好的人，但其實原本的我就很好了。不過我直到我向前邁進，接受現實，才明白這點。——未具名

要達到接受的心態，過程中最令人挫敗的一個階段就是討價還價。你會因否認事實而獲得快樂，會因憤怒而獲得些許權力感。在討價還價的階段，我們一方面相信自己一定可以做某件事來改變現況，一方面又發現原來這個改變的施力點並不存在，我們就這樣在兩邊來回搖擺。

我們可能一次又一次抱持希望，等到的卻是再次幻滅。

許多人拼了命想和現實談條件。有些人在達到接受狀態後回顧過往，才意識到自己做了很荒謬的事。「如果我努力做個更好的人，這件事就不會發生……；如果我看起來漂亮一點、家裡打掃得乾淨一點、瘦一點、笑容多一點、放開手或抓得更緊一點、閉上眼睛大聲數到十，我就不用面對這個改變和失去的一切。」「也許如果我當個好小孩，爸爸媽媽就會愛我、認同我，也會在我需要的時候支持我。」我們會做出大大小小、有時還很瘋狂的事情，去避免、阻止接受現實的痛苦。

我們無法用其他事物來取代「接受現實」，我們的目標就是接受現實。不過，一路上我們可以談談條件。認清自己討價還價的意圖為何，也會幫助我們重拾人生的掌控權。

今天，我會讓自己和別人充分表達對失去一切的哀慟。我會對自己負責，也會讓自己展露人性的一面。

11月6日 享受人生

今天找點有趣的事做做吧！
如果你正在放鬆，就讓自己放鬆，不要內疚，也不必擔心還沒做完的工作。
如果你正和所愛的人在一起，就盡情愛他們，也讓他們愛你。讓自己感受這種親密。
讓自己享受工作，因為工作也可能令人愉悅。
如果你正在做某件有趣的事，就盡情投入。
什麼會讓你感到開心？你喜歡什麼？有沒有什麼正面的樂事可做？盡情去做吧！
療癒不光只是停止痛苦，而是要學會讓自己好一點，再來是讓自己開心一點。
享受今天吧！

今天，我會找點有趣的事來做。我會做自己喜歡的事，只為自己而做。我會負起讓自己開心的責任。

11月7日 相互關係

我們會在每一段經歷的關係中，獲得一份禮物。

有時候這份禮物是一個我們需要養成的行為：切割、自信、變得有信心去建立界限，或用另一種方式掌控自身的力量等。

有些關係會療癒我們的內在，讓我們從過往的遺憾中痊癒，或讓我們面對當下要解決的問題。

有時候，我們覺得最不可能幫助我們的人，卻幫我們學會最重要的課題。相互關係可能會教導我們如何愛自己或愛別人，或是學會如何讓別人愛我們。

有時候，我們不確定自己要學的課題是什麼，尤其是身處過程中時，更是如此。不過，我們要相信課題，以及隨之而來的禮物。我們不必控制整個過程。時機到來時，我們就會明白。我們也要相信這禮物會恰好符合我們的需求。

今天，我會感激自己所有的人際關係。我會敞開心胸，接受人生中每個人給我的課題和禮物。我相信自己也是別人人生中的禮物。

11月8日 對自己誠實

最重要的是對自己誠實，如夜之繼日般奉行，才不致對人虛偽。——威廉・莎士比亞

對自己誠實。這句話對於陷入他人需求和情緒風暴的人來說，是最重要的法則。

聆聽自己的需求。我們需要什麼？這些需求有獲得滿足嗎？我們的感受是什麼？我們需要做什麼才能照顧自己的情緒？我們的情緒在對我們訴說些什麼？在告訴我們要前往哪個方向？

我們今天想要做什麼、說什麼？我們的直覺要告訴我們什麼？即使這些直覺沒有意義，或不符合別人的規矩與期待，你也要全心相信。

有時候，別人的要求以及我們對自己不夠清楚的期待，會造成巨大、複雜、難以收拾的殘局。我們對自己的期待會混淆，是因為搞不清楚自己對別人的責任為何。

我們甚至會說服自己：討好別人、違背本性又不誠實，這樣才叫做體貼和誠實！

這是錯的。我們要單純回歸基本面，放下一切困惑。我們要重視、尊敬自己，即使會讓周遭的人暫時不開心，我們也要對別人誠實。

對自己誠實。簡單的話語點出了要努力的方向，這種態度可以幫助我們回歸正軌。

今天，我會尊敬、珍惜，也關愛自己。當我有所猶豫，不知道該怎麼做時，我會對自己誠實。我會掙脫別人的束縛，也不再受限於別人的期待。

11月9日 接受愛

許多人拼命想讓感情順利發展；有時候，由於對方不願或拒絕參與，根本連一點進行的機會也沒有。為了要讓對方願意參與，我們更加努力。這種做法或許可以粉飾太平一會兒，但往往我們會倦怠。接著，我們不再扛起所有責任時，就會注意到這段關係根本不存在；或者，我們已經累到不在乎了。

在彼此關係中扛起所有的責任，並不代表愛、付出或關心，而是導致自我、關係兩者皆挫敗的行為。這種做法會讓我們產生關係存在的幻覺；但事實上，根本就沒有這樣的關係。我們扛起所有的責任，會讓對方不必對自己的行為負責。因為這種互動並不符合我們的需求，我們最終會覺得自己像受害者。

在互動融洽的關係中，我們都會有一方參與程度比另一方深的短暫時期。這種情況很正常。不過，如果永遠都是如此，我們最終會倦怠、筋疲力盡、憤怒，又無法滿足需求。

我們要學會適當程度的參與，讓關係找到合適的存在狀態。電話都是我們打給對方嗎？凡事都是我們主動嗎？只有我們在付出嗎？只有我們在分享情緒、努力培養親密感嗎？只有我們在等待、盼望嗎？

我們要放手。如果這段關係註定會成功，就會成功，而且也會按照本來預定的進程發展。我們無法透過試圖控制，來幫助整個過程發展。拼命強求、扛起所有的責任，對我們、另一方和這段關係都沒有助益。順其自然吧！靜待事態的發展，不要強求。看看情況會怎麼發展，努力釐清這是不是自己想要的結果。

今天，在相互關係中，我不會再扛起所有責任。我會送給自己和對方一個禮物，要求雙方都能參與這段關係。雙方都盡本份後，我會接受這段關係的自然發展。我會相信自己的關係能順其本意自然發展。

11月10日 對金錢的看法

我們對金錢的看法為何？

我們是否認為金錢既邪惡又不道德？事實上，兩者皆非。金錢是地球上的一件商品、一種必需品。人們用金錢購買自己的基本所需品；金錢也是工作所獲得的犒賞。然而，喜愛金錢就和喜愛任何一種商品一樣，有可能會造成自我挫敗。我們可能會執著於金錢，用金錢來逃離人際關係和情緒；我們會忍不住用金錢來獲得暫時的權力感。但金錢就只是錢而已。

我們覺得錢不夠用嗎？許多人在金錢匱乏的思維下長大：錢不夠用，永遠都不夠。因為我們覺得錢不夠用，所以只要有一點錢，我們可能就會死守著藏起來的錢。

金錢的供給很充足。我們不必浪費精力去憎恨那些不虞匱乏的人。

我們相信自己值多少？許多人因為自己的價值認知，設限了自我的發展。

金錢並不邪惡，也不虞匱乏，是我們的心態讓錢財匱乏。我們覺得自己值多少，能獲得的就有多少。

我們要透過堅定信念、設立目標，來改變自己的想法。以現有的想法為基礎，慢慢朝自己的目標邁進。

今天，我會檢視自己對於金錢的看法。我會開始放下任何自我挫敗的念頭，不讓這些想法限制或妨礙我人生的財務發展。

11月11日 紀律

孩子需要紀律才能感到安全，成年人也是。

紀律是明白自己的行為會有哪些必然的後果。紀律是為自己的行為和後果負責。

紀律是學會等待自己的渴望實現。

紀律是願意為自己的渴望努力。

紀律是學習，練習新的行為。

紀律是不管自己的情緒為何，都能在必要的時候，扮演自己必須扮演的角色。

紀律是日常的事務表現，不管是療癒行為，還是只是洗碗盤，都是紀律的一種。

紀律是即使看不見目標，也會相信自己能抵達終點。

紀律可能會令人疲憊不堪。我們可能會覺得害怕、困惑和不確定。之後，我們會明白其目的和意義。不過，這種明晰的洞察力，通常不會在培養紀律的時期出現。我們甚至可能不相信自己有在前進。

但我們的確在前進。

培養紀律時，我們手邊要完成的任務很簡單：聆聽、相信和遵從。

我會學會順服於紀律。我有機會經歷人生中紀律和學習的時期，我是心懷感激。我會明白，由於紀律和學習，我內心會有某件重要的事獲得解決。

11月12日 時機

等候適當的時機到來。延後或拖延是自我挫敗的行為；時機未到之前，太快採取行動也會招致自我挫敗。有時候，我們感到驚慌，出於恐懼而採取行動。有時候，為了報復或是想要懲罰某人，我們採取不合時宜的行動。我們太快把話說出口，或是太快採取行動，是為了控制或強迫某人行動。有時候，我們太快採取行動，是為了紓緩不安的情緒，或是降低對未來不確定的焦躁。

行動得太快或太慢，都無法產生作用，甚至還會有反效果，造成更多問題。通常，我們等待適當的時機到來，不安就會消散，我們也會獲得力量達成自己需要完成的事情。有時候，等待的時間不過是幾分鐘或幾小時而已。

在療癒的過程中，我們學會採取有效的行動。我們的解答和指引自會出現。相信、等待、放手。

今天，我會放下想要控制的執念，等待適當的時機到來。時機對了，我就會採取行動。

11月13日 照顧自己

我們不必等待別人來幫助我們。我們不是受害者，也並不無助。

我們要放下錯誤的思維，明白並沒有騎著白馬的騎士會等著來拯救我們。

我們的人生道路上，可能會出現導師，但他們不是拯救者，而是教導者。在乎我們的人會出現，但他們不是拯救者，而是來表達關愛。幫助我們的人會出現，但是幫忙不是拯救。

我們才是自己的拯救者。

一旦我們不再拯救他人，也不再期待別人拯救我們，我們的相互關係就會大幅度改善。

今天，我會放下恐懼和自我懷疑，不再讓這些想法妨礙我堅定採取行動，維護自己的最佳利益。我會照顧自己，也讓別人照顧自己。

11月14日 發洩憤怒

我們可以生氣，但憎恨卻不健康。不管小時候的教育或模仿的榜樣為何，我們都要學會運用對自己和別人都有益的方式，來處理憤怒。我們可以有憤怒的情緒。我們要感受憤怒，表達出來、釋放掉，不再記掛於心。為了要照顧自己，我們要學會聆聽憤怒是如何表達我們的渴望和需求。

有時候，就算沒有正當理由的生氣，我們也可以放任自己感受。情緒就只是情緒；情緒並不帶有任何的道德觀，行為才有。我們要感受憤怒，但不要傷害或虐待自己或他人。我們要學會運用對彼此關係有益的方式，來處理憤怒。

如果今天我們不讓自己發洩憤怒，明天還是要面對。

今天，我會讓自己感受憤怒的情緒。我會不帶任何內疚感，適當表達自己的憤怒。表達完後，就不再記掛於心。

11月15日 療癒的好處

療癒有兩種好處：我們會有短期和長期的收穫。

短期的收穫是指今天就能做的事情，立刻就能讓我們感到自己過得很好。我們可以早上醒來，讀幾分鐘讓人靜下心來的書，就會感覺精神一振。我們可以參加聚會，讓自己煥然一新；我們可以和朋友聊天，獲得慰藉；我們可以犒賞自己、放鬆一下。

還有其他好處。這些好處不是幾天、幾個月就能看見。這些長期的收穫，是我們在人生中較大的進步。

經過幾年的時間，我們會看到極大的回報。我們會看見自己的信心變堅定。

我們會看見自己褪去羞愧、內疚、憎恨、自我厭惡，以及其他過往負面的想法，變得更美好。

我們會看見自己和家人、朋友、配偶的關係改善。我們發現自己和別人漸漸培養出親密感，也愈來愈有能力付出和接受愛。

我們會看見自己在職場上的成長，也會發現自己愈來愈有創意、影響力和生產力。我們會以讓自己快樂，又能幫助別人的方式，運用自己的天賦和才能。我們會發現自己、別人和生命的喜悅和美好。

長期的進步會持續發展，但有時候卻很緩慢，需要一點一滴累積，往往會在前進後退中不斷交錯。只要練習的日子夠久，不斷累積短期的收穫，就會為我們帶來長期的回報。

今天，我會感激療癒帶來的短期與長期收穫。如果才剛開始療癒，我會有信心自己能獲得長期的好處。如果已經療癒好一陣子，我會停下來反省，也會感激從以前到現在所有的進步。

11月16日 受害者陷阱

覺得人生一定就得坎坷艱難才叫有意義，只會創造出烈士的犧牲心態。

我們要改變自己對人生的負面想法，明白自己有權利不再痛苦，也有權照顧自己。

我們並不無助。我們可以解決自己的問題。我們的確有這個力量；這個力量不是要改變或控制別人，而是解決自己的問題。

利用發生的難題來「證明」人生的艱難和自己的無助，這是受害者的陷阱。

人生不一定得那麼坎坷。事實上，人生可以一帆風順。人生很美好，我們不必「醜化」人生，也不必「醜化」自己。我們不必活在陰暗面。

我們的確有力量，即使在面對困難的時刻，我們所擁有的力量也比自己認為的還要多。遇到困難不代表人生就不美好；這些困難是人生起伏的一部分，最終是要讓我們能成就更美好的自己。

我們要改變自己的態度，也要改變自己；有時候，我們要改變自己的環境。

人生充滿了挑戰。有時候，我們承受了過多的痛苦；有時候，我們獲得了超乎想像的喜悅。

這些都是人生套裝行程的一部分；這個行程適合你，也對你有益。

我們不是人生的受害者。我們要學會拋掉人生的受害者心態。只要不再認為人生一定得艱難坎坷，我們的人生就會輕鬆容易得多。

今天，我不要再認為人生是艱難、坎坷又悲慘。我要改用更健康、更實際的觀點看待。

11月17日 悲傷和行動

從昨天過渡到明天時，讓自己好好哀悼一番是很重要的。不過，我們不必過度受制於自己的悲傷和痛苦。有時候，我們對於某個情境悲傷太久，蟄伏於鬱悶、消沉和疲倦的時間太長。此刻，我們可以爆發，也可以採取行動了。

我們會知道什麼時候該停止悲傷。我們的內心和周遭會出現徵兆。我們會對沉重感到厭倦，會突然出現某個想法、某個機會。我們可能會想：拜託，也太累了吧。無論如何，做就對了。去嘗試某件事，走出去，拓展生活圈。做些不一樣的事；做些困難、特別的事。

新的活動可能有助於引發轉變的過程。比平常多熬夜兩小時吧！訂下時間，去做你平常不會做的事吧！去拜訪多年不見的朋友吧！採取行動，激發和幫助新的能量產生。

我們可能不覺得自己能從悲傷中走出來。繼續待在自己的繭裡，可能會讓我們覺得安全、舒適些。不管怎樣，你都要開始想辦法破繭而出。

試著推推看繭的四壁。推啊！再用力一點！現在可能就是你破繭而出的時候了。

今天，我會採取行動讓自己快樂一點。

11月18日 接受他人的鼓勵

讓自己接受別人的鼓勵和關愛，也接受別人的支持。如果接受別人支持的感覺很好，就接受吧！當你有需要別人聆聽、支持和鼓勵時，就讓他們分擔吧！需要的話，就讓別人陪伴你。讓自己的情緒得到支持和照顧。

長久以來，我們都站在背後，照顧他人的需求，說自己沒有任何需要，把自己內心渴望鼓勵的部分隔絕起來。

現在是時候說出自己的需求了，是時候確認自己的需求，也是時候明白自己有權利滿足這些需求了。我們的需求是什麼？會讓我們開心的是什麼？我們希望別人用什麼方式來鼓勵、支持我們？我們對自己的需求愈清楚，就愈能獲得滿足。

擁抱、傾聽、支持和鼓勵。在乎我們的人願意在我們身旁陪伴，也願意在情緒上給予支持。這聽起來是不是很美好？很吸引人？

不論經過多久，我們永遠都會需要鼓勵和關愛。

今天，我會敞開心胸，意識到自己需要別人鼓勵的需求。我也會意識到周遭他人的需求。我會開始用鼓勵、關愛的態度對待自己，為自己在種種關係中的需求負起責任。

11月19日 接受自己的情緒

為什麼面對自己的情緒，我們會有這麼多掙扎？為什麼我們要這麼拼命否認自己的情緒，尤其是對別人所產生的情緒，更是如此？這些不過只是情緒而已！

我們可能會否認自己因為某位朋友，感到挫敗、憤怒或是受傷。

我們可能會否認自己對孩子擔憂和憤怒的情緒。

對於配偶或是正在談戀愛的對象，我們可能會否認自己的種種情緒。

我們可能會否認同事或下屬所引發的情緒。

有時候，這些情緒是對別人的直接反應。有時候，別人會引發我們內心更深層的感受，像是過往的悲痛或是挫敗。

不管自己的情緒來源為何，這些都只是我們的情緒。我們擁有這些情緒；我們唯一要做的就是接受情緒，才能不再掛懷。我們不必讓情緒控制自己的行為，不必對每種感受到的情緒有反應。

和我們信任的人聊聊，的確會有幫助。有時候，我們需要讓引發情緒的人知道我們的感受，這種做法可以培養出親近感。不過，最需要知道我們感受的人，是自己。如果讓自己感受、接納、釋放掉情緒，我們就會知道下一步該怎麼做。

今天，我會記得情緒是人生中很重要的一環。我會敞開心胸，接受自己在家庭、友誼、戀愛和職場的種種情緒。我會不帶任何價值判斷，好好感受自己的情緒。

11月20日 渴望和需求

有太多人都被洗腦，認為自己在人生中不配擁有渴望。這種念頭是源自於剝奪和恐懼，也是烈士的犧牲心態。

確認自己的渴望和需求，然後寫下來，這樣會引發強大的連動效應。這表示我們為自己負起責任。我們是值得改變個性和人際關係，也值得在現有關係上開拓新的局面；我們值得擁有某種程度的財富、享受、關愛和成功，這些信念是種強大的力量，能讓渴望成真。

往往，我們意識到自己渴望某件事物時，這種感受就是上天要我們做好準備，接受這份禮物的來臨！聆聽、相信，注意自己的渴望和需求，讓人生的美好發生。寫下這些渴望和需求，在心裡再三確認，好好祈禱後，放下一切。把渴望和需求交給上天，靜待事情的發展。

結果可能比我們想要的還要好。

今天，我會注意自己的渴望和需求。我會花時間寫下渴望和需求，然後放下一切。我會開始相信自己值得最好的對待。

11月21日 財務的恐懼

我坐在車裡，望著食物銀行辦公室門上的牌子：「公休至週五」。當天是星期三，我很餓，還有兩個嗷嗷待哺的小孩，但身上卻沒有錢。我把頭靠在方向盤上，再也承受不住。

一直以來，我都很堅強、勇敢，也秉持著信任的念頭。我是最近剛離婚的單親媽媽，有兩個孩子。我一直很勇敢地告訴自己，要感激自己所擁有的一切，也很努力設立財務目標，相信自己值得最好的對待。

我忍受貧窮已經夠久了。我相信自己正在做人生中必須做的事。我沒有浪費光陰，盡全力，拼了命做。錢卻不夠用。我的人生在很多方面都跌跌撞撞，但財務方面的困難似乎是永無止盡。

錢不是一切，但解決問題卻非得有錢不可。我已經受夠不斷「放下」的說法，也受夠了「練習假裝」自己錢夠用。我厭倦了錢不夠用，還得每天努力放下對財務的痛苦和恐懼，還得拼命努力感到開心。

我試圖冷靜下來，這時聽到有個聲音說：「妳不必擔憂錢的事，不要害怕。我會滿足妳所有需求。」

我回到家，打電話跟朋友借錢。我痛恨借錢，但沒得選擇。在車裡的崩潰只不過是釋放掉情緒，並沒有解決當天的任何問題。

不過，當天的食物有著落了，隔天的食物也有了，之後生活所需的食物不虞匱乏。在六個月之內，我的收入變兩倍。從那天開始，我還是會經歷煎熬的時刻，但從沒有匱乏過，片刻也沒有。

現在，我擁有的一切都很足夠。有時我還是為錢擔憂。但現在我知道自己不必擔心。

我要為自己人生中對的事而努力，也相信上天為我安排的一切。我會放下對金錢的恐懼。

11月22日 感激和接受的魔法

感激和接受是療癒過程中，我們能夠運用的兩大魔法。無論我們的身分、處境、擁有的事物多寡，感激和接受都能發揮作用。

我們可能要到自己的心境終於變得很快樂，才會明白當下的處境是對我們有益處。換句話說，當我們能夠完全掌握當下的處境，就能往下一個處境邁進。

如果我們覺得動彈不得、悲慘，無助又受限，試試感激和接受吧！如果我們想要改變當下的處境卻無法成功，開始覺得自己的頭好像撞到一堵磚牆時，試試感激和接受吧！

如果我們覺得黑暗籠罩，黑夜永遠不會結束，試試感激和接受吧！

如果我們覺得害怕又不確定，試試感激和接受吧！

如果我們什麼方法都試過，卻沒有任何一項有效，試試感激和接受吧！

如果我們一直在對抗某個事物，試試感激和接受吧！

當一切都失效時，就回歸最基本的原則。

感激和接受是永遠不敗的法則。

今天，我要放下自己的抵抗。我明白，只要自己能接受，某個情境的痛苦就不會再如此強烈。我會練習人生中感激和接受的基本原則，也會在所有當下的處境中執行。

11月23日 健康的性

我們人生中許多領域都需要療癒。

性是人生中很重要的一環。我們鼓勵、珍惜、享受性的能力；放下性的羞愧和困惑。

我們可能阻塞了自己的性能量。又或者，對某些人來說，性可能是我們學會和別人連結的唯一方式。我們的性能量可能沒有和自己其他的部分連結在一起；對自己和別人來說，性可能和愛無關。

有些人童年時期遭到性虐待。有些人可能有失控的強迫性行為，也因此感到羞愧。

有些人可能不去注意自己在性方面想要或不想要什麼，純粹只是配合對方，忽略自己在性以及其他方面的感受，不讓自己獲得健康的滿足。

性是整體的一部分，值得我們投入注意和能量來療癒。我們要讓性和自己其他的部分連結在一起，不應該再為此感到羞愧。

釋放、健全自己的性能量，是合理也健康的行為。我們不必讓自己的性能量控制自己、控制情感關係。對於性，我們要建立、維持健康又適當的界限。我們要探索性在自己人生中的意義。

我們要享受身為人類所帶有的性能量，不要濫用或忽視這份賜予的禮物。

今天，我會開始讓性和自己其他個性結合在一起。我會放下自己對性的恐懼和羞愧，告訴自己有哪些與性有關的問題需要面對。

11月24日 順服

順服是表示我們說：「好的，神啊，我會做任何祢希望我做的事。」在療癒的時候對神要有信心，是指我們相信，最終我們會喜歡自己做的事。

今天，我會順服於神。

11月25日 察覺

我們一開始察覺到某個問題、情況或情緒時，可能會感到焦慮或害怕。我們不必害怕察覺，完全沒這必要。

察覺是積極改變和成長的第一步。察覺是解決問題、滿足需求和邁向未來的第一步，也是我們專注於下一個課題的方式。

生命、宇宙和信仰藉由察覺這種方式，來獲得我們的注意力，幫助我們做好改變的準備。改變的過程始於察覺。察覺、接受和改變是個整體循環。我們要接受因為察覺而帶來的暫時不安，這樣才能往更美好的地方前進。因為我們相信上天、也相信自己，所以我們能夠接受暫時的不安。

今天，我會感激自己察覺的能力。當生命開始要獲得我的注意力時，我會展現出感激、平靜和有尊嚴的態度。我會記住要接受察覺所帶來的暫時不安，因為我相信這是上天要帶領我向前邁進的方式。

11月26日 不再自我批評

看看自己已經完成了多少！

專注前方要完成的任務，想想還剩下多少路途要走，是很好的態度。停下來感受自己已經達成的目標，也很重要。

的確，你可能覺得改變的速度似乎很緩慢。有時候，改變是很累人的。沒錯，我們可能倒退了幾步。不過，這些都是我們應該要體驗的歷程，我們當下身處的位置也是適得其所。

我們一路走來也已經走那麼遠了。

有時候大步跳躍，有時候小步前行，有時候一直又踢又叫，有時候捲起衣袖，咬緊牙根，我們一路透過種種方式學習、成長和改變。

看看自己已經完成了多少吧！

今天，我會認同自己的進步。我會對已達成的目標感到欣喜。

11月27日 我們要相信自己

對許多人來說，問題不在於能否再次相信別人，而是能否再次相信自己的判斷。

許多人憑藉我們的信任，繼續欺騙、虐待、操縱或是剝削我們。雖然內在可能有個小小的聲音說：「不！對方有問題。」我們可能還是覺得這些人有魅力、仁慈又正派。又或者，我們可能安於自己對他人的信任，等到發現自己的直覺出錯時，才感到震驚。

這個問題在我們的人生中，可能會餘波盪漾很多年。我們對別人的信任可能就此動搖，但我們對自己的信任可能更會徹底粉碎。

我們可能會有疑問：為什麼一件事情看起來沒問題、又進行得如此順利，結果到頭來是個徹頭徹尾的錯誤？如果結果這麼慘烈，我要怎樣才能重拾對自己抉擇能力的信心？

我們可能永遠都不會有答案。我相信我們需要犯某些「錯誤」，才能學會某些關鍵的課題。這些課題可能無法用其他方式學會。我們不該讓過往降低我們對自己的信心。我們沒辦法用恐懼來度過人生。

不過，大多數人會進步。我們會從錯誤中學習、成長。慢慢地，我們會改善自己的人際關係，改善和朋友或孩子間相處的情況。

今天，我會放下恐懼，不因以往所犯的過錯而否定自己。我明白這些恐懼只會損害自己現在的判斷能力。我的過往，甚至我犯的錯，都有其存在的理由，我會接受並心懷感激，努力從錯誤中學習。我也會好好讚許自己做過的正確決定，仔細觀察自己在人生中的整體進步。

11月28日 回歸療癒的步驟

回歸前面提到的療癒步驟，遵循其中的任何一項吧！

我們不知道下一步該怎麼做，感到困惑、苦惱、心煩意亂、走投無路、無法喘息、充滿固執、憤怒或絕望時，就回歸療癒的步驟吧！

無論我們正在面對什麼樣的情況，任何一個步驟都會有所幫助。專注於其中一個步驟，相信直覺，努力遵循。

遵循步驟是什麼意思？就是要好好想一想，仔細思考這些步驟。不要把注意力放在造成我們絕望或憤怒的困惑、問題或情境上，而是要專注於療癒的步驟。

想想要怎麼運用這些步驟，好好把握這些原則。拿出我們執著於煩惱和問題的毅力，堅持遵循步驟。這些步驟是很有效的解決方案，我們要相信步驟的功效。

我們不知道下一步該怎麼做時，就遵循療癒步驟中的任何一步來做。

今天，我會專注運用療癒步驟來解決問題，讓自己保持平衡與和諧。我會盡全力遵循其中任一步驟。我會學習相信療癒的功效。我不會用自我保護的行為來解決問題，而是要仰賴這些步驟。

11月29日 傳遞訊息

我們已經在精神上覺醒，要努力把這訊息傳遞給別人。我們的訊息是希望、關愛、慰藉與健康，這是一種更好的生活方式，也是能帶給我們美好人生的方式。

我們要怎麼傳遞這訊息呢？不是靠拯救、靠控制、靠偏執。

我們是藉由許多微小、細密但卻力量強大的方式來傳遞訊息。我們盡好自己的本分，成為希望、自我關愛、慰藉和健康的活生生例證。這些行為本身就傳遞了強而有力的訊息。

邀請（不是命令或要求）某人來參加聚會，是傳遞訊息的好方法。

參加我們的聚會、分享自己療癒的過程，是傳遞訊息的好方法。

做自己是傳遞訊息的好方法。比起說服、強迫別人，這種傳遞訊息的方式往往有效得多。

照顧和控制他人不是傳遞訊息的方法。

然而，幫助他人最有效的方式就是先幫助自己。我們善盡本分，誠實、敞開心胸地接受療癒時，最能影響別人，遠比其他出於好意的「幫助」還要有效。我們無法改變別人，但是我們可以改變自己。

今天，我會努力用各種有效的方式傳遞訊息。我會放下自己想要「幫助」別人的執念。相反地，我會專注於幫助、改變自己。如果有機會和他人分享，我會善盡本份，讓行為替我發聲。我會知道怎麼傳遞慰藉、力量和希望的訊息。我做好準備時，會成為幫助他人的管道。我不必強求，這件事會自然發生。

11月30日 切割

有一天，我兒子帶了一隻沙鼠回家。我們把牠放在籠子裡，沒多久，這隻沙鼠就逃走了。接下來的六個月，牠驚恐地在房子裡倉皇亂竄，我們也狂亂地追著牠跑。

「在那兒！快抓住牠！」每次有人看見這隻沙鼠，我們會尖叫。我或我兒子會丟下手邊正在做的事，在房子裡衝來衝去撲向牠，希望可以抓住這隻沙鼠。一隻小動物，把全家搞得一團亂。

有一天，我坐在客廳，看著這隻小動物窸窸窣窣走過。我想像往常一樣撲向牠，後來我阻止了自己。

「不，」我說，「我受夠了。如果牠想要在房子的角落和縫隙間過生活，我就隨牠吧！」

我讓這隻沙鼠經過面前，沒有任何反應。我對自己這樣的新反應有點不太自在，但無論如何我堅持住了。

我愈來愈能適應自己的不回應。沒多久，我就能完全心平氣和下來。我不再對抗這隻沙鼠。有天下午，這隻沙鼠經過我身邊，和以往一樣，我幾乎看都沒看牠一眼。牠停了下來，轉過來看著我。我撲向牠，牠就逃走了。我放鬆下來。

「好吧。」我說。「隨你。」我是認真的。

一小時後這隻沙鼠跑來，站在我旁邊等著。我輕輕抓起牠，放回籠子裡，此後牠就在那兒快樂待著。這個故事告訴我們什麼？不要撲向沙鼠。牠已經很害怕，追趕牠只會讓牠更驚恐，也讓我們更氣急敗壞。切割是很有用的方式。

今天，我會習慣自己不做回應的新態度。我會找到內心的平靜。

十二月

想想接下來的一年，專注於即將到來的美好事物。

讓別人支持我們・暫停自己的人生・培養健康的容忍度・放手・讓你痛苦的人・放下羞愧感・時機成熟・重視自己的需求・開口求助・賦予力量・堅定的信念・神的旨意・付出・清晰的思維・情緒感受・照顧自己的情緒・鼓勵自己・敞開心胸接受自己的情緒・職場角色・對他人的期望・平衡・好事來臨・節日觸發的聯想・耶誕假期・節日・成長・即將登頂・恐慌・往前邁進・奠基・堅信美好的到來

12月1日 讓別人支持我們

有時候，我們需要鼓勵。有時候，我們需要他人的支持。

我們之中有許多人一直缺乏鼓勵和支持，結果可能都沒意識到自己是渴望和需要支持的。許多人可能因此已經學會不讓自己的需求或渴望獲得滿足。

我們可能沒有伸出雙手，讓自己的需求獲得滿足。我們可能是和無法或不願意滿足我們需求的人在一起。或者，其實跟我們在一起的對象是很樂意回應我們直接的要求。

我們可能必須放下某樣事情，才能讓自己的渴望和需求獲得滿足。我們可能要放下自己烈士或受害者的角色。如果我們讓自己的需求和渴望獲得滿足，之後就不會因為對方讓我們失望而想懲罰別人，或是逼得他們離開。

我們可能必須放下自己的恐懼，才能體會讓別人愛和支持所帶來的親密感。我們甚至每天都要學會如何感到快樂和滿足。

要學會讓別人支持我們。

今天，我會敞開心胸確認自己的需求，也會直接開口表達。我會讓別人支持我。

12月2日 暫停自己的人生

我們無法暫停自己的需求，等待別人來滿足我們，讓我們的人生更美好，也無法等對方變成我們心目中的理想樣貌。這樣只會創造出憎恨、敵意、不健康的關係，以及之後得收拾的一片殘局。

如果已經決定想跟誰在一起，或是想等一等再做抉擇，那麼一定得在這個過渡期繼續過自己的人生。要做到這點可能很難。我們很自然會想要暫停自己的人生：那個人可以讓我快樂……

這種狀況可能會讓我們的自信低落，會出現自我懷疑和忽視自己的傾向。

我們會以各種方式陷入這種情境，像是等一封信、等一份工作、等一個人或是等待一件事發生。

我們不必暫停自己的人生，這樣只會產生後遺症。繼續過你的人生，一次以一天為單位好好地過。現在如果要照顧自己、讓自己快樂一點、讓自己的需求以適當健康的方式獲得滿足，我該怎麼做？如果我打破現有的狀況，開始照顧自己，事情會有什麼發展？

有時候，我們立刻就會獲得自己想要的答案。有時候，我們得等一會兒。有時候，結果並不如我們預期。不過，這一切背後都是基於善意，而且只會比我們期待的還要更好。

同時，藉由好好過自己的人生、從他人身上拿回控制權，我們展現了對自己的愛，而且是十倍以上。只為了等待某事發生，就暫停自己的人生，這是無用的。我們停擺自己的人生，只會讓我們過得更悲慘。

今天，如果必要，我會強迫自己好好過人生。我會以自己的最佳利益採取行動，以自我關愛的態度來過人生。如果我曾給了別人控制我人生的力量，我會拿回掌控權。

12月3日 培養健康的容忍度

我們都很擅長否認和忽視傷害自己的事物。我們可能反覆告訴自己情況沒那麼糟、我們不該那麼苛求、總有一天情況會改變、我們應該要能忍受、這些一點都不會造成困擾、對方不是故意的、我們一點也不痛，也許有問題的是我們。

我們內心可能會不斷掙扎，想要爭辯自己的痛苦是情有可原，爭辯自己是否有權利感受這種痛苦，是否有權利採取行動。往往，我們容忍得太多，結果讓我們憤怒，也拒絕再有一絲一毫的容忍。

我們要學會培養健康的容忍態度。要做到這點，我們得建立健康的界限，相信自己和別人相處時，可以掌控自身的力量。注意自己的感受、確認自己的確感到痛苦，這樣可以減少我們的痛苦和折磨。

從確認自己的需求，到建立界限、採取清楚直接的行動，是需要時間的；我們要努力縮短這段時間。我們沒有失控。有些行為真的困擾著我們。有些行為真的不適當、討厭、讓人受傷又幾近虐待。

一旦確認自己需要建立某個界限，我們就不必因為照顧自己而感到內疚。要把這個經驗當做一種嘗試，建立嶄新、健康的界限。

在建立界限後，我們不必道歉或解釋自己的行為。我們要學會接受建立界限所帶來的不安和不自在。我們要重拾擁有這些界限的權利。我們要給別人擁有、探索自己情緒的空間，也要給自己擁有情緒的空間。

一旦相信我們有照顧自己的能力，我們就能培養出健康、合理的容忍度。

今天，我要開始努力追求健康的界限，也努力培養對自己和別人健康的容忍度。

12月4日 放手

「我們到底要放手到什麼程度才夠？」有一天，一位朋友問道。

「我不確定。」我回答。「或許對一切都得放手。」

放手是一種精神、情緒、心理和生理的過程；有時候，放手是一種抽象的過程，我們把自己緊緊抓住的一切，放開。

鬆開自己緊握的手，不再執著於別人、結果、想法、情緒、渴望、需求和慾望，放下一切。沒錯，承認、接受自己的渴望與期盼是很重要。不過，藉由放手來貫徹一切也很重要。

放手是奠基於信心而採取的行動，放手意味著我們承認，緊抓著不放對解決問題、改變對方或獲得自己渴望的結果，沒有任何助益。事實上，緊抓著不放，往往更會讓自己的渴望和需求無法獲得滿足。

我們憑什麼認定事情一定要往某個方向發展？

放手有種神奇的魔力。有時候我們放手後，很快就會獲得自己想要的東西。有時候要更久一點的時間。有時候，我們渴望的具體結果並沒有發生，但卻發生了更好的事。

放手讓我們自由。

放手創造出最理想的環境，能讓最好的結果和解答出現。

今天，我會放鬆。我會放下最困擾自己的事。我相信藉由放手，我就啓動了行動的滾輪，讓事情以最佳的方式獲得解決。

12月5日 讓你痛苦的人

期待無法付出的人給你某樣東西，這種期待令人抓狂的程度，大概很少有別的事情比得上。試圖想改變某個人，也會讓人體驗到難以比擬的挫敗感。我們試圖假認對方是我們以為的那個樣子，結果只會讓自己崩潰。對於出現在我們生命中的某些人，我們可能花了很多年和現實討價還價，一直試圖讓某個人用某種方式愛我們，但那個人卻不能、也不願意付出。

是時候放手了，是時候讓對方走了。這並不表示我們無法再愛這個人，而是指當我們不再否認現實、開始接受現實時，如釋重負的感覺便將隨之而來。我們放開手讓對方做真正的自己，不再試圖改變對方。我們處理自己的情緒，轉身離開這個破壞力強大的情況。

我們把現實納入考量，學會用一種不同的方式去愛、去在乎。

我們要以新的方式和對方進入一段關係，把自己和自己的需求納入考量。我們要放開自己的手，把他們的人生交還回去。在這個過程中，我們也拿回了自己的人生和自由。

我們不再因為自己無法從對方身上得到想要的事物而受制。

我們把現實和自己的最佳利益納入考量，決定自己要如何和對方互動。我們或許憤怒、受傷，但最終會降落在原諒的大地上。我們讓對方自由，也讓自己掙脫束縛。這就是在愛中切割的核心概念。

今天，我會努力在愛中切割，脫離自己人生中棘手的人物。我會努力接受自己各種關係中的現實狀況。我會在各種關係中照顧自己，以雙方的情緒、生理、心理、精神自由為目標而努力。

12月6日 放下羞恥

許多人曾經是受害者，有時還不只一次受害。我們可能遭受過身體虐待，或是被另一個人的成癮症剝奪了許多權利。

我們要明白，就算別人曾經虐待我們，我們也不該因此而感到羞恥。因為虐待而該感到愧疚的是加害者，不是受害者。

療癒的目標是要學會自我照顧，學會擺脫掉受害者的心態，不要為了過往的經驗而怪罪自己。我們的目標是要裝備好自己，不要再因為原本受害而產生的羞恥以及未解決情緒，再次受到傷害。

我們每個人都有自己的功課、問題和要達成的目標。其中一項功課是不再指責加害者，這樣做就不會讓我們分心。雖然每個人都要為自己的行為負責，但我們要對加害者有同情心。我們明白加害者的人生有許多力量介入。同時，我們也不要緊抓著羞辱感不放。

我們會明白自己在受害過程中扮演的角色，知道自己是如何陷入這樣的困境。不過，這些都是幫助我們裝備好自己的訊息，這樣事情才不會重演。

放下受害者的羞恥感吧！我們都有自己的問題和目標，但不要因為受害而感到羞恥。

今天，我會讓自己從受害者的恥辱感中解脫，不再緊緊抓著不放。

12月7日 時機成熟

有時候我們不知道該怎麼辦，也不知道下一步該往哪兒走。有時候這些時期很短，有時候卻很漫長。我們可以度過這些時期。我們可以透過信心、別人，以及自己的各種人脈、資源，來處理問題。接受未來的不確定感。我們並不一定得要知道該怎麼做或該往哪兒走。我們也不一定永遠都清楚方向。強迫自己一定得採取行動或拒絕接受過渡期，只會讓事態惡化。

暫時沒有方向沒什麼大不了。自在地說出「我不知道」吧！沒有智慧、知識或清晰的靈感時，我們不必強求。

等待方向出現時，我們不必暫停自己的人生。放下焦慮、享受人生，好好地放鬆。做點有趣的事，享受人生中的愛與美好。完成小小的功課；這些功課可能和解決問題、找到方向無關，但卻是在過渡期間，我們能做的事。

你會獲得清明的思緒。下一步該怎麼做自會浮現。猶豫不決、停滯或缺乏方向的狀態，不會永久持續下去。

今天，即使缺乏方向和洞察力，我也會接受自己的處境。在這段期間，我會記得去做讓自己和他人感到快樂的事。我相信清明的思緒自會浮現。

12月8日 重視自己的需求

不表達自己的渴望和需求，就表示我們不重視自己。我們值得更好的對待。

也許別人讓我們覺得為自己發聲並不禮貌、也不適當。事實是如果我們不為自己挺身而出，我們無法滿足的渴望和需求最終會反彈，成為彼此關係的陰影。最後我們可能會感到憤怒、憎恨，或是開始因為對方無法猜到我們的需求而懲罰他們。我們可能因為對方無法滿足自己的需求，而結束這段關係。

只有在雙方都能表達自己的渴望和需求時，才能培養出親密感。要想擁有持久穩健的親密感，一定要做到這點。

我們對於自己需求的態度也很重要。如果希望別人認真看待我們，我們一定要重視自己，也要把自己的需求當一回事。開始重視自己的需求時，我們就會看見顯著的改變。我們的渴望和需求就會開始獲得滿足。

今天，我會尊重自己和他人的渴望和需求。我會向自己、別人，表達我的渴望和需求。我也會聆聽他們的渴望和需求。

12月9日 開口求助

我們可以開口求助。

我們對自己做過最愚蠢的一件事，就是不肯向朋友、家人，或任何適當的對象，開口尋求協助。我們不必自己苦苦掙扎面對情緒和問題。我們可以請求別人幫助，向朋友尋求支持和鼓勵。不管需要的是資訊、鼓勵、幫助、一句話語、一個擁抱、一位願意聆聽的人，還是一趟便車，我們都可以開口要求。我們可以請求別人滿足我們的需求。

需要協助時不肯開口，是種自我挫敗的行為，只會讓我們深陷困境。如果請求的時間夠久、態度夠努力，又對正確的對象提出自己的要求，我們就會獲得自己需要的幫助。

開口請某人拯救我們，和直接開口請對方幫忙是兩回事。我們要坦白直接，讓別人選擇是否要幫忙。如果對方說不，我們也要接受。

暗示、哀訴、操縱或強迫別人幫助自己，只會招致挫敗。以受害者的姿態求助他人，又期盼對方拯救我們，也很令人討厭。我們需要幫助才開口求助，這樣才是健康的態度。

我們很樂於幫助別人，但也要讓自己接受別人的幫助。我們要學會清楚知道自己想要和需要什麼幫助。

今天，如果有需要，我會開口請求別人的幫助。我不會以受害者的姿態，無助地等別人來拯救。我會明確、扼要地表達自己的要求，也會給對方選擇的空間，決定要不要幫助我。我不會再以烈士自居，拒絕接受自己人生中應獲得的幫助；我會接受這些幫助，讓人生過得更順利。

12月10日 賦予力量

你有思考的能力；你能夠做出正確的決定；你會做出適合自己的抉擇。的確，我們偶爾會犯錯，但是我們的存在本身卻不是個錯誤。我們會將新資訊納入考量，做出新的決定。

不必得身為高級知識份子，才能做出好的決定。在療癒的過程中，我們各自都會獲得禮物，也會有追求的目標。這個禮物叫做智慧。

其他人也有思考的能力，這意味著別人的抉擇，不再是我們的責任。這也表示我們要對自己的決定負責。

做決定是我們自己的任務。有自己的想法和意見是件樂事，也是我們的權利。每個人都是自由的，有權敞開胸懷接受、享受自己心靈、才能和智慧的寶藏。

今天，我會珍惜自己心靈的禮物。我會好好思考，自己做決定，也重視自己的意見。我會敞開心胸接受別人的想法，但也會為自己負起責任。

12月11日 堅定的信念

在療癒過程中，我們可以選擇自己想要培養的觀念，正面運用自己的心靈能量。正面的心靈能量和正面思考，並不是指我們不切實際地幻想，或是回復到拒絕的心態。如果不喜歡某件事物，我們要尊重自己的想法。如果發現某個問題，我們要誠實面對。如果無法解決某件事，我們要接受現實。不過，我們不必沉溺於自己經驗中負面的部分。

賦予美好的事物力量，會產生神奇的魔效；只要我們賦予美好事物力量，不管是什麼，這些事物都會成長得更加茁壯。賦予美好事物力量的方法之一，是透過堅定的信念：向自己簡單、正面地陳述：我愛自己……、我的表現已經夠好……、我的人生很美好……、我很高興自己今天還活著……、我的渴望和需求即將獲得滿足……、我可以……。

我們在療癒過程中的抉擇，是決定自己要堅信的想法是什麼。

今天，我會賦予力量給自己、別人和人生的美好事物。我願意放下負面思考，以正面的想法取而代之。我會選擇自己要堅信的想法，也會讓這些想法成為善的念頭。

12月12日 神的旨意

開口詢問神，問祂今天想要我們做什麼；然後請求祂幫助我們。這是一個很簡單的請求，但卻有深遠的影響，可以帶領我們前往任何自己需要抵達的地方。

我們要細細聆聽自己需求的解答、幫助、美好、愛、智慧，以及想要滿足的慾望，所有的一切都包含在簡單的請求裡。我們只需要說謝謝你。

神為我們做的安排，不會有所剝奪或損害，而是一個圓融、喜悅和豐足的計畫。親身參與吧！

今天，我會請求神告訴我祂今天希望我做的事。我相信神會給我充足的幫助，帶領我走進光明和喜悅。

12月13日 付出

不要害怕付出。

在學會分辨何謂健康付出和照顧的過程中，我們可能要暫時停止付出，否則不但會讓自己變成受害者，也會讓別人憎恨。

付出和接受兩者同樣重要。什麼叫做健康的付出？

這是一個很微妙、需要細察的行為，我們每個人都必須想辦法體會。付出會讓人感到快樂，不會讓人有受害感。

付出會讓給予的人和獲得的人都有高度的自信。

付出是因為你想去做，而不是出於內疚、憐憫、羞愧或義務。

付出不會有任何牽絆，是以清楚、直接的關係為基礎。

不管是時間、努力、力量、安慰、鼓勵、金錢或是我們自己，付出的都是自己有能力給予的事物。

付出是付出和接受連鎖效應中的一環。我們要學會以健康的方式付出，也要學會在愛中付出。我們要注意自己的付出，確保自己的行為沒有越界。

今天，我要以健康的方式對別人付出。我會對正確、美好和清晰明確的事物付出，也要衡量自己付出的能力。

12月14日 清晰的思維

努力培養清晰的思維。許多人的思考方式受到否認心態的蒙蔽。因為抱持否認的心態太久，有些人對自己失去信心。不過，不再信任自己的想法，對我們並沒有幫助。我們要拋棄否認的心態。

我們不要因為自己的缺點而訴諸否認的心態，不論處理別人或自己的問題皆然。否認的心態是靈魂的避震器，可以在我們做好面對現實的準備前保護我們。

清晰的思維，並不表示我們永遠都不能求助於否認的心態。否認的心態是通往接受的第一步；對大部分的人生來說，我們一直都在努力接受某件事。

清晰的思維，意味我們不讓自己沉浸於負面和不切實際的期待。我們參與聚會，獲得心靈的平靜和實際的支援。

今天，我會努力培養人生各個領域中平衡、清晰的思維模式。

12月15日 情緒感受

我們可以擁有、感受自己所有的情緒。

就算經過多年，我們可能還是會和這個問題不斷爭戰。我們所有生活的禁令中，這一項可能持續最久，造成的傷害也最大。

許多人需要關閉自己情緒的感受，才能在某些情況下生存。我們不讓自己感受憤怒、悲傷、害怕、喜悅和愛。許多人和拒絕忍受我們情緒的人生活在一起。我們因為表達情緒而感到羞愧、受到譴責；這些責備我們的人，通常自己就是在壓抑情緒的教養下長大。

不過，時代已經改變。我們現在可以承認、接受自己的情緒。我們不必受制於自己的情緒，也不必嚴格壓抑自己的感受。我們的情緒是內心很珍貴的一部分，和身體健康、思維與心靈都有關聯。

我們的情緒感受也和直覺這份美好的禮物有關，讓我們有付出和接受愛的能力。

放任自己感受情緒並不代表懦弱或有所不足，而是表示我們漸漸變得健康和完整。

今天，我會承認、接受自己所有的情緒。我會仔細聆聽自己內心的感受。

12月16日 照顧自己的情緒

照顧自己的情緒是什麼意思？就是感到生氣的時候會承認，也會不帶羞愧或指責地接受這些情緒。我覺得受傷時會承認，也會接受這些情緒，不會試圖去懲罰造成我痛苦的人。恐懼的情緒浮現時，我也會承認。

快樂、喜悅和關愛的情緒出現時，我會讓自己好好體會。照顧自己表示我們內心做了決定，願意去感受情緒。

照顧自己的情緒是指和情緒共存，直到下一個情緒浮現、是時候放下為止。

我承認有時候自己的情緒可以幫助我們點出現實，但有時候情緒是會騙人的。情緒很重要，但我不必受情緒所限。感受的同時，也要好好思考。

只要適當和安全，我會和別人談論自己的情緒。

如果困在某個情緒裡，我會開口尋求協助或指引。

我會敞開心胸，接受情緒試圖教導我的課題。在感受、接納和釋放掉情緒後，我會問自己想要和需要採取什麼行動，才能照顧自己。

在情緒上照顧自己，意味著我重視、珍惜、探索和愛護自己內心的情緒。

今天，我會照顧自己的情緒。我會敞開心胸接受自己和別人的情緒。我會透過理性與感性，努力追求平衡，但不會讓理智排擠情緒。

12月17日 鼓勵自己

許多人長期缺乏鼓勵，結果認為鼓勵是愚蠢或自我放縱的態度。鼓勵並不愚蠢，而是我們對自己展現愛的方式。鼓勵是我們在療癒過程中要努力培養的心態；我們和自己培養出充滿愛的有效關係，才能和別人也培養出同樣的關係。

受傷的時候，我們會問自己需要做什麼才能讓自己感覺好一點。感到孤獨的時候，我們會向對的人尋求慰藉。我們要接受別人的支持，不要老認為自己是別人的負擔。

我們累的時候會休息；餓的時候會進食；精神需要提振時，會找點樂趣或好好放鬆。鼓勵是給自己禮物，像是去按摩一下、看本書、買件新衣。鼓勵是好好洗一個悠閒的熱水澡，暫時忘卻俗世的煩惱，讓自己快樂一下。

我們要學會溫柔地對待自己，也要敞開心胸接受別人的鼓勵。

鼓勵自己，是讓自己願意給予和接受正面的肢體接觸。我們要接受適當和安全的肢體接觸，對於感覺不好、不安全或負面的碰觸則要拒絕。

我們要學會用溫柔、關愛和憐憫的方式，滿足自己的需求。我們知道這樣做，並不會寵壞自己，不會讓自己變得懶惰、自戀或自以為是。受到鼓勵的人，處理職場和人際關係的能力都很好。

我們要學會愛自己，這樣才能真正去愛別人，也讓別人愛我們。

今天，我會鼓勵自己。我會敞開心胸鼓勵別人，也接受別人的鼓勵。

12月18日 敞開心胸接受自己的情緒

許多人非常擅長遵循「不准感受」的禁令，而說服自己不可以有任何情緒，甚至連在療癒的過程中，也是如此。

「如果我真的療癒得很好，就不會感到憤怒。」「我不生氣。我會原諒、放下。」「我沒有生氣。我會告訴自己我很快樂。」

這些陳述都意味著我們又開始遵循「不准感受」的禁令。

所謂療癒得很好，其中一個步驟是指承認、處理自己的情緒。我們要努力接受、處理自己的憤怒，這樣才不會惡化成憎恨。我們不要拿療癒當藉口，關閉自己所有的情緒感受。

沒錯，我們要努力培養原諒的心態，但在釋放情緒的適當時機到來之前，我們還是要感受、聆聽和陪伴自己的情緒。上帝創造了我們的情緒；祂沒有不准我們感受情緒，是不健全的環境讓我們有這種想法。

我們也要小心運用堅定信念的法則。不重視自己的情緒，並不會讓情緒消失。如果生氣，我們可以感受憤怒的情緒。這是我們恢復和維持健康的方式。

今天，我不會因為感受自己的情緒而感到羞愧，也不會為此接受他人的指責。

12月19日 職場角色

我們很容易就會投入工作的角色中，也很容易用各種角色定位別人。有時候，這種做法必要、適當又很方便。

不過，我們也要讓自己透過角色發光發熱。

在職場上運用自己的天賦會令人感到喜悅；全心投入手邊的工作時，我們會和工作產生一種密切關係。我們在職場上很自在，又能發掘、欣賞周遭同事的優點時，也會感到喜悅。

只要我們把自己當成人，而不是機器人，那麼最令人不悅、最惱人的俗務都能輕鬆看待。

我們把周遭的人當成個體對待，而不只是職場上應運而生的角色，他們就會溫暖地回應。

這並不表示我們和其他人該有不適當的糾纏，而是指不管身為老闆還是員工，只要能將職場上的每個人視為不同個體，而不只是執行工作者，我們就會比較快樂和滿足。

今天，我會讓自己透過在職場上的工作發光發熱。我會努力看見別人的優點，也會讓同事發揮自己的角色，而不是只把他們當做執行工作的人。我要敞開心胸，接受自己和別人在職場上的一切美好。我會和同事維持良好的關係。

12月20日 對他人的期望

我們的職責是確認自己的需求，再以平衡的方式滿足需求。

希望某個人能夠或願意滿足我們的每個要求，是不合理的期盼。開口表達自己的渴望和需求是我們的責任，自由選擇是否回應我們的要求則是對方的責任。如果試圖強迫對方支持我們，這就叫做控制。請求和強硬的要求並不相同。我們想要的是毫無拘束所付出的愛。

期盼某人滿足我們所有的需求並不合理，也不健康，這樣使我們變得憤怒又充滿憎恨，甚至可能因為對方不如預期般支持自己，進而折磨他們。

對另一半、孩子和朋友有定義明確的期盼是很合理的。

如果有人無法或不願意支持我們，那麼我們就必須為自己負起責任。我們可能需要建立界限，修改自己的期盼，或是改變界限範圍，才能解決對方不願投入心力的問題。我們採取這些行動是為了自己。

我們要合理地向周遭的人透露自己的渴望和需求，也要抱持實際的態度，來對別人提出要求，表達自己的期盼。我們要相信自己有能力知道什麼是合理的盼望。

期望的議題最終要回歸本質，確認自己的需求是我們的責任；我們要相信自己的渴望值得獲得滿足，也要在人生中找到一個適當、令人滿意的方式來達成這個目標。

今天，我會努力追求合理的期盼，讓自己的需求在各種關係中獲得滿足。

12月21日 平衡

我們對別人的期盼要合理。

過往，我們可能容忍得太多或太少，也期望得太多或太少。我們可能會容忍虐待和欺騙，也可能會拒絕容忍其他人正常、合乎人性和不完美的行為，在兩者之間不停擺盪。雖然處於任何一種極端狀態太久都不好，但這就是人在改變的進行方式。我們不斷奮力朝更美好的人生、更好的關係、更有效的維繫關係的行為顛簸靠進。

不過，如果願意對自己敞開心胸，我們就會在某個時間點，展開另一種轉變，願意脫離極端，追求平衡。我們要相信自己和療癒的過程，會讓我們對自己和別人的容忍、付出、理解與期盼達到平衡的境界。我們每個人在開始和持續療癒時，都要找到自己追求平衡的道路。

今天，我會練習接受自己和別人改變的方式。如果必須在某個行為的兩種極端間擺盪，我會接受這是適當的做法，也只是暫時的情況。不過，無論是對自己還是別人，我會以培養合理的期盼和容忍度為目標，持續努力。

12月22日 好事來臨

美好的事物一定會降臨。

不必擔心、執著或認為自己一定要控制或確認美好事物的存在；也不必為了想釐清這些美好事物會在何時以何種形式到來，弄得自己的思緒一團亂。

美好的事物自會找上你。

每天都要相信，保持平靜的心，信任自己，聆聽自己的需求，你渴望的美好事物就會到來。

你的療癒、喜悅、人際關係、解答、工作、渴望的改變、機會等等，都會以各種方式，自然和緩地到來。解答會到來；方向會浮現；金錢、想法、能量和創意都會找上你；道路自會為你開展。

擔憂美好事物會以何種形式降臨，只是徒勞無功又浪費心力。你已經擁有了美好的事物，一切都已就位，只是你沒看見！

今天，我會放鬆，相信自己所期盼的一切美好自會找上我。不管是透過自己或是別人的引導，時機到來時，我渴望和需求的一切事物自會到來。

12月23日 節日觸發的聯想

有許多正向的刺激會觸發我們對耶誕節的聯想：耶誕樹、裝飾品、《平安夜》歌曲、包裝好的禮物等。這些「觸發物」會在我們內心引發對於慶祝耶誕節的溫暖、懷舊情緒。

不過，也有其他沒那麼顯而易見的觸發物，會引發不同的情緒和回憶。

我們的心靈就像運作功能強大的電腦，會把景像、聲音、氣味、觸碰、味道與情緒、想法和回憶，連結在一起。心靈把所有感官連結在一起，我們會一直牢牢記住。

有時候，最細微、最無害的事件也會觸發回憶。而且不是所有的回憶都很美好。

我們可能不明白自己為什麼突然感到害怕、沮喪和焦慮，也不知道是什麼讓我們的自我價值低落，想要控制，又忽視自己的需求。有這種情況時，我們要知道可能是某些無害的事件，觸發了深埋自己內心的回憶。

如果有某個連我們也不明白的事，觸發了痛苦的回憶，我們要藉由自我照顧，把自己拉回到當下的處境。

我們要承認自己的情緒，而且要堅定自己的信念。我們可以採許一些行動來讓自己快樂，在每個耶誕節讓自己更開心一點。無論過往藏著什麼樣的傷痛，我們都要以正確的眼光看待，在今天創造出一個更歡樂的節日。

今天，我會溫柔地解開自己對節日的傷痛回憶。即使我對節日的感受和其他人不同，我也會接受自己的情緒。我會不再沉溺於過往，這樣我才能創造出屬於自己的節日。

12月24日 耶誕假期

對某些人來說，與節日有關的景象、符號和味道，會帶來喜悅和溫暖的情緒。不過，有人歡欣鼓舞地投入節日的氛圍，有人卻陷入衝突、內疚和失落的情緒。

過節時，許多人常在自己想要做的事和覺得應該做的事之間不斷拉扯。我們可能因為不想和家人共度，而感到內疚。我們可能因為沒有自己想要共度的那種家庭，而感到失落。許多人年復一年，在同一個節日走進同一間餐廳，期待今年可以有點不同。然而，我們卻年復一年在離開時，對一切感到失望、挫敗和困惑。

許多人對節日有來自過往的痛苦回憶。

許多人對於假期的結束感到如釋重負。

療癒的過程中所獲得的一項美好禮物，是明白原來我們並不孤獨。在節日感到內心衝突的人，也許和感到平靜的人一樣多。透過不斷摸索嘗試，我們學會如何在節日假期照顧自己，讓自己過得好一些。

我們在假期的第一個療癒任務，就是接受自己、接受自己的處境，以及對自身情況的種種情緒。我們要接受自己的內疚、憤怒和失落感，一切都會好轉。

面對節日沒有什麼正確或完美的方法。每年都會經歷一次耶誕假期，我們盡全力時就會找到自身的力量。

今年的耶誕假期，我會好好照顧自己。

12月25日 節日

有時候，節日會充滿喜悅。有時候，節日卻是難熬又寂寞。

我提供一些個人經驗和想法，幫助大家度過難熬的節日：要處理情緒，但不要太沉溺其中。要以正確的眼光看待節日：某個節日只是三百六十五天的其中一天，不過才二十四小時，我們一定可以度過。

好好度過節日，但要小心可能會有節日後遺症。有時候，如果運用自己的生存行為來度過節日，我們的情緒可能在隔天才浮現。浮現的情緒一樣要處理，我們要盡可能快速回到常軌。

即便有些愛無法確切滿足自己的需求，我們也要尋找和珍惜各種可以獲得的愛。有沒有某個人可以讓我們付出愛和接受愛？值得信任的朋友？有沒有想要和我們共度節日的家人？去試試看吧！也許有人會感激我們的分享，想要一起共度節日。

如果覺得自己的節日過得不太理想；放心，有不少人和我們有同樣的感受。我們很容易就會告訴自己，全世界的人節日都過得很完美，只有我們獨自在衝突中憂傷，但這並不是事實。

我們要創造出屬於自己的節日計畫表。買份禮物給自己、找個你可以付出的人、展現你充滿關愛與鼓勵的一面，不要再抵抗節日的氛圍。

也許過往的節日並不美好；也許今年的也不美好。不過，明年的節日可以好一點，後年的又更好。我們要努力追求更美好的人生，滿足自己的需求。沒多久，你就會擁有這樣的人生。

我要會享受、珍惜這個節日。如果我的情況沒那麼理想，我會保留美好的部分，剩下的一切就學會放下。

12月26日 成長

就像小時候我們會慢慢不喜歡一些以前自己最鍾愛的玩具和衣服一樣，有時長大成人後，我們也會不再把心力專注在某些人、工作或家庭上。這聽起來好像很令人困惑。我們可能會質疑為什麼去年對自己很重要的某個人或某件事，現在在我們的人生中卻不是如此。我們可能納悶自己的感受為何改變。

小時候，我們可能會努力想把自己塞進已經過小的衣服裡。現在，長大成人的我們，可能會經歷某段時期，強迫自己繼續抱持某些明明已經不合時宜的心態。我們會這樣做，可能是要給自己時間來接受現實。去年對我們有用的方法，或是過往對我們如此重要的事物，如今不再有效，也不那麼特別，只因為我們改變了。我們長大了。

我們要接受這種態度，這是療癒過程中很正常、也很重要的一環。我們可能會拼命努力想塞進某件衣服，想要知道這件衣服是否真的不適合自己，也想找出不適合的原因，在這過程中，我們要讓自己經歷嘗試和悲傷。對於已經發生的一切，我們要探索自己的情緒和想法。

然後，我們就能把去年的玩具收起來，挪出空間放新的玩具。

今天，我不會留戀去年的玩具。我會記住它們在人生中帶給我的美好時光；然後，我會把舊的玩具收起來，挪出空間放新的玩具。

12月27日 即將登頂

我知道你累了，我知道你覺得快要喘不過氣。你可能覺得這個危機、這個問題，以及這段難熬的時期，永遠不會結束。

事實並非如此。你就快要抵達終點了。

這個旅程如此艱難並非只是你認為如此，而是真的就如此艱難。你會不斷接受考驗、試煉、再考驗，以確保你真的已經學到該面對的課題。

你的信念會不斷在烈火中受到試煉。你會經歷相信、質疑，又再次努力相信的歷程。

你曾經遭遇反對的意見；你不是一路走來都能獲得支持、感到喜悅。不管周遭發生了什麼事，你還是得繼續努力。有時候，讓你持續向前的動力是憤怒；有時候是恐懼。

情況的進展出了差錯，問題比你預期的多很多。沿路上，你得面對阻礙、挫敗和各種惱人的事。你沒有想到局面會演變成這樣，大部分事情都出乎意料之外；有些甚至和你想要的結果完全背道而馳。

然而，這一切都是對你有益，也是適合你的安排。即使你的腦袋告訴你這些事件都太過瘋狂又不正常，但你內心深處的某個部分，始終都明白這個真理。

這沿路發生的許多事情，不管是痛苦、煩惱或意外的體驗，彼此都有關聯。你會開始察覺到這個道理。

你從來沒想過事情會以這樣的方式發生吧？不過，的確是這樣。現在你知道了這個祕密，事情本來就是要以這樣的方式發生，而且這個方式比你原本預期的還要好。

你也沒想過會花這麼久的時間吧？不過，就是得這麼久。你會學會什麼是耐心等待。

你從來沒想過你會擁有吧？但是現在你知道你的確擁有了。

現在最終的藍圖已經漸漸拼湊成形，你幾乎就快要抵達這個階段的終點，這也是旅途中最困難的一部分。這個課題就快要完成了。你知道是哪個課題；就是自己一直以來奮鬥、抵抗，覺得永遠都不可能學會的課題。沒錯，就是那一個。你幾乎就要完全學會了。

你徹頭徹尾地改變了。你已經提升到不同的層次，視野變得更高更遠。

你在爬一座高山，攀爬的任務很艱辛，但是爬山本來就不是件容易的事。現在，你即將登頂。再堅持一會兒，勝利就是你的。

挺起肩膀、深呼吸，抱持著信心，平靜地往前邁進。是時候細細品嚐、享受所有你奮鬥而來的成果了。最終的時刻即將到來。

我知道你之前也曾經以為這個時刻即將到來，後來卻發現事實並非如此。不過現在，你的獎賞即將到臨。你的努力並沒有白費。你在這趟旅程中的每一步，都為你帶來了一段精彩的體驗，也更堅定了你的信心。將來還會有更多的高山等著你去攀爬，但是現在你知道了登頂的方法。而且，你也已經知悉山頂上蘊藏著什麼樣的祕密。

今天，我會接受自己當下的進展，繼續往前邁進。如果我正在經歷一段學習的歷程，我會讓自己抱持著信心繼續前進，知道終有一天我會學會課題，也會獲得獎賞。我會明白，儘管我盡了最大的努力保持樂觀平靜，但還是會有需要攀爬高山的時候。我會迎接挑戰，讓自己層次提升，往前邁進。

12月28日 恐慌

不要慌！

如果恐慌來襲，我們不要讓害怕控制自己。受到恐慌控制的行為往往會導致自我挫敗。不管情況或處境為何，恐慌都不是處理問題的良好根基。無論面對什麼樣的情況或處境，我們至少要給自己一點時間深呼吸，恢復自己的樂觀和平靜。

我們不必做超出自己合理能力的事，永遠都不必！我們不必做某件自己絕對無法做到的事，也不必做永遠無法學會做的事！

這個課程、這種我們所追求的健康生活方式，是奠基於我們內在的平靜與沉穩信心。不要慌！恐慌只會讓我們偏離正軌，放輕鬆，深呼吸。讓平靜的力量流過我們的身體和心靈。

今天，我會視恐慌為需要立刻處理的個別問題。我不會讓恐慌的想法和情緒驅策自己。相反地，我會在情緒、想法和行為上，展現出平靜和信任態度。

12月29日 往前邁進

有時候，照顧自己，就是要結束某些關係。有時候，我們得改變某段關係的界限範圍。這個道理適用於愛情、友情、親情和同事情誼。

有時候，因為害怕獨自一人，或是想要暫緩因結束而無可避免的傷痛，我們會留戀已經無生命、枯死的關係。有時候，我們必須暫時留戀，為自己做好準備，才能變得堅強，面對一切改變。

如果正處於這種情況，我們要對自己溫柔一點。在確切、清晰和一致的感覺到來之前，我們最好等待，還不要採取行動。

我們會知道何時該行動；我們一定會知道。我們要相信自己。

知道一段關係正在改變，或是即將結束，都很令人難熬；尤其是採取行動的時機還未到來，但我們卻知道最後倒數的時刻已漸漸逼進時。隨著關係即將結束，我們會感到不自在，也會覺得情況變得棘手。我們可能會急著想要結束，但是卻不覺得自己有採取行動的力量。不要緊，對的時機還沒到來。某件重要的事情還在蘊釀成形。我們要相信時機到來時，該發生的就會發生。

結束關係，或是改變某段關係的界限範圍，並不是件容易的事。結束或改變需要勇氣和信心，也需要願意照顧自己；有時候，還得暫時孤軍奮戰。

放下恐懼。我們要明白改變是療癒過程中很重要的一環。我們要愛自己，要採取一切必要的行動來照顧自己，也要找回信心，相信自己能夠再次去愛。

我們永遠不必重新開始。我們會經歷一連串細心安排的課題，不斷地往前邁進。我們會發現，自己需要和某些人相處時，就會和這些人在一起；不管是愛情、家庭、友誼或職場方面，皆是如此。一旦該學會了課題，我們就會繼續往前邁進。我們會抵達新的環境，和新的人相處，學習新的課題。

不，課題不一定都是痛苦的。我們會抵達能夠學習的地方，但不是以痛苦為起點出發，而是以喜悅和愛為源頭。

今天，即使在人際關係中的處境棘手又令人不自在，我還是會接受自己在其中的位置。如果正在經歷結束的過程，我會面對、接受自己的悲傷。我相信，自己的人際關係會教導我許多重要的課題。我會接受並感激種種關係中的過程、結束以及新的開始。

12月30日 奠基

基礎已經打好了。你看見了嗎？你難道不明白，自己經歷的一切都有意義？一切的等待、掙扎、痛苦和最終的解脫，都是有原因的。

這些都是在幫助你做好準備。就像建築工人必須先拆毀、挖出舊的結構，才能蓋新房子一樣。你觀察過建築工程嗎？工人開始清理時，現場的情況會比之前更糟。老舊、毀壞的東西都必須移除。所有太脆弱或無法支撐新結構的一切都要移除或強化。每個在意自己工程的建築工人，都會先確保底下的支撐結構夠牢固，不會隨便在上面蓋個外殼敷衍了事。如果不先鞏固地基，整個工程會坍塌，撐不了多久。

如果想要蓋出令人滿意的建築物，整個工程就要徹底從地基蓋起。隨著工程的進行，我們往往會覺得有的地方看起來很突兀；有的工程好像是浪費時間，但這是因為我們還無法看見最後的成品。不過，如果希望建築物最後的風格能呈現我們想要的樣貌，就得紮實地打好地基。

你在人生中經歷的漫長難熬時光，都是為了要打好地基。儘管有時候你無法看出其中的意義，但這一切都是有原因的。

現在，基礎已經打好，結構已經穩固，到了收尾的時刻了。可以好好享受辛苦得來的成果了。恭喜！你培養了耐心，撐過了難熬的時光。現在，你應該要享受為你安排的一切美好事物。現在，你會明白其中的意義。好好享受吧！

今天，我會順服於人生打好地基的過程。如果是時候享受最後收尾的喜悅，我也會盡情享受。

12月31日 堅信美好的到來

為自己、為你愛的人等待、期盼美好的事情發生吧！

每當你對即將來臨的一切有所質疑時，要告訴自己，最好的結果必會降臨。

人生與愛所能給予的最甜美果實一定會到來。你要敞開雙手迎接。收下吧！這是你的。

要在腦海中想像最美好的畫面，描繪出畫面和感受。專心一致，直到你能清楚看見為止。讓自己的身、心、靈進入那個畫面，暫時沉浸其中。

接著，放下一切。回到今天，回歸當下的片刻。不要執著；不要害怕。

你要感到振奮。全心投入當下，對於現在的自己、所經歷的一切，以及未來的樣貌，都要心懷感激。

等待吧！期盼美好事物的到來。

今天，當我思考接下來的一年時，我會專注於即將到來的美好事物。